U0687640

国家级职业教育教师教学创新团队成果

城市轨道交通类专业新形态融媒体教材

互联网+

城市轨道车站机电设备运行与维护

主　编　胡银全　杨　莉

副主编　张浩然　杨靓雨　刘　杰

　　　　孙文杰　邓　勇

参　编　武　创　陆　琳

主　审　黄崇富

科学出版社

北　京

内 容 简 介

本书主要介绍电梯与自动扶梯系统、屏蔽门系统、自动售检票系统、车站暖通空调系统、低压配电与照明系统、车站消防系统、乘客资讯和导向标识系统、通信系统、给排水系统、门禁系统等内容。为方便教学，本书配有电子课件，凡选用本书作为授课教材的教师均可登录 www.abook.cn 免费注册并下载电子课件。

本书可作为职业院校城市轨道交通类专业的教学用书，也可供从事城市轨道交通站务、乘务、机电设备维护等工作的人员参考。

图书在版编目（CIP）数据

城市轨道车站机电设备运行与维护/胡银全，杨莉主编.—北京：科学出版社，2024.1

国家级职业教育教师教学创新团队成果 城市轨道交通类专业新形态融媒体教材

ISBN 978-7-03-077344-9

Ⅰ.①城… Ⅱ.①胡… ②杨… Ⅲ.①城市铁路-车站设备-机电设备-高等职业教育-教材 Ⅳ.①U239.5

中国国家版本馆 CIP 数据核字（2023）第 246380 号

责任编辑：张振华 / 责任校对：赵丽杰
责任印制：吕春珉 / 封面设计：东方人华平面设计部

科学出版社 出版
北京东黄城根北街 16 号
邮政编码：100717
http://www.sciencep.com

三河市中晟雅豪印务有限公司印刷
科学出版社发行 各地新华书店经销
*
2024 年 1 月第 一 版 开本：787×1092 1/16
2024 年 1 月第一次印刷 印张：18 3/4
字数：430 000
定价：59.00 元

（如有印装质量问题，我社负责调换〈中晟雅豪〉）
销售部电话 010-62136230 编辑部电话 010-62135120-2005

版权所有，侵权必究

前　言

教育是国之大计、党之大计。教育、科技、人才是全面建设社会主义现代化国家的基础性、战略性支撑。随着国家对职业教育的重视和投入的不断增加，我国职业教育得到了快速发展，为社会输送了大批工作在一线的技术技能人才。但应该看到，城市轨道交通领域的从业人才的数量和质量都远远落后于产业快速发展的需求。随着企业间竞争的日趋残酷和白热化，现代企业对具有良好的职业道德、必要的文化知识、熟练的职业技能等综合职业能力的高素质劳动者和技能型人才的需求越来越广泛。这些急需职业院校创新教育理念，改革教学模式，优化专业教材，尽快培养出真正适合产业需求的高素质劳动者和技能型人才。

习近平总书记在党的二十大报告中深刻指出："加快建设国家战略人才力量，努力培养造就更多大师、战略科学家、一流科技领军人才和创新团队、青年科技人才、卓越工程师、大国工匠、高技能人才。"为了深入贯彻落实二十大报告精神，编者根据二十大报告和《职业院校教材管理办法》《高等学校课程思政建设指导纲要》《"十四五"职业教育规划教材建设实施方案》等相关文件精神，在行业专家、企业专家和课程开发专家的精心指导下编写了本书。本书编写紧紧围绕"培养什么人、怎样培养人、为谁培养人"这一教育的根本问题，以落实立德树人为根本任务，以学生综合职业能力培养为中心，以培养卓越工程师、大国工匠、高技能人才为目标。

相比以往同类教材，本书具有许多特点和亮点，主要体现在以下几个方面。

1. 校企"双元"开发，强调"工学结合"

本书由校企"双元"联合开发。编者均来自教学一线或城市轨道交通车站生产设备企业一线，具有多年的教学或实践经验，编写经验丰富，理念新颖。在编写本书的过程中，编者能紧扣该专业的培养目标，遵循教育教学规律和技术技能人才培养规律，将新理论、新标准、新规范融入教材，符合当前企业对人才综合素质的要求。

本书遵循"模块化教学""理实一体化教学"的职业教育课程改革理念，强调"工学结合"，行业特色鲜明。

2. 与实际工作岗位对接，实用性、操作性强

本书以企业真实工程项目、典型工作任务、案例组织教学内容，内容体现新技术、新工艺、新规范，反映典型岗位所需的职业能力，具有很强的实用性。

本书包括课程准备和 10 个学习模块，紧贴城市轨道车站机电设备运行与维护相关岗位的实际需求，对电梯与自动扶梯系统、屏蔽门系统、自动售检票系统、车站暖通空调系统、低压配电与照明系统、车站消防系统、乘客资讯和导向标识系统、通信系统、给排水系统、门禁系统等内容做了详细的介绍。

3. 体现以人为本，强调实践能力培养

本书切实从职业院校学生的实际出发，摒弃了以往同类教材中过多的理论描述，在知识讲解上"削枝强干"，注重将理论与实践相结合，从实用、专业的角度剖析各个知识点，以浅显易懂的语言和丰富的图示来进行说明；在内容设计上注重学生应用能力和实践能力的培养。同时，学习模块设置了"内容导读""学习目标""建议学时""实践活动"等栏目，各栏目环环相扣，符合职业院校学生的学习需求。

4. 注重思政融合，体现"岗课赛证"融通

为落实立德树人的根本任务，充分发挥教材承载的思政教育功能，本书凝练思政要素，融入精益化生产管理理念，将安全责任意识、职业素养、工匠精神的培养与教材的内容结合，润物细无声地将课程思政内容有效传递给学生。

同时，编者在编写本书的过程中，注重对接 1+X 职业资格证书和国家职业资格标准，体现"书证"融通、"岗课赛证"融通。

5. 配套立体化的教学资源，适宜实施信息化教学

本书穿插有丰富的二维码资源链接，学生通过手机等终端扫描后可观看微课视频。

本书配有思考与练习，以便学生课下巩固提高，另附有参考答案，便于教师课堂教学；除此之外，本书相关实例的源文件及素材（图片、动画、视频等）可通过 www.abook.cn 下载。

本书由胡银全（重庆工程职业技术学院）、杨莉（重庆工程职业技术学院）担任主编，由张浩然（重庆工程职业技术学院）、杨靓雨（重庆公共运输职业学院）、刘杰（重庆工程职业技术学院）、孙文杰（重庆工程职业技术学院）、邓勇（重庆公共运输职业学院）担任副主编，武创（重庆市轨道交通（集团）有限公司）、陆琳（重庆市轨道交通（集团）有限公司）参与编写。具体编写分工如下：模块 1 由杨靓雨、邓勇编写，模块 2 和模块 10 由孙文杰编写，模块 3 和模块 4 由张浩然编写，模块 5 由刘杰编写，课程准备、模块 6 和模块 9 由胡银全编写，模块 7 和模块 8 由杨莉编写，武创、陆琳提供典型案例和技术支持。胡银全负责框架设计及统稿。黄崇富（重庆工程职业技术学院）对全书内容进行审定。

在编写本书的过程中，编者参考了大量的资料，在此向相关作者表示感谢。

由于编者水平有限，加之时间仓促，书中难免存在疏漏和不妥之处，恳请读者批评指正。

目　　录

课程
准备

◎ **内容导读**

城市轨道交通车站是客流的节点，也是乘客出行的重要基地，乘客上下车及相关的作业都是在车站进行的。同时，城市轨道交通车站是轨道交通列车到发、通过、折返和临时停车的地点。在城市轨道交通车站内有各种各样的机电设备。

◎ **学习目标**

知识目标

1. 了解城市轨道交通车站的概念。
2. 学习城市轨道交通车站的设备配置。

能力目标

1. 能够对城市轨道交通车站进行分类。
2. 能够正确使用、操作城市轨道交通车站的主要机电设备。

素养目标

1. 树立正确的学习观，坚定技能报国的信念。
2. 培养职业认同感、责任感，自觉践行行业道德规范。

◎ **建议学时**

4 学时

0.1

城市轨道交通车站的概念、分类及区域划分

微课：城市轨道交通
车站概念及分类

学习目标

1. 了解城市轨道交通车站的概念。
2. 掌握城市轨道交通车站的分类。
3. 掌握城市轨道交通车站的区域划分。

0.1.1 城市轨道交通车站的概念

城市轨道交通车站是城市轨道交通系统中的一种非常重要的建筑物，也是乘客乘车、换乘及候车的重要场所。因此，城市轨道交通车站应该保证乘客使用方便，并且能安全、迅速地进出。城市轨道交通车站还应该有良好的照明、卫生、通风、防火、灭火设备设施等，以提供给乘客清洁、安全、舒适的乘车环境。

城市轨道交通车站还是城市建筑艺术整体的一个有机组成部分。在不同的城市或者在一个城市的不同线路上，各个城市轨道交通车站在结构和建筑艺术上既要有共性，又要有个性，以体现建筑的艺术特征。重庆图书馆环线地铁站如图 0-1-1 所示。

图 0-1-1　重庆图书馆环线地铁站

0.1.2 城市轨道交通车站的分类

根据不同的性质，城市轨道交通车站有多种分类方式，如按车站与地面的相对位置、按运营性质、按站台形式、按结构横断面形式、按站桥结构形式分类等。本节将详细介绍这几种分类方式。

1. 按车站与地面的相对位置分类

按车站与地面的相对位置，城市轨道交通车站一般可以分为地下车站、地面车站和高

架车站三类。车站按车站与地面的相对位置分类示意图如图 0-1-2 所示。

图 0-1-2　车站按车站与地面的相对位置分类示意图

（1）地下车站

地下车站一般由三个主要部分组成，即地面出入口、中间站厅、地下站台。地下车站如图 0-1-3 所示。

（a）地面出入口　　　　　　　　　　　　　（b）中间站厅

（c）地下站台

图 0-1-3　地下车站

地面出入口：城市轨道交通车站的门户，乘客进出车站都需要通过地面出入口。

中间站厅：地下车站的中间站厅通常设置在地下一层，目的是不占用地面有限的空间，它的主要功能有集散客流、进行售检票、服务管理、设置管理与设备用房等。

地下站台：地下车站的站台设在地下二层，即最低层，以供列车停靠和乘客乘降。

（2）地面车站

地面车站设置在地面上，它的建筑风格应该与周围的环境相协调。地面车站一般建在道路比较宽广的路段，以方便乘客进出。因为它设置于地面上，通风效果较好，所以可以不设置环控系统。地面车站如图 0-1-4 所示。

图 0-1-4　地面车站

（3）高架车站

高架车站一般设置在中心城市外的地面上，建筑风格要与城市的风格、周围的环境相协调。轨道交通高架线路一般建在城市道路的中心线上，也可以设置在绿化隔离带上，这样，从人行道进入高架车站的楼梯、天桥可以兼作过街天桥之用，减少城市过街天桥的数量，节约成本。由于城市道路面积非常有限，设备用房可以设置在路边。高架车站也设置于地面上，通风效果较好，也可以不设置环控系统。当然，为了提高乘客候车的舒适度，目前很多高架车站设置有局部的空调房间，方便乘客在其中候车。高架车站如图 0-1-5 所示。

图 0-1-5　高架车站

2. 按运营性质分类

按运营性质，城市轨道交通车站可以分为中间站、区间站、换乘站、枢纽站、联运站、终点站。

中间站：整条线路的中间某一站，如重庆 1 号线的烈士墓站。中间站仅供乘客上车、下车之用，功能相对单一，是地铁路网中数量最多的车站。

区间站：整条线路的其中一段，包含几个车站，如上海地铁 11 号线嘉定新城—安亭段。区间站是设置在两种不同行车密度交界处的车站，设有折返线和设备，目的是合理利用列车，提高列车运行效率。区间站兼有中间站的功能。

换乘站：两条及以上线路交叉相连的站点，具有相互换乘条件，如重庆的两路口站、沙坪坝站、大坪站、小什字站等。乘客可以从一条线路上的车站通过换乘设施（自动扶梯、垂直电梯、楼梯）转换到另一条线路上的车站。

枢纽站：多条线路相交的站点，一般人流量比较大，如上海人民广场站。

联运站：轻轨或者电气化线路换乘地铁线路的站点，即车站内设置有两种不同性质的列车线路进行联运及客流换乘，如重庆地铁环线上的重庆西站，如图 0-1-6 所示。联运站具有中间站及换乘站的双重功能。

图 0-1-6　重庆西站

终点站：设置在一条线路两端的车站，就列车上下行而言，终点站也是起点站（或称始发站）。终点站设置有可供列车全部折返的折返线和设备，可以供列车临时停留、检修等。

3. 按站台形式分类

按站台形式，城市轨道交通车站一般可以分为岛式站台车站、侧式站台车站和岛侧混合式站台车站三类。车站按站台形式分类示意图如图 0-1-7 所示，其中 A 是岛式站台车站，B 是侧式站台车站，C 是岛侧混合式站台车站。

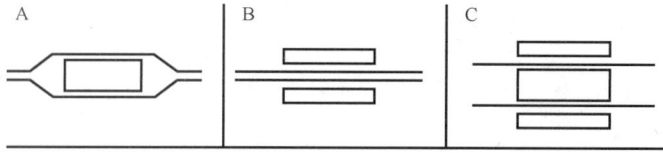

图 0-1-7　车站按站台形式分类示意图

岛式站台车站：简称岛式车站，站台位于上下行行车线路之间，如图 0-1-8 所示。

侧式站台车站：简称侧式车站，站台位于上下行行车线路的两侧，如图 0-1-9 所示。

图 0-1-8　岛式站台车站

图 0-1-9　侧式站台车站

岛侧混合式站台车站：简称岛侧混合式车站，将岛式站台及侧式站台同时设置在一个车站内，如图 0-1-10 所示。

图 0-1-10　岛侧混合式站台车站

4．按结构横断面形式分类

按结构横断面形式，城市轨道交通车站可以分为矩形断面车站（图 0-1-11）、拱形断面车站（图 0-1-12）、圆形断面车站（图 0-1-13）、其他类型断面车站（图 0-1-14）。

图 0-1-11　矩形断面车站

图 0-1-12　拱形断面车站

图 0-1-13　圆形断面车站

图 0-1-14　其他类型断面车站

5. 按站桥结构形式分类

按站桥结构形式，城市轨道交通车站可以分为站桥合一车站和站桥分离车站。站桥合一车站指高架车站的结构和站内轨道结构是连在一起的，如图 0-1-15 所示。站桥分离车站指高架车站的结构和站内轨道结构是分开的，如图 0-1-16 所示。

图 0-1-15　站桥合一车站

图 0-1-16　站桥分离车站

0.1.3 城市轨道交通车站的区域划分

城市轨道交通车站一般可以分为设备区、工作人员工作区、乘客使用区。

设备区是用来设置变电系统、环控系统、配电及照明系统等的区域，如图 0-1-17 所示。

图 0-1-17 设备区

工作人员工作区是站务人员值班的区域，如图 0-1-18 所示。乘客使用区又可以分为非付费区和付费区两大部分，非付费区如图 0-1-19 所示，付费区如图 0-1-20 所示。

图 0-1-18 工作人员工作区

图 0-1-19 非付费区

图 0-1-20　付费区

0.2 城市轨道交通车站的主要机电设备

学习目标

1. 了解城市轨道交通车站的主要机电设备。
2. 掌握主要机电设备的功能和特点。

在城市轨道交通车站中，主要机电设备包括自动售检票系统（automatic fare collection system，AFC 系统）、电梯与自动扶梯系统、屏蔽门系统、车站消防系统、车站暖通空调系统等。在选用系统和设备时，需要考虑其可靠性、安全性、先进性、可扩展性、可开发性、稳定性、交互性、经济性和易于维护性等主要性能指标。同时，所选用的产品要有在地铁环控工程中成功应用的实例，以进一步确保所选系统或产品满足主要性能指标。

微课：城市轨道交通
车站主要设备

0.2.1　自动售检票系统

自动售检票系统主要包括自动售票机、半自动售票机和自动检票机三个部分。

自动售检票系统是一种建立在计算机局域网（local area network，LAN）基础上的实时控制处理系统，它集计算机网络技术、数据库管理技术、自动控制技术、传感器技术等于一身。该系统对售票过程、检票过程的计算机进行管理，可以大大提高数据的可靠性及员工工作的效率，为科学的财务管理和决策管理提供准确的依据。

自动售检票系统具有以下特点。

1）通过计算机网络，可以实现计算机售票和自动检票，管理人员可以随时了解售票情况和进入车站人数等。

2）每张票都具有唯一票号，经加密后以条形码的形式打印在票的正券和副券上，以供检票系统自动识别；同时印有票类的名称、售票时间、有效期、限几人使用、售票机号等信息，以供工作人员人工查验。

3）各通道的检票控制器以总线（1～8台）的形式与本地服务器进行通信，延长了通信的距离，减少了线路成本，检票口可不用计算机。

4）在票务管理中心可设定票类，包括以下几个方面。

① 编码：票的系统识别码。

② 名称：成人票、学生票、团体票、年票、贵宾票、老年卡等。

③ 单价：以人民币标价，如果允许支付外币，则可以在币种定义中设定各外币与人民币的兑换比例，如港币与人民币的兑换比例为 1∶1 等。

④ 有效日期：自售出票之日起的有效期，如 1 天、1 个月、1 年，分别表示当天有效、1 个月内有效、1 年内有效。

⑤ 开始时间和结束时间：每天允许进站的时间段。

⑥ 标志：用于区分票种的大类，如团体票、年票、有价票、员工卡、放行卡等。为了节约购票时间、提高出行效率，对于同时进、出相同车站的乘车团体，若其乘车人数达到规定人数，则可办理团体票；年票是指只须往卡上一次性充值一定金额就能使用 1 年的票（卡）；有价票一般为一次有效；员工凭员工卡刷卡进场；记者、领导、贵宾等持贵宾票入场或由管理员刷放行卡放行。

⑦ 声音：主控板中固化有八小段提示语音，可以为每种票类定义验票放行时播放的语音提示，如请进、半票、年票、员工卡、团体票、夜场票、无效票、再见等。

⑧ 最终日期：有些优惠票只限于某日之前使用，可以在此定义，检票时取有效日期和最终日期两者较早的日期有效。

⑨ 有效通道：有些票类只能在某些入口通道放行，有些票类则可能全场有效，允许放行的通道可以通过后台程序进行设定。

5）自动售检票系统具有独特的培训练习功能，新售票员工可以登录练习库进行售票模拟操作练习，以掌握系统的使用方法，不会影响系统数据的准确性。

0.2.2　电梯与自动扶梯系统

电梯主要是给残疾人、携带大量行李的人、走楼梯及坐自动扶梯有困难的人使用的。如果电梯处于空闲状态，那么正常人也是可以使用的。电梯如图 0-2-1 所示。

在城市轨道交通车站中，自动扶梯的主要用途是帮助乘客方便快捷地进入地铁和快速疏解客流，即当列车到达车站后，自动扶梯将大量的乘客从候车站台向地面出入口进行疏解。由于车站的站厅一般距离地面 5～7m（浅埋式），有的为 7～10m（深埋式），甚至更深的为 10～30m，如果仅依赖楼梯，则不能满足乘客轻松快速进出车站的需求，而自动扶梯具有自动快速输送乘客的能力，能够满足乘客对乘降舒适度的要求。自动扶梯如图 0-2-2 所示。

图 0-2-1　电梯

图 0-2-2　自动扶梯

电梯与自动扶梯系统相关知识详见模块 1。

0.2.3　屏蔽门系统

屏蔽门系统是一个集机械、电子、信号、建筑、装饰等学科于一身的综合性门控系统，它设置于地铁或轻轨车站站台的边缘。该系统在整个站台的长度上将站台区域与轨道区域分隔开来。

当列车进出站时，屏蔽门系统会随着列车车门的开闭而自动同步开闭。屏蔽门系统主要有屏蔽式、全高式和半高式三种。屏蔽门如图 0-2-3 所示。

图 0-2-3　屏蔽门

1．屏蔽式屏蔽门系统

屏蔽式屏蔽门系统是一道自上而下的全封闭玻璃墙隔断，沿着车站站台边缘设置，将站台区域与轨道区域分隔开来。屏蔽式屏蔽门系统具有以下主要功能和特点。

1）可以防止乘客因拥挤或意外而掉下站台或跳轨，保证乘客的安全。

2）具有良好的空气密封性，减少空调的能量消耗，降低运营成本。

3）可以阻隔站台声音，降低车辆噪声和缓解站台上的活塞风效应，为乘客营造一个舒适、安全、美观的候车环境。

4）屏蔽式屏蔽门运动动能的设计及防挤压模式能够保证乘客不被夹伤。

5）屏蔽式屏蔽门采用直流无刷电机驱动，实现无级调速，传动方式有丝杆传动和齿形带传动两种，并且运行平稳。

6）防滑门槛可以防止乘客跌倒。

7）门体采用钢化玻璃和发纹不锈钢包边框架（或铝合金框架），门扇刚度好。

2．全高式屏蔽门系统

全高式屏蔽门系统与屏蔽式屏蔽门系统的结构形式基本相同，只是全高式屏蔽门系统的上部不封闭，门体的下部可以根据需要设置通风口。该系统不能实现站台区域与轨道区域的密封隔离，但其与屏蔽式屏蔽门系统具有相同的特点，并且可较容易地升级为屏蔽式屏蔽门系统。

3．半高式屏蔽门系统

半高式屏蔽门系统的高度一般为 1.2～1.7m，安装在站台边缘，将站台区域与轨道区域分隔开来，主要目的是提高安全性。

与屏蔽式屏蔽门系统和全高式屏蔽门系统相比，半高式屏蔽门系统具有以下主要功能和特点。

1）安装简单快捷，与土建接口较少。

2）造价低。

3）建设周期短。

0.2.4　车站消防系统

车站消防系统主要包括消火栓给水系统、气体灭火系统和自动喷水灭火系统。地铁车站消防演练如图 0-2-4 所示。

图 0-2-4　地铁车站消防演练

1．消火栓给水系统

在北京、上海等大城市，发生火灾时可直接从城市管网抽水，不需要设置消防水池。如果当地城市管网不能满足消防给水要求，则必须设置消防水泵和消防水池。确定消防水池容积时，自动喷水灭火系统火灾延续时间按 1h 计算，消火栓给水系统火灾延续时间按 2h 计算，但是应该减去火灾延续时间内连续补充的水量。

消火栓给水系统经增压后需要在车站内形成环网，区间隧道消防供水由相邻车站消火栓管网引入，双向区间形成环路。消火栓给水系统用水量按同一时间内发生一次火灾考虑。消火栓的水压应保证水枪充实水柱长度不小于 10m，栓口处的静水压力不大于 0.8MPa。

消火栓给水系统服务范围除车站本身外，还应该包括两车站之间的隧道和车站附属的各种连通通道（长度大于 25m），其中均须布置消火栓。

消火栓给水系统具有以下特点。

1）消火栓箱的种类。根据车站的建筑特点和不同设置部位选用不同的消火栓箱。一般站厅层和连通通道选用单阀单出口消火栓箱，车站站台层选用双阀双出口消火栓箱。弯曲隧道内消火栓箱宜设在与轨道距离较远的内侧。在隧道内，消火栓箱上应设置电话插孔。车站及折返线内消火栓箱应设手动火灾报警按钮和消防水泵启动按钮。

2）消火栓箱的间距。按两股水柱同时到达任一着火点的要求来确定消火栓箱的间距。车站内消火栓箱的最大间距为 50m，折返线内消火栓箱的最大间距为 50m，区间内消火栓箱的最大间距为 100m。

3）水泵接合器。在车站出入口或通风亭的口部设置水泵接合器，并在 40m 范围内设置室外消火栓。

4）自动巡检功能。消防水泵平时很少运行，因此要求消防水泵具有自动巡检的功能，以保证消防水泵给水的可靠性。消防水泵在设定的时间周期内自动地启动，以对消防水泵的运行进行检查。这样有利于及时了解消防水泵的实际性能，解决锈蚀问题，保持良好的工作状态。

2．气体灭火系统

气体灭火系统一般设置在车站控制室、控制中心的重要设备间、地下变电所的重要设备间、车站通信及信号机房和发电机房等。因为这些区域及其设备不但昂贵，而且这些部位一旦发生火灾，将影响整个地铁的安全运营，所以必须设置气体灭火系统。

目前，国内的几条地铁线路，如上海地铁 2 号线，上海共和新路高架工程、广州地铁 2 号线等均选用了 IG541 气体灭火系统。IG541 是氮气、氩气、二氧化碳按照 52∶40∶8 的体积比例混合而成的一种灭火剂。IG541 的三个组成成分均为不活泼气体，都是大气的基本成分，其在灭火过程中无任何分解物。

IG541 的灭火原理为稀释氧气，窒息灭火。优点：气体喷放时环境温度变化小，并且不影响能见度。缺点：喷射时噪声大；以气态方式贮存，贮存瓶组较多；贮存压力大，常温下为 15MPa，高压增加了危险发生的可能性，也相对容易泄露，对管道材料及安装、维护水平要求较高；造价较高。

3．自动喷水灭火系统

在以往不设置地下商场的地铁车站，通常不设置自动喷水灭火系统。但是在韩国大邱地铁火灾事故发生后，为进一步提高消防安全，上海市消防局要求所有地铁车站必须设置自动喷水灭火系统，随之其他城市的地铁也设置了自动喷水灭火系统。地铁火灾危险等级按中危险级 II 级考虑。自动喷水灭火系统的特点为，自动喷水灭火系统干管坡度宜与站厅、站台层顶板坡度一致，以便于降低吊顶高度和系统排水。

车站消防系统相关知识详见模块 6。

> ▐▷ **事故案例**

韩国大邱地铁火灾

据环球网报道，2003 年 2 月 18 日上午 9 时 55 分左右，韩国大邱市地铁中央路站发生火灾，造成 198 人死亡，147 人受伤，298 人失踪。经调查，火灾是由一金姓男子放火所致，该乘客不顾阻拦把塑料罐内的易燃物洒到座椅上，点着火并跑出了车站，导致车站断电燃烧的火引燃对向站台的列车，导致两列列车（1079 号和 1085 号列车）上的人员不同程度的伤亡。韩国大邱地铁纵火案如图 0-2-5 所示。

图 0-2-5　韩国大邱地铁纵火案

0.2.5 车站暖通空调系统

车站暖通空调系统是为解决地下车站空气湿度、温度、空气流速、噪声等因素而设置的一种系统。该系统主要由风系统、空调水系统和集中供冷系统等组成。车站暖通空调系统设备如图 0-2-6 所示。

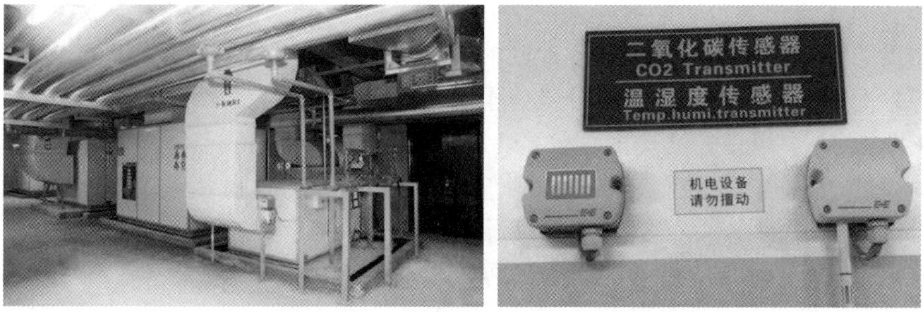

图 0-2-6　车站暖通空调系统设备

1. 车站暖通空调系统主要功能

车站暖通空调系统指通过对影响环境的空气湿度、温度、空气流速和空气品质等进行控制，从而创造一个适合地铁设备正常运转、使乘客感到安全舒适的人工环境。它的主要功能体现在以下几个方面。

1）当列车正常运行时，排除余热余湿，提供新风量，为乘客和工作人员提供一个舒适的人工环境，满足车站内各种机电设备正常运转所需的温度、湿度要求。

2）当列车阻塞在地铁区间隧道时，车站暖通空调系统向阻塞区间提供一定的通风量，以保证列车中空调等设备的正常工作，并维持车厢内乘客在短时间内所能接受的环境条件。

3）当发生火灾事故时，提供迅速、有效的排烟手段，以供给乘客和消防人员足够的新鲜空气，并形成一定的迎面风速，引导乘客安全迅速地撤离。

2. 车站暖通空调系统设计特点

（1）车站空调负荷受外界气象影响小

根据有关的资料可知，地铁车站空调负荷主要由以下几个方面构成：列车本身发热及列车空调冷凝器散热约占 74%，广告灯箱的灯光、车站照明的负荷约占 6%，售票机、检票机、自动扶梯等动力负荷约占 5%，乘客散热约占 15%。由此可见，地铁车站的主要热源来自列车本身，而受外界气象条件影响较小。当然，目前很多地铁采用屏蔽门，轨行区的热量无法进入车站，车站的热量来源相对较少。

（2）车站某些设计参数的确定不同于民用建筑

在地铁设计中，确定夏季空调新风室外干球温度时，通常采用"近 20 年夏季地铁晚高峰负荷时平均每年不保证 30h 的干球温度"，与《民用建筑供暖通风与空气调节设计规范 附条文说明［另册］》（GB 50736—2012）规定的不同，因为后者主要针对地面建筑工程，与地铁的情况不同。

另外，地铁车站的空调属舒适性空调。在一般情况下，乘客从进站、候车到上车仅需

3～5min，下车出站约需 3min，其余约 3/4 的时间在车厢内。因此地铁车站的空调有别于一般的舒适性空调。

（3）噪声控制难度大

地铁的噪声源主要是地铁列车运行时产生的噪声，这是站台的主要声源，当列车以 60km/h 运行时，噪声约为 100dB（A），dB（A）即分贝，因此隧道内列车通过时噪声在 100dB（A）左右，列车进出站台时站台噪声在 75dB（A）以上，但时间不长。当然，采用屏蔽门后，车站里的噪声会相对降低。其次地铁的噪声源为风机的噪声，它主要是站厅及地面风亭的声源，对站台影响较大，这部分噪声主要是以中、低频为主的宽频带噪声，一般声功率级在 100dB（A）以上。变压器、水泵、制冷机等为次声源。

在消声处理方面，对控制难度大的列车噪声只在建筑方面做相应处理，可以采用屏蔽门把轨道区域与站台区域隔开；对可控声源，如风机等，可以在其进、出口上安装消声器，以满足规范要求；对水泵、制冷机等次声源，可以采取减震措施。

（4）排烟系统设计尤为重要

地铁是人员密集的地下建筑，并且相对来说其直接出入地面的出口较少，距离地面较远。另外，根据国内外的资料分析可知，发生火灾时造成的人员伤亡绝大多数是被烟气熏倒、中毒、窒息所致。因此，车站的排烟系统设计在地铁中十分重要。

地铁排烟系统设计的原理为：当站厅或站台发生火灾时，要对火灾区进行迅速而有效的机械排烟；当列车在隧道内发生火灾时，要对发生火灾的隧道进行机械送风和机械排烟；当列车被事故阻塞在隧道中时，要对事故点进行机械送风。

地铁排烟系统与民用建筑排烟系统不同。例如，地铁车站的防烟分区面积可扩大至 750m^2；选择排烟风机及烟气流经的辅助设备（如风阀、消声器等）时，要求能保证在 150℃ 环境下连续有效工作 1h。

3．车站暖通空调系统组成部分

车站暖通空调系统主要由以下几个部分组成：区间隧道机械通风（兼排烟）及活塞风系统，简称隧道通风系统；车站公共区部分（站厅、站台、人行通道）的空调、通风（兼排烟）系统，简称车站大系统；车站设备及管理用房的空调、通风（兼排烟）系统，简称车站小系统；车站制冷供冷系统，简称车站水系统。

知识拓展 **车站暖通空调系统组成部分详述**

1．隧道通风系统

隧道通风系统的机电设备主要由分设于车站两端站厅、站台层的四台隧道风机、两台推力风机及组合式风阀等组成，其作用主要是通过机械送排风或列车活塞风作用排除隧道内的余热余湿，以保证列车和隧道内设备的正常运行。此外，在每天清晨运营前半小时打开隧道风机，以进行冷却通风。这样，既可以利用早晨外界清新的冷空气对地铁进行换气和冷却，又可以检查设备并及时进行维修，以确保发生事故时能投入使用。当地铁列车由于各种原因停留在隧道内且乘客不能下列车时，顺着列车运行方向进行机械通风，以冷却列车空调冷凝器等，使地铁列车内的乘客仍有舒适的乘车环境。当列车发生火灾时，应尽一切努力使地铁列车运行到车站站台范围内，以利于人员疏散和灭火排烟。

当发生火灾的列车无法行驶到车站而被迫停在隧道内时，应立即启动风机进行排烟降温：隧道一端的隧道风机向火灾地点输送新鲜空气，另一端的隧道风机从隧道排烟，以引导乘客迎着气流方向撤离事故现场，消防人员顺着气流方向进行灭火和抢救工作。

2. 车站大系统

车站大系统主要由分设于车站两端的两台站厅全新风机、四台站台全新风机、两台站厅空调新风机、两台站台空调新风机、四台站厅回/排风机、四台站台回/排风机、两台站厅组合式空调机组、四台站台组合式空调机组，以及相应的各种风阀、防火阀等设备组成。该系统的作用是通过空调或机械通风来排除车站公共区的余热余湿，为乘客创造一个舒适的乘车环境，并且在发生火灾时通过机械排风的方式进行排烟，使车站内形成负压区，新鲜空气由外界通过人行通道或楼梯口进入车站站厅、站台，便于乘客撤离和消防人员灭火。

在正常运行工况条件下，车站大系统有小新风空调、全新风通风、全新风空调三种运行模式。站厅层采用上送上回形式，站台层采用上送上回与下回相结合的形式（在列车顶部设置轨顶回/排风管，直接将列车空调冷凝器的散热用回风带走；同时在站台下设置站台下回/排风道，直接将列车下面的电器、刹车等的散热和尘埃用回风带走）。

地铁列车被阻塞在隧道时，车站空调、通风系统正常运行。当须运转推力风机时，车站使用全新风空调通风运行。当运行推力风机端的站台回/排风机停止运行时，应使车站的冷风经推力风机送至列车被阻塞的隧道内。

当地铁车站站台（包括列车）发生火灾时，除车站的站台回/排风机运转向地面排烟外，其他车站大系统的设备均停止运行，使站台到站厅的上下通道间形成一个速度不低于 1.5m/s 的向下气流，便于乘客迎着气流撤向站厅和地面。当地铁车站站厅发生火灾时，站厅回/排风机全部启动排烟，车站大系统的其他设备均停止运行，使得出入口通道形成由地面至车站的向下气流，便于乘客迎着气流撤向地面。

3. 车站小系统

车站小系统主要包括为车站的设备及管理用房服务的轴流风机、柜式和吊挂式空调机组及各种风阀，其作用是通过对各用房的温湿度等环境条件的控制，为工作人员创造一个舒适的工作环境，为各种设备提供正常运行的环境。当发生火灾时，通过机械排风的方式进行排烟，有利于工作人员撤离和消防人员灭火。在气体灭火的用房内关闭送排风管进行密闭灭火。

4. 车站水系统

车站水系统的作用：为车站内空调系统制造冷源并将其供给地铁车站大、小系统，同时将热量通过冷却水系统送出车站。

在正常运行工况的空调季节，需要根据车站冷负荷的大小来控制离心式及活塞式冷水机组启停的台数；在正常运行工况的非空调季节，车站水系统全部停止运行。当发生隧道堵塞事故时，车站水系统按当时正常的运行工况继续运行。当站厅、站台层公共区或隧道发生火灾时，关闭作为车站大系统冷源的那部分车站水系统，只运行与车站小系统有关的部分；当车站小系统设备用房发生火灾时，车站水系统全部停止运行。

思考与练习

一、填空题

1. 自动售检票系统主要包括自动售票机、半自动售票机和_____三个部分。

2. 屏蔽门系统主要有屏蔽式、全高式和_____三种。

3. 按站台形式，城市轨道交通车站一般可以分为岛式站台车站、_____和岛侧混合式站台车站。

4. 城市轨道交通车站一般可以分为设备区、工作人员工作区、乘客使用区，乘客使用区又可以分为_____和付费区两大部分。

5. 车站消防系统包括消火栓给水系统、_____灭火系统和自动喷水灭火系统。

二、单项选择题

1. 城市轨道交通车站是客流的节点，也是乘客出行的重要基地，乘客上下车及相关的作业都是在（　　）进行的。同时，城市轨道交通车站是轨道交通列车到发、通过、折返和临时停车的地点。

    A. 车站 　　　　　B. 出入口 　　　　　C. 站台 　　　　　D. 轨行区

2. 按车站与地面的相对位置，城市轨道交通车站一般可以分为地下车站、地面车站和（　　）。

    A. 中间站 　　　　B. 高架车站 　　　　C. 区间站 　　　　D. 终点站

3. 地下车站一般由地面出入口、中间站厅、地下（　　）三个主要部分组成。

    A. 轨行区 　　　　B. 消防站 　　　　　C. 空调机房 　　　　D. 站台

4. 半高式屏蔽门系统的高度一般为（　　），安装在站台边缘，将站台区域与轨道区域分隔开来，主要目的是提高安全性。

    A. 0.5～1.1m 　　　B. 1.2～1.7m 　　　C. 1.8～2.4m 　　　D. 2.5～3m

三、多项选择题

1. 与屏蔽式屏蔽门系统和全高式屏蔽门系统相比，半高式屏蔽门系统的主要功能和特点包括（　　）。

    A. 安装简单快捷，与土建接口较少

    B. 造价低

　　C．建设周期短

　　D．具有良好的空气密封性，减少空调的能量消耗

2．气体灭火系统一般设置在（　　　）和发电机房。

　　A．车站控制室　　　　　　　　　B．控制中心的重要设备间

　　C．地下变电所的重要设备间　　　D．车站通信及信号机房

四、判断题

1．按运营性质，城市轨道交通车站可以分为中间站、区间站、换乘站、枢纽站、联运站、终点站。（　　）

2．设备区是用来设置变电系统、环控系统、配电及照明系统等的区域。（　　）

3．自动检票机不是自动售检票系统的组成部分之一。（　　）

4．屏蔽门系统的形式主要有屏蔽式、全高式和半高式三种。（　　）

5．消火栓的水压应保证水枪充实水柱长度不小于 10m，栓口处的静水压力不大于 0.8MPa。（　　）

1 模块

电梯与自动扶梯系统

>>>>

◎ **内容导读**

　　由于地铁车站一般设置在地下十几米到几十米，乘客的上下行若只能依赖楼梯，则无法满足便利性要求。为了方便乘客，在地铁车站的建设中，电梯与自动扶梯的设置和使用显得尤为重要。作为方便快捷的运输工具，电梯与自动扶梯能够将乘客快速、安全地运送到地铁站厅或站台层，可以较好地疏散客流。因此，为了保证城市轨道交通车站的正常运行，车站内应配备足够数量的电梯与自动扶梯设施。地铁中常见的升降设备有电梯、自动扶梯、楼梯升降机及自动人行道等。

◎ **学习目标**

知识目标

1. 了解地铁车站楼梯及自动扶梯的设置要求。
2. 熟悉电梯及自动扶梯的构造及原理。
3. 了解车站无障碍设施。

能力目标

1. 能够进行电梯操作及应急处理。
2. 能够进行自动扶梯操作及应急处理。

素养目标

1. 树立规范意识、安全意识，严格按照安全操作规程作业。
2. 践行以人为本的服务理念，保障乘客安全，提高服务质量。

◎ **建议学时**

12 学时

1.1

车站出入口、楼梯、自动扶梯概述

🔍 **学习目标**

1. 了解车站出入口的设置要求和出入口平面类型。
2. 掌握车站楼梯的设置要求。
3. 掌握车站自动扶梯的设置要求。

微课：车站出入口、
楼梯、自动扶梯

1.1.1　车站出入口

车站出入口是城市轨道交通车站的门户，是客流集散的第一通道，其主要功能是用于乘客进出站厅。另外，在地铁车站处于紧急状况（如火灾、地震）时，可通过消防人员专用出入口（宽度为 1.2m，常与风井结合）进行紧急救援。

1. 车站出入口的分类

（1）按平面布置形式分类

车站出入口按平面布置形式分为一字形、L 字形、T 字形三种基本形式和由基本形式变化的其他形式，如 n 字形、Y 字形。出入口平面类型如图 1-1-1 所示。

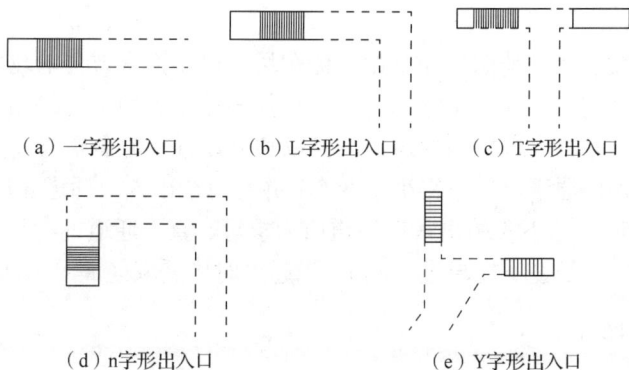

（a）一字形出入口　　　（b）L字形出入口　　　（c）T字形出入口

（d）n字形出入口　　　　　　（e）Y字形出入口

图 1-1-1　出入口平面类型

（2）按设置方式分类

车站出入口按设置方式分为独立式出入口和结合式出入口。

独立式出入口布置在城市道路一侧，平行或垂直布置（平行布置居多），离开道路红线 3～5m。独立式出入口分为有盖式和敞开式，如图 1-1-2 所示。二者的优缺点比较如表 1-1-1 所示。

（a）有盖式出入口 　　　　　（b）敞开式出入口

图 1-1-2　有盖式出入口和敞开式出入口

表 1-1-1　有盖式出入口和敞开式出入口的优缺点比较

出入口类型	优点	缺点
有盖式出入口	防风避雨，方便使用与清理；可设置防盗门栅，便于地铁资源管理	造型要求严格，与环境结合难度大，透明玻璃顶盖需要定期清理、养护
敞开式出入口	容易适应环境条件，不影响城市景观	雨天使用不便；在郊区出入口无法封闭，容易造成自动扶梯人为损坏和配件丢失

伴随城市的综合改造和建设，车站出入口与周边商业建筑、公共建筑的结合机会越来越多，车站出入口接入商场后带来更多的客流和商机，受到商家的欢迎。结合式出入口有多种形式，但无论哪种，保持出入口的独立使用功能都是必备条件。

2. 车站出入口的设置

车站出入口一般设置于地面交通车站、停车场，以及换乘方便的场所，以保证在高峰时段客流通畅、乘客进出方便。车站出入口应尽量与地面或地下建筑结合，可以设置在大型商圈、公寓或汽车站、火车站的周边，也可以独立设置，但需要与周围城市景观协调。

一个车站的出入口通道总数不得少于两个，并且每个出入口通道宽度不得小于 2m，净空高度不得低于 2.5m。地下车站出入口通道应力求短、直，通道的弯折不宜超过三处，弯折角度不宜小于 90°，长度不宜超过 100m，当超过时应采取能满足消防疏散要求的措施。

1.1.2　车站楼梯

1）车站楼梯是乘客进出站厅、站台层的主要通道。根据《地铁设计规范》（GB 50157—2013）可知，乘客使用的楼梯宜采用 26°34′ 倾角，当宽度大于 3.6m 时，应设置中间扶手。楼梯宽度应符合人流股数和建筑模数。每个梯段不应超过 18 级，并且不应少于 3 级。休息平台长度宜为 1.2～1.8m。

2）车站主要管理区内的站厅、站台层间，应设置内部楼梯。

3）每个车站均应在付费区内至少设两部楼梯，并且站台候车区内任意一点距最近楼梯口的距离应不大于 50m，楼梯总宽度不应小于 2.4m。每组出入口均应设楼梯。

4）两层或多层车站应至少设一部供工作人员和消防人员使用的楼梯，该楼梯宜设在工作人员较集中的管理用房区内，楼梯宽度不得小于 1.2m，此楼梯宽度不计入紧急疏散楼梯宽度，并且设置朝消防人员进入方向开启的防火门。

5）地下三层车站（及三层以上）的消防专用楼梯间应为防烟楼梯间，并且每层布置在同一垂直面上，尽量少错位，前室应与出地面消防出入口楼梯间直接连通。

1.1.3　车站自动扶梯

车站自动扶梯是带有循环运行梯级，用于向上或向下倾斜输送乘客的固定电力驱动设备。地铁车站客流量大，为了安全、快捷、舒适地将乘客送入或送出车站，自动扶梯成为地铁车站建筑设计中非常重要的一个环节。

参照《地铁设计规范》（GB 50157—2013），地铁车站自动扶梯设置应符合如下要求。

1）车站出入口、站台至站厅应设上下行自动扶梯，在设置双向自动扶梯困难且提升高度不大于 10m 时，可仅设上行自动扶梯。每个车站应至少有一个出入口设上下行自动扶梯；站台至站厅应至少设一部上下行自动扶梯。

2）车站出入口自动扶梯的倾斜角度不应大于 30°，站台至站厅自动扶梯的倾斜角度应为 30°。

3）当站台至站厅及站厅至地面上下行均采用自动扶梯时，应加设楼梯或备用自动扶梯。

4）在车站中作为事故疏散用的自动扶梯，应采用一级负荷供电。

5）自动扶梯扶手带外缘与平行墙装饰面或楼板开口边缘装饰面的水平距离，不得小于 80mm；相邻交叉或平行设置的两梯（道）之间扶手带外缘水平距离，不应小于 160mm。当扶手带外缘与任何障碍物的距离小于 400mm 时，则应设置防碰撞安全装置。

6）两台相对布置的自动扶梯工作点的间距不得小于 16m；自动扶梯工作点与前面影响通行的障碍物的间距不得小于 8m；自动扶梯与楼梯相对布置时，自动扶梯工作点与楼梯第一级踏步的间距不得小于 12m。

1.1.4　楼梯与自动扶梯的关系及通过能力计算

当车站出入口的提升高度超过 8m 时，宜设上行自动扶梯；超过 12m 时，除设上行自动扶梯外，还宜设下行自动扶梯。

楼梯和自动扶梯在交叉错位处要注意其夹角的处理，避免夹伤乘客。

当车站出入口被设置在道路旁平行道路上时，应当考虑自动扶梯的起坡停顿时间，因为在自动扶梯的起坡点处，行人会有适当的停留，自动扶梯应设置在远离道路的一侧，减少自动扶梯处的拥堵。

楼梯和自动扶梯的总量布置除应满足上下行乘客的需要外，还应按站台层的事故疏散时间不大于 6min 进行验算。

按照《地铁设计规范》（GB 50157—2013）规定的疏散时间计算，要求在远期高峰小时发生火灾的情况下，在 6min 内将一辆满载列车乘客和站台候车乘客及工作人员全部安全撤离站台。候车人数按列车发车 30 对/h，2min 一列计算；工作人员一般按 20 人计算。紧急疏散时（火灾工况），消防专用楼梯及垂直电梯不计入事故疏散用。车站内的自动扶梯及楼梯均朝疏散方向，其疏散能力按正常情况下的 90% 计算。

站台层事故疏散时间的计算公式为

$$T = 1 + \frac{Q_1 + Q_2}{0.9[A_1(N-1) + A_2 B]} \leqslant 6\,\text{min} \qquad (1\text{-}1\text{-}1)$$

式中，T 为站台层事故疏散时间；Q_1 为列车乘客数；Q_2 为站台候车乘客及工作人员数；A_1 为自动扶梯通过能力；A_2 为楼梯通过能力；N 为自动扶梯台数；B 为楼梯总宽度。

■ 实践活动

根据本节所学知识，实地调研几种形式的车站出入口及其布置情况，并做好记录。实践调查表如表 1-1-2 所示。

表 1-1-2　实践调查表

序号	站名	出入口	布置特征
1		图片： 描述：	
2		图片： 描述：	

知识拓展　电梯发展简史

在很久之前，人们就开始使用一些原始的升降工具运送人和货物。公元前 1100 年前后，我国古人发明了辘轳，它采用卷筒的回转运动完成升降动作，因而增加了提升物品的高度。公元前 236 年，希腊数学家阿基米德（Archimedes）设计制作了由绞车和滑轮组构成的起重装置。这些升降工具的驱动力一般是人力或畜力。19 世纪初，欧美地区开始用蒸汽机作为升降工具的动力。1845 年，威廉·汤姆逊（William Thomson）研制出液压驱动升降机，其液压驱动的介质是水。尽管升降工具被一代代富有革新精神的工程师们不断改进，然而被工业界普遍认可的升降机仍未出现，直到 1852 年世界第 1 台安全升降机诞生。

1889 年，升降机开始采用电力驱动，真正出现了电梯。电梯在驱动控制技术方面的发展经历了直流电机驱动控制，交流单速电机驱动控制，交流双速电机驱动控制，直流有齿轮、无齿轮调速驱动控制，交流调压调速驱动控制，交流变压变频调速驱动控制，交流永磁同步电机变频调速驱动控制，等等。

19 世纪末，采用沃德-伦纳德系统驱动控制的直流电梯出现，使电梯的运行性能明显改善。20 世纪初，开始出现交流感应电机驱动的电梯，后来槽轮式（即曳引式）驱动的电梯代替了鼓轮卷筒式驱动的电梯，为长行程和具有高度安全性的现代电梯奠定了基础。20 世纪上半叶，直流调速系统在中、高速电梯中占有较大比例。

1967 年，晶闸管被用于电梯驱动，交流调压调速驱动控制的电梯出现。1983 年，交流变压变频调速驱动控制的电梯出现，因其具有良好的调速性能、舒适感和节能等特点而迅速成为电梯的主流产品。

1996 年，交流永磁同步无齿轮曳引机驱动的无机房电梯出现，电梯技术又一次被革新。由于曳引机和控制柜置于井道中，省去了独立机房，节约了建筑成本，增加了大楼的有效面积，提高了大楼建筑美学的设计自由度。这种电梯具有节能、无油污染、免维护和安全性高等特点。如今，世界各国的电梯公司还在不断地进行电梯新品的研发、维修保养服务系统的完善，力求满足人们对现代建筑交通日益增长的需求。

1.2 电梯的构造及运行原理

学习目标

1. 了解电梯的分类。
2. 掌握电梯的基本结构。
3. 掌握电梯的运行原理。

微课：电梯构造及原理

电梯是指用电力或液体作为拖动动力，具有乘客或载货轿厢，并运行于垂直或垂直方向倾斜角度不大于 15° 的两侧刚性导轨之间，运送乘客和货物的固定设备。

城市轨道交通车站在地面出入口和站厅层、站厅层和站台层之间设置电梯，可以方便乘客，特别是残疾乘客进出车站，提高了车站的运营效率和乘客的舒适度，同时可用于车站临时运送货物。地铁车站电梯如图 1-2-1 所示。车辆段和停车场电梯则主要用于工作人员上下班进出办公楼及运送货物。

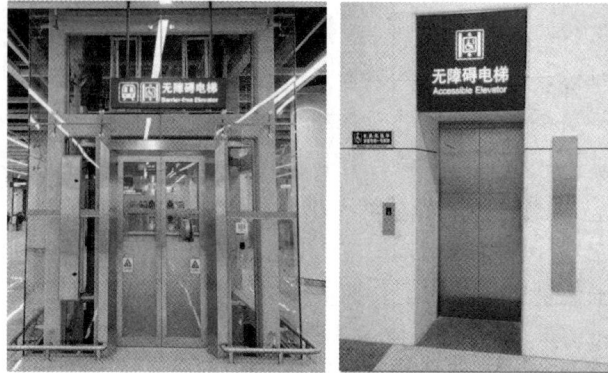

图 1-2-1　地铁车站电梯

1.2.1　电梯的设计原则

1）车站采用无机房电梯，车辆基地和控制中心等原则上采用有机房电梯。

2）电梯应满足坐轮椅者和盲人的使用需求。

3）每个车站至少有一部无障碍电梯供行动不便人士使用，并兼顾车站设备维修时运输设备零部件。

4）站厅层至站台层的电梯设置在付费区。

5）其他建筑内按需要设置乘客电梯和载货电梯。

6）除消防电梯外，其余电梯按二级负荷供电。

7）当电梯相邻两层门地坎间距超过 11m 时，须设置井道安全门。

8）电梯应接受车站 BAS（building automation system，建筑设备自动化系统）的监控。

1.2.2　电梯的分类

根据不同的分类方式，可将电梯分为不同的类别，电梯的分类如表 1-2-1 所示。

表 1-2-1　电梯的分类

序号	分类方式	类别
1	按驱动方式分	钢丝绳曳引驱动式电梯、液压驱动式电梯、齿轮齿条式电梯
2	按用途分	乘客电梯、载货电梯、病床电梯、观光电梯、杂物电梯、汽车电梯、特种电梯
3	按运行速度分	低速电梯（$v<1m/s$）、快速电梯（$1m/s \leqslant v<2m/s$，10 层以上）、高速电梯（$2m/s \leqslant v<3m/s$，16 层以上）、超高速电梯（$3m/s \leqslant v \leqslant 10m/s$）
4	按控制方式分	手柄开关操纵电梯、按钮控制电梯、信号控制电梯、集选控制电梯、并联控制电梯、群控控制电梯、群控智能控制电梯

1.2.3　电梯的基本结构

电梯的基本结构如图 1-2-2 所示，按照空间结构和系统功能，可分别将电梯划分为四大空间和八大系统。

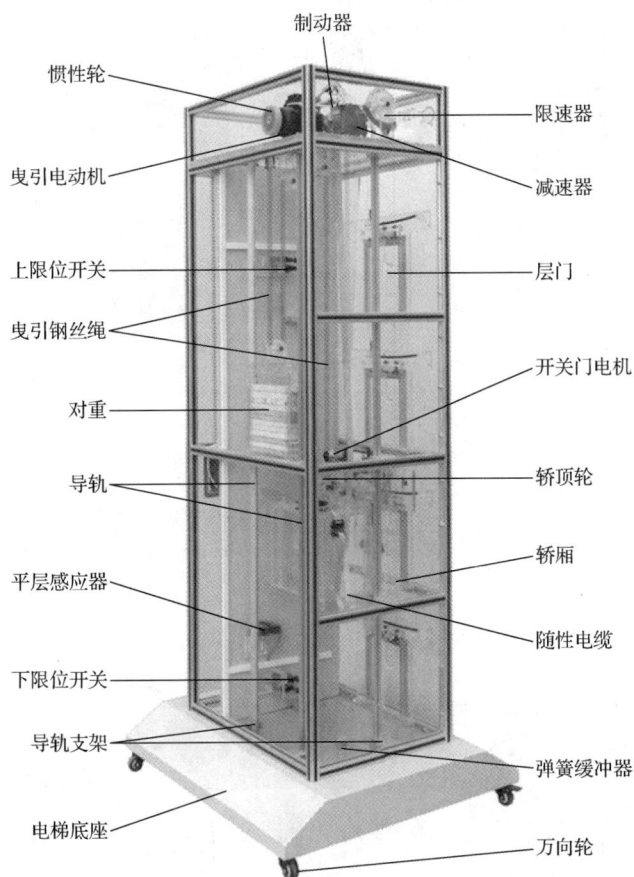

图 1-2-2 电梯的基本结构

1. 按空间结构划分

电梯按空间结构可划分为四大空间，分别是机房部分、井道及底坑部分、轿厢部分、层站部分，其中层站部分在每层楼的电梯处，如图 1-2-1 所示。电梯的组成如图 1-2-3 所示。

2. 按系统功能划分

电梯按系统功能可划分为八大系统，分别是曳引系统、导向系统、轿厢系统、门系统、重量平衡系统、电力拖动系统、电气控制系统、安全保护系统。

（1）曳引系统

曳引系统主要由曳引机、曳引钢丝绳、导向轮、反绳轮等组成，用于输出与传递动力，使电梯运行。其中曳引机是整个电梯的驱动核心，一般由电动机、制动器、松闸装置、减速器（无齿轮曳引机没有）等组成，将电能转换成机械能直接或间接带动曳引轮转动。GTW1/2 系列永磁同步曳引机如图 1-2-4 所示。

机房

①控制柜
②主机
③曳引轮
④限速器

井道

⑤主钢丝绳
⑥限速器钢丝绳
⑦轿厢导轨
⑧对重导轨
⑨对重

底坑

⑩张紧轮
（限速器）
⑪对重缓冲器
⑫轿厢缓冲器

机房

轿厢

井道

底坑

图 1-2-3　电梯的组成

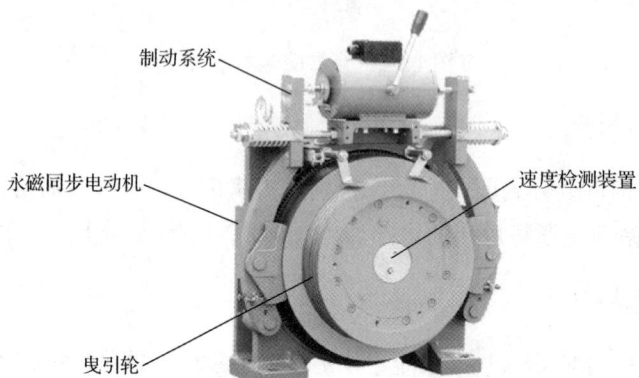

制动系统

永磁同步电动机

速度检测装置

曳引轮

图 1-2-4　GTW1/2 系列永磁同步曳引机

（2）导向系统

导向系统由导轨、导靴、导轨支架、导轨底座等组成，用于限制轿厢和对重的活动自由度，使轿厢和对重只能沿着导轨做升降运动。其中导靴安装在轿厢和对重上，保持轿厢和对重牢固地依附于导轨。导向系统如图 1-2-5 所示。

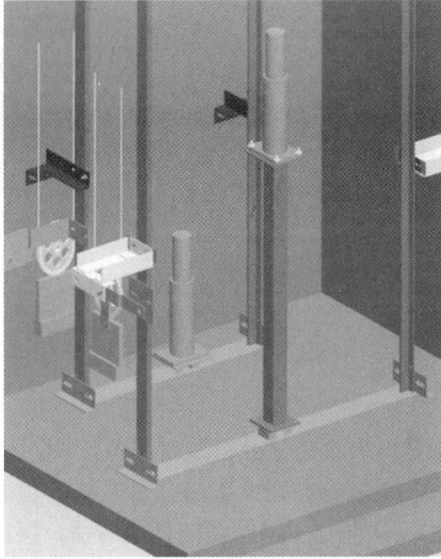

图 1-2-5　导向系统

（3）轿厢系统

轿厢系统由轿厢架与轿厢体（轿壁、轿顶、轿底及操纵箱等）构成，是用以运送乘客或货物的电梯组件，是电梯的工作部件。对于乘客电梯，轿底一般安装有负载称重装置。轿厢系统如图 1-2-6 所示。

图 1-2-6　轿厢系统

（4）门系统

门系统由轿厢门、层门、开关门电机、门锁装置等组成，用于封住层站入口和轿厢入口。目前普遍采用滑动门，按其开门方向可分为中分式、旁开式和直分式三种。门锁装置如图 1-2-7 所示。

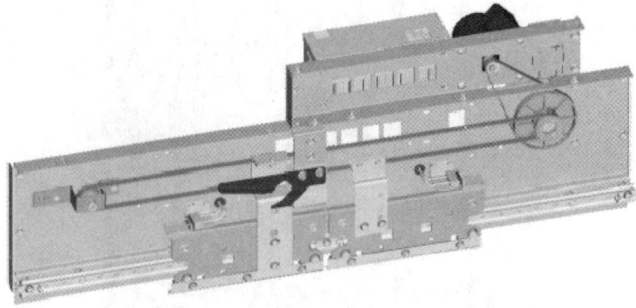

图 1-2-7　门锁装置

（5）重量平衡系统

重量平衡系统由对重和对重块及重量补偿装置组成，相对平衡轿厢重量，使轿厢与对重间的重量差保持在某一个限额之内，减少电梯曳引电动机功率的损耗，减少钢丝绳与曳引轮之间的曳引力（摩擦力），从而延长钢丝绳的使用寿命，保证电梯的曳引传动正常。电梯对重如图 1-2-8 所示。

（6）电力拖动系统

电力拖动系统由供电系统、曳引电动机、速度反馈装置、调速装置等组成，为电梯运行提供动力，实行电梯速度控制。其中，曳引电动机是曳引机的重要组成部分，如图 1-2-9 所示。

图 1-2-8　电梯对重

图 1-2-9　曳引电动机

（7）电气控制系统

电气控制系统由操纵装置、位置显示装置、控制柜（屏）、平层装置、选层器等组成，对电梯的运行实行控制与操纵。其中，控制柜是电梯的"大脑"，是把各种电子器件和电器元件安装在一个有安全防护作用的柜形结构内的电控装置。控制柜负责控制电梯上下行、开关门，具有安全保护等功能，一般放置在电梯机房内，无机房的电梯的控制柜放置在井道内。电梯控制柜结构如图 1-2-10 所示。

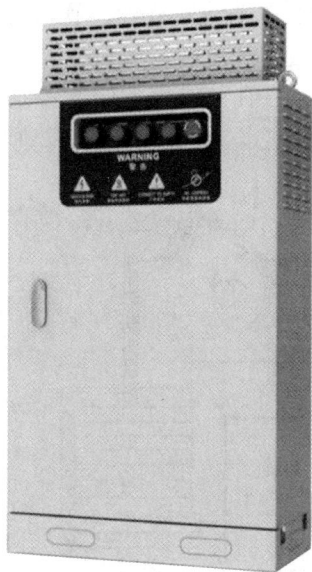

图 1-2-10　电梯控制柜结构

（8）安全保护系统

安全保护系统主要由限速器、安全钳、缓冲器、端站保护装置等组成，用以保证电梯安全使用，防止一切危及人身安全的事故发生。安全钳、缓冲器如图 1-2-11 所示。

（a）安全钳

（b）缓冲器

图 1-2-11　安全钳、缓冲器

1.2.4　电梯的运行原理

电梯依靠电力驱动，曳引钢丝绳一端连接轿厢，另一端连接对重。轿厢与对重的重力将曳引钢丝绳压紧在曳引轮的绳槽内，当电机转动时，曳引钢丝绳与绳槽之间的摩擦力带动曳引钢丝绳，使轿厢和对重做相对运动，轿厢在井道中上下运行，达到运输的目的。

电梯可以分为有机房电梯和无机房电梯。两者的主要区别在于无机房电梯的电机一般采用永磁同步电机（或称碟式马达），省去了变速装置，大大减小了体积，使电机充分利用井道内有限的空间，可以直接安装在井道内，从而省去了机房，节约了宝贵的建筑空间。这种电机不但具有较好的运行性能，而且维修方便。目前，无机房电梯在城市轨道交通车站等公交枢纽场合有了较多的运用经验。电梯的运行原理如图1-2-12所示。

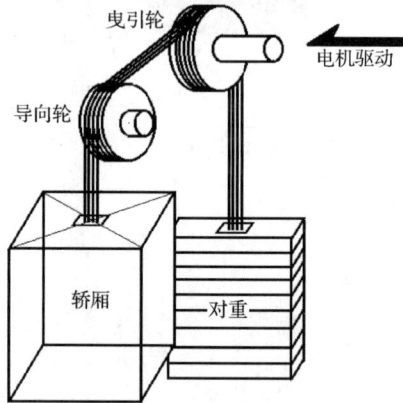

图 1-2-12　电梯的运行原理

知识拓展　安全文明乘坐电梯注意事项

1. 乘坐电梯时禁止用手扒门或者身体倚靠电梯门

在等待电梯的过程中，禁止用手扒动层门。一旦扒开层门，不但轿厢会紧急制停，使乘客被困在轿厢内，影响电梯正常运行，而且可能造成候梯乘客坠入井道或受到剪切伤害。

在电梯轿厢运行过程中，禁止用手扒动轿厢门。一旦扒开轿厢门，轿厢会紧急制停，使乘客被困在轿厢内，影响电梯正常运行。

因此，无论电梯是否运行，扒、撬、扶、倚靠层门和轿门都是非常危险的行为。

2. 儿童不宜单独乘坐电梯

儿童自理能力较弱，不懂乘坐电梯的安全常识，他们活泼好动，容易造成误操作，并且自我保护能力不强，单独处于轿厢内或遇到紧急情况容易发生危险。

正确操作：儿童应由家长监护乘坐电梯，以保证安全。

3. 禁止乘客在电梯轿厢内蹦跳

在电梯轿厢内蹦跳、左右摇晃，会使电梯的安全装置误动作，从而使乘客被困在电梯轿厢内，影响电梯正常运行，同时有可能损坏电梯部件。

4. 禁止电梯超载

当电梯超载时，不能乘坐，需要后进入的乘客退出，并且电梯轿厢外的乘客不能再进入轿厢。

电梯轿厢承载超过额定载荷时，电梯会发出超载警报且无法关门、启动。此时，后进入的乘客应主动退出轿厢。严重超载时会发生溜梯，造成设备损坏或人身伤害。

5. 带宠物乘坐电梯的注意事项

切忌使用过长的细绳牵领着宠物乘坐电梯，应用手拉紧或抱住宠物，以防细绳被层门、轿厢门夹住，造成运行安全事故。

6. 乘坐电梯应该注意穿着

乘客穿着宽松、拖曳的服饰（如长裙、礼服等）时，要注意整理好衣物，尽量站在轿厢里侧，避免被层门、轿厢门夹住，造成人身伤害。

7. 搬运体积大、尺寸长的笨重物品乘坐电梯的注意事项

搬运家具等大件物品时，应遵守电梯使用单位的有关规定。

正确操作：首先应得到电梯使用单位的同意，并核实物品的重量不能超过电梯载重量，进出轿厢时切忌鲁莽拖拽，以免损坏电梯设备，造成危险事故。

搬运大件物品时，若需要保持层门、轿厢门长时间开启，则应请电梯专业人员协助。禁止用纸板、木条等物品插入层门、轿厢门之间，或用箱子等物件拦阻层门、轿厢门的关闭，以免损坏层门、轿厢门部件，造成危险事故。

8. 禁止将易燃、易爆或腐蚀性物品带入电梯轿厢

禁止将易燃、易爆或腐蚀性物品等危险品带入电梯轿厢。因为，一旦发生意外，这些危险品会造成人身伤害或设备损坏。特别是腐蚀性物品遗撒会给电梯带来不易察觉的事故隐患。

9. 不宜将溢水的物品带入电梯轿厢

乘客将流水的雨具、溢水的物品带入轿厢或者清洁员在清洗楼层时将水流带入电梯轿厢，会弄湿电梯轿厢地板使乘客滑倒，甚至会使水顺着轿厢门地坎间隙进入井道，从而引发电气设备短路故障。

10. 要保持通往电梯机房的通道和机房进出口畅通无阻

通往机房的通道和机房进出口不要堆放物品，要保持畅通无阻，以免影响专业人员日常维保和紧急情况下的救援与修理，并且堆放杂物容易引起火灾。

11. 未持有电梯作业证书的人员不可使用电梯钥匙

正确操作：电梯层门钥匙、操纵盘钥匙和机房钥匙仅能由经过批准的受过专业培训的人员使用，以防造成人身伤亡或设备损坏。

12. 乘客发现电梯运行异常的处理方法

乘客若发现电梯运行异常（如层门、轿厢门不能关闭，有异常声响、震动或烧焦气味），则应立即停止乘坐并及时通知物业部门、电梯专业人员前来检查修理，切勿侥幸乘坐或自行采取措施。当发生以下情况时不能乘坐电梯。

1）电梯所在大楼发生火灾时，大楼的电气线路易发生短路，造成意外停梯。同时，因着火而产生的浓烟会进入电梯井道，造成被困于电梯轿厢的乘客窒息。因此当大楼发生火灾时禁止乘坐电梯逃生，应采用消防通道疏散。电梯的消防控制功能仅供专业的消防人员使用，不响应乘客的外呼。

2）发生地震时，会造成电梯损坏，影响电梯的安全使用，因此禁止乘坐电梯逃生。轿厢内乘客应尽快从最近的安全楼层撤离。

3）楼层跑水（如大楼水管破裂），水流会流入井道，此时不能乘坐电梯。轿厢内的乘客应设法尽快安全撤离。

4）正在进行维修、检验的电梯不能乘坐，否则会发生人员伤害事故。

1.3 电梯操作及应急处理

学习目标

1. 了解电梯轿厢内按钮的分类和使用。
2. 掌握电梯日常运行管理。
3. 了解电梯维修保养。
4. 掌握电梯发生故障时的救援方法。

微课：电梯运行及
常见故障处理

1.3.1 电梯按钮的分类和使用

在电梯平层装置中，层门层站召唤盒上主要有位置显示装置、上行和下行按钮，正三角符号表示上行，倒三角符号表示下行。乘客可根据自身进出站需求选择上行或者下行。电梯层门层站召唤盒如图 1-3-1 所示。

电梯轿厢内的控制面板主要由位置显示器和各种按钮组成，按钮主要包括选层按钮、开关门按钮、报警按钮及对讲按钮。

位置显示器：显示当前电梯所在楼层，便于人员乘梯。

选层按钮：最常用的按钮，每个按钮上都有一个数字代表一个楼层，按下要去的楼层号码即可，不要一直按或者按着不放。

开关门按钮：这个按钮的图标由两个竖立的等腰三角形和一根竖线构成，竖线指电梯两扇门合拢后中间的缝隙，若两个等腰三角形顶点指向竖线，则代表关门；若两个等腰三角形顶点朝外，则代表开门。

图 1-3-1　电梯层门层站召唤盒

报警按钮：当电梯停止工作，被困在轿厢内时，按一下该按钮，即可向值班室报警，这个按钮也是发生紧急情况时使用的按钮，在正常情况下勿按。

对讲按钮：轻按一下，就能一直跟警务室或车站控制室等部门进行实时通话，该按钮在发生紧急情况的时候使用，在正常情况下勿按。

1.3.2　电梯日常运行管理

在正常情况下，电梯根据轿厢内外召唤操作运行。每天运营前和结束后，须由车站值班人员用钥匙启动和停止每部电梯，以实现电梯的就地控制。

电梯接受轿厢指令和层站召唤信号控制。车站 BAS 监视电梯的运行状态，但不控制其运行。车站 BAS 监视电梯的运行状态如图 1-3-2 所示。另外，所有电梯轿厢内均设置摄像装置，由车站监控人员通过视频监视器观察轿厢内部使用情况。

1. 电梯投入运行前的注意事项

在开启层门进入轿厢之前，必须注意轿厢是否在该层，开启轿厢内照明设备。层门关闭后不能在层门外用手扒启，层门、轿厢门未完全关闭时电梯不能启动。

每次启用电梯前，检查确认无影响电梯正常运行的情况，应至少空载上下全层站运行一次，电梯应运行正常，无异常震动和噪声。

检查和试验设置在电梯外部的安全开关、停止按钮等。

每次启用电梯前，检查轿厢内、轿厢门及地坎等乘客可见部分，确保无异常。

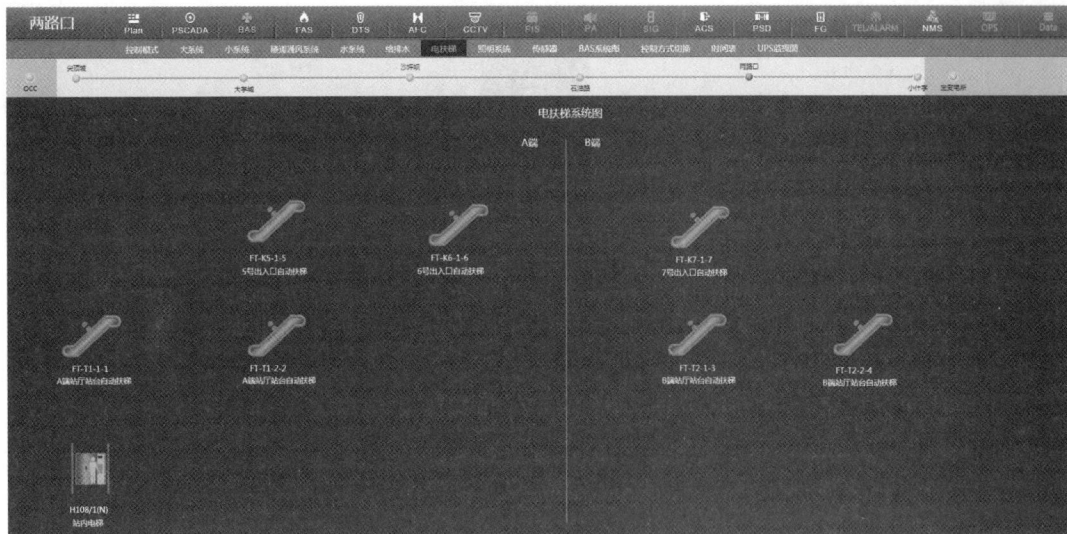

图 1-3-2　车站 BAS 监视电梯的运行状态

2．电梯使用注意事项

乘客使用电梯时应当遵守以下要求，正确使用电梯。

1）遵守电梯安全注意事项和警示标志的要求。

2）不乘坐明示处于非正常状态下的电梯。

3）不拆除、破坏电梯的部件及其附属设施。

4）不乘坐超过额定载重量的电梯，运送货物时不得超载。

5）不做其他危及电梯安全运行或者危及他人安全乘坐的行为。

3．电梯设备操作人员职责

1）必须持证上岗。

2）对电梯进行日常开/关机操作。

3）应掌握电梯各种安全装置的构造及位置，熟知操作板上的各个按钮、开关的功能，熟练掌握电梯的操作方法。

4）能从容应对电梯正常行驶时突然出现的停车、失控、冲顶、蹲底等故障。事故发生时要及时安抚乘客情绪，并及时把情况详细准确地向上汇报。

5）认真执行电梯安全操作规程，满足电梯日常检查要求。

1.3.3　电梯维修保养

电梯的检修运行模式：在轿厢内外均应设置检修开关，检修人员操作检修开关后，电梯进入检修运行模式。在检修运行模式下，轿厢将不响应内选信号和外召唤指令。

地铁电梯的使用管理以车站为主，车站综控室值班人员负责电梯的开关机，并通过视频、BAS 显示界面监视电梯的运行状态。当有报警信息时，值班人员应立即停止其运行，并通知专业维修人员进行维修。没有经过专业维修人员维修、现场确认的故障电梯不得继续使用。

1．日常检查内容

1）检查电梯安全检验合格证、警示标志、标识、乘梯须知是否齐全。

2）检查电梯设备整体外观是否完好，运行、制动等操作指令是否有效，光电感应是否正常可靠。

3）检查层门、轿厢门、平层、梯步工作情况是否正常。

4）检查层门、轿厢门、梯步、地坎中是否有杂物，以免影响正常开关门。

5）检查五方通话装置、语音提醒设备、照明设备等是否正常。

6）检查电梯机房消防设施是否完好。

7）观察电梯监控摄像头是否对位准确，监控功能是否正常。

8）检查每日运行记录是否完善，以及设备保养情况、维修记录情况，并做好检查记录。

2．维修保养人员职责

1）必须经技术培训和安全操作培训，并经行政主管部门考核合格，取得特殊工种安全操作证方可独立操作，严禁无证作业。

2）严格执行电梯安全管理制度、安全操作规程及维修保养规程。

3）应熟练掌握所维保电梯设备的基本情况、安全装置、机械性能、电气原理等。

4）按照规定要求和作业计划，定期对电梯设备进行维修保养，并认真填写维保记录。

5）定期进行设备巡查工作，记录设备运行状况。

6）及时处置电梯故障，恢复设备正常运行状态。

7）开展应急救援工作。

1.3.4　电梯常见故障及排除方法

电梯故障是指电梯机械零件或电气控制系统中的元器件发生异常，导致电梯不能正常工作或严重影响乘坐舒适感，甚至造成人身伤害或设备事故的现象。

1．机械系统常见故障

1）润滑不良或润滑系统故障，造成部件的转动部位严重发热磨损或抱轴，导致滚动或滑动部位的零部件毁坏。

2）电梯被频繁使用，某些零部件发生磨损、老化，保养不到位，未能及时更换或修复已磨损的部件，造成损坏进一步扩大，迫使电梯停机。

3）电梯在运行过程中因震动而引起某些紧固螺钉松动或松脱，使某些部件（尤其运动部件）工作不正常，造成电梯损坏。

4）电梯平衡系数失调或严重超载，造成轿厢大幅度抖动或平层准确度差，电梯速度失控，甚至冲顶或蹲底，引起限速器与安全钳联动，电梯停机。

2．机械系统故障排除方法

当电梯机械系统发生故障时，电梯维修人员应向电梯司机/管理人员或乘客了解出现故障时的情况和现象。如果电梯仍可运行，则可让司机/管理人员采用点动方式让电梯上下运行，电梯维修人员通过耳听、手摸、测量等方式分析判断故障点。

确定故障点后，按有关技术规范的要求，仔细进行拆卸、清洗、检查、测量，通过检查确定造成故障的原因，并根据机件的磨损和损坏程度进行修复或更换。电梯机件经修复或更换后，投入运行前只有经认真检查和调试后，才可交付使用。

3. 电气控制系统常见故障

（1）电气安全回路故障

所谓电气安全回路，就是电梯各安全部件都装有一个安全开关，把所有的电气安全开关串联，控制一个安全继电器。电气安全回路中的任意一个安全开关断开或者损坏，都会导致电梯停梯。电气安全回路是保证电梯维修人员安全的必要措施，若发生故障，则可逐段排查断开点，将其修复。

（2）门系统联锁回路故障

为保证电梯只有在全部门关闭后才能运行，在每扇层门及轿厢门上都装有门电气联锁开关。只有在全部门电气联锁开关接通的情况下，控制屏的门锁继电器方能吸合，电梯才能运行。若门锁继电器处于释放状态，则可判断门锁回路断开，电梯发生故障。引起该故障的原因可能是电梯层门或轿厢门故障。

（3）电气控制线路短路

短路就是由于某种原因，不该接通的回路被接通或接通后线路内电阻很小。电梯常见短路故障原因有：接触器或继电器的机械和电子连锁失效，使接触器和继电器同时动作而造成短路；接触器的主接点被接通或断开时，产生的电弧使周围的介质电器组件的介质被击穿而造成短路；电器组件的绝缘材料老化、失效、受潮而造成短路；由外界原因造成电器组件的绝缘被破坏及外材料入侵而造成短路。

（4）电气控制线路断路

断路就是由于某种原因，应接通的回路不通。引起断路的原因主要有：电器组件引入引出线松动；回路中作为连接点的焊接虚焊或接触不良；继电器或接触器的接点被电弧烧毁；接点表面有氧化层的簧片接通或断开时被产生的电弧加热，冷却后失去弹力，造成接点的接触压力不够；继电器或接触器吸合或断开时因抖动而使触点接触不良等。

4. 电气控制系统故障排除方法

判断电气控制系统故障的依据就是电梯控制原理。因此要想迅速排除故障，必须掌握电梯控制系统的电路原理图，明确电梯从定向、起动、加速、满速运行、到站预报、换速、平层、开关门等全过程各环节的工作原理，以及各电器组件之间的相互控制关系、各电器组件的作用、继电器/接触器及其触点的作用等。

在判断电气控制系统故障之前，必须彻底了解故障现象，只有这样才能根据电路图和故障现象迅速准确地分析判断故障的原因并找到故障点。

1.3.5　电梯应急处理

如果发生电梯困人、伤人等应急事件，则设备维保单位接报后应迅速通知相关维修人员赶往故障地点，到达现场后应按如下方法处理。

1）断开电梯主电源开关，防止电梯意外启动，但必须保留轿厢照明。

2）确定电梯轿厢位置，通过通话装置对被困人员进行安抚。

3）当电梯停在距某层平层位置±60cm的范围内时，维修人员可以在该平层的层门外使用专用的层门钥匙打开层门，并用手拉开轿厢门，然后协助被困人员安全撤离轿厢。

4）当电梯未停在距某层平层位置±60cm的范围内时，则必须用机械方法移动轿厢后救人。步骤：轿厢门应保持关闭，如果轿厢门已被拉开，则要求被困人员把轿厢门手动关上；利用电梯内的通话装置，告知被困人员轿厢将会移动，要求被困人员静待轿厢内，不要乱动，待到达平层位置后按照预案进行施救。

实践活动

根据本节所学知识，去某个地铁车站，了解电梯的常见故障及其处理流程。

事故案例

1. 某男子乘电梯坠亡事故

时间、地点：2020年5月27日，××小区。

事件经过：男子被困电梯轿厢，在等待救援时，曾动手扒开电梯门尝试逃生，最终轿厢滑落，坠落电梯井，造成死亡。

整改措施：在电梯门口设立安全警示标志和安全护栏，彻底检查事故发生地点、安检日期、电梯安全设备设施，检查安全维保日期是否违规修改。

经验教训：一旦发生此类情况，首先要保持冷静，充分利用电梯内的求救电话、警铃等，与外界救援人员取得联系。被困人员切忌采取过激的行为，如用手扒电梯门、大声呼喊等，因为在电梯的有限空间里，氧气含量有限。被困人员应保持镇静，避免在短时间内缺氧。等待救援时切勿强行推门，电梯天花板上若有紧急出口，则不要试图爬出去。如果出口板意外关闭导致电梯失衡，那么被困人员很可能在漆黑的电梯槽里被电梯的缆索绊倒，或因踩到油垢而滑倒，从电梯顶上掉落。

2. 某医院电梯坠亡事故

时间、地点：2007年4月21日，××医院住院楼1号电梯。

事件经过：××医院住院楼1号电梯向上运行至10楼以上时，电梯司机听到井道内有人惊叫和"扑"的声响，随即电梯在15楼停止并开门，不能继续运行。在电梯井道底坑内发现有人跌落，一名女子当场死亡。

应急救援：立即呼叫救护车，停止电梯运行。

事故原因：人员坠落事故发生前一天，即20日上午，维保单位的维修人员易某在维修电梯时短接了层门电气联锁，造成20日上午至21日下午事故发生前电梯始终处于层门电气联锁失效的状态。电梯曾在13楼停靠，关门时层门受异物阻挡无法完全关闭，此时验证层门锁闭状态的电气联锁已短接失效，当轿厢门电气联锁闭合后电梯启动运行，从而造成 13 楼层门未锁闭但电梯可以开启。在该状态下，13 楼患者诸某欲乘电梯，误以为电梯停在 13 楼，于是打开了层门，误入井道坠落底坑后死亡。该维保单位的维修人员易某违章作业是造成事故发生的直接原因。

整改措施：维修人员作业的时候必须全身心投入，事故就是在一个个漫不经心的状态下发生的。

经验教训：维修人员作业完成之后要二次检查，在乘坐电梯的时候要注意观察。

1.4

自动扶梯的构造及运行原理

学习目标

1. 了解自动扶梯的分类。
2. 掌握自动扶梯的运行原理。

自动扶梯作为地铁车站内集散乘客的主要运输工具，可以将乘坐地铁的乘客安全、快捷、舒适地送入或送出车站，是地铁车站中非常重要的一个部分。

微课：自动扶梯构造及原理

自动扶梯作为运送地面至站厅、站厅至站台和车站商场来往乘客的主要工具，安装在车站内和出入口，是城市轨道交通系统的组成部分，要求安全、可靠，能在公共交通的环境条件和载荷条件下长期工作。重庆皇冠大扶梯如图 1-4-1 所示。

图 1-4-1　重庆皇冠大扶梯

1.4.1　自动扶梯的设计原则

1）自动扶梯选用重载荷公共交通型，其特点是安全、可靠、耐用。

2）自动扶梯分为室内型和室外型，车站内一般选用室内型自动扶梯，出入口或高架车站等可能遭雨水飘淋处则选用室外型自动扶梯。

3）车站出入口、站台至站厅应设置上下行自动扶梯，当设置双向自动扶梯困难且提升高度不大于 10m 时，可仅设置上行自动扶梯。每个车站至少有一个出入口设一处上下行自动扶梯，站台至站厅至少设置一部上下行自动扶梯。

4）自动扶梯的设置数量，应按该车站远期超高峰客流量、提升高度及客流量不均匀系数等计算确定。

5）自动扶梯应设就地级和车站级控制装置，应接受车站 BAS 的监控。

6）单台自动扶梯最大提升高度原则上不大于 18m。

7）自动扶梯一般采用二级负荷供电，作为事故疏散用的自动扶梯采用一级负荷供电。

1.4.2　自动扶梯的主要技术参数及要求

1）类型：重载荷公共交通型。

2）运行方向：上下可逆。

3）控制方式：变频控制（全变频方式）。

4）驱动方式：上部驱动。

5）工作时间：每天 20h，全年工作。

6）工作速度：0.65m/s 和 0.5m/s 两挡可调。

7）节能速度：0.13m/s。

8）梯级名义宽度：1000mm。

9）倾斜角度：30°。

10）最大运输能力：7300 人/h（0.65m/s 速度下）。

11）水平梯级数量：上端、下端各四级。

12）供电电源：AC[①]380V，3 相 4 线，TN-S 接地，50Hz。

13）自动扶梯必须保障在发生紧急事故时，可作为疏散乘客的楼梯使用。

1.4.3　自动扶梯的分类

根据不同的特征，可将自动扶梯分为不同的类别。自动扶梯的分类如表 1-4-1 所示。

表 1-4-1　自动扶梯的分类

序号	特征	类别
1	驱动装置的位置	端部驱动自动扶梯 中间驱动自动扶梯
2	扶手外观	全透明扶手自动扶梯 半透明扶手自动扶梯 不透明扶手自动扶梯
3	自动扶梯路线	直线型自动扶梯 螺旋型自动扶梯

---

① AC 即 alternating current，交流。

序号	特征	类别
4	使用条件	普通型自动扶梯
		重载荷公共交通型自动扶梯
5	提升高度	小提升高度（最大至8m）扶梯
		中提升高度（最大至25m）扶梯
		大提升高度（最大至65m）扶梯
6	运行速度	恒速扶梯
		可调速扶梯

1.4.4 自动扶梯的基本结构

城市轨道交通车站的自动扶梯多为链轮式端部驱动自动扶梯，主要由供乘客站立并能连续提升的梯级、动力驱动装置、框架结构和控制与安全装置四个部分组成。自动扶梯的基本结构如图1-4-2所示。

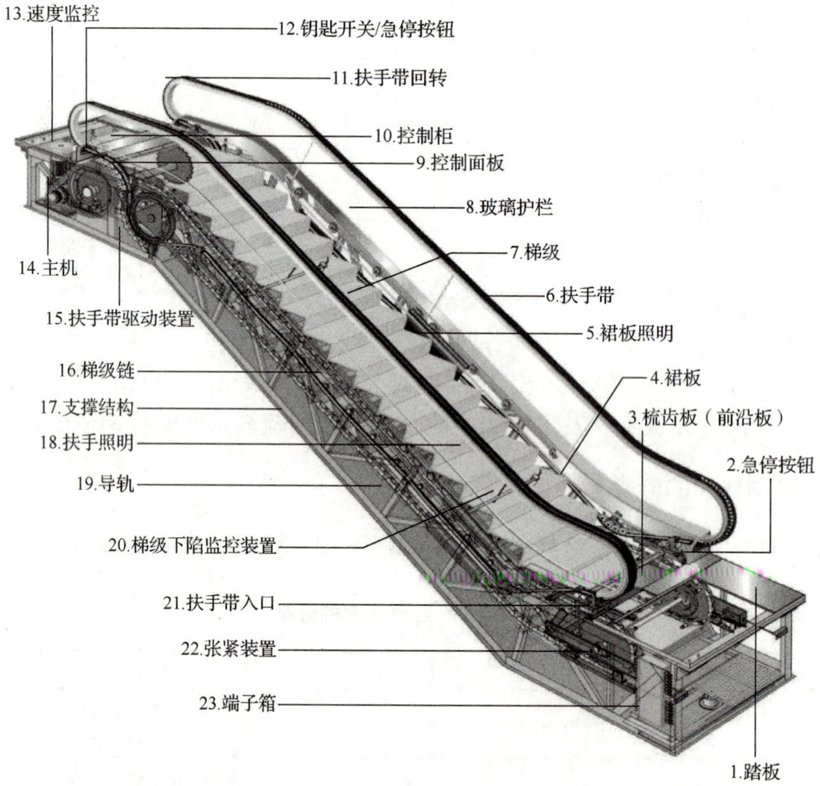

图1-4-2　自动扶梯的基本结构

1．桁架

桁架是架设在建筑结构上，支撑梯级、踏板及运动机构等部件的金属结构件。

2．梯级

梯级是在桁架上循环运行、供乘客站立的部件，是一种具有特殊结构的四轮小车，包括两个主轮和两个辅轮。其中，主轮的轮轴与牵引链条铰接在一起，全部梯级沿着按照一定规律布置的导轨运行。

3．梯级导轨

梯级导轨是供梯级滚轮运行的导轨，如图 1-4-3 所示。

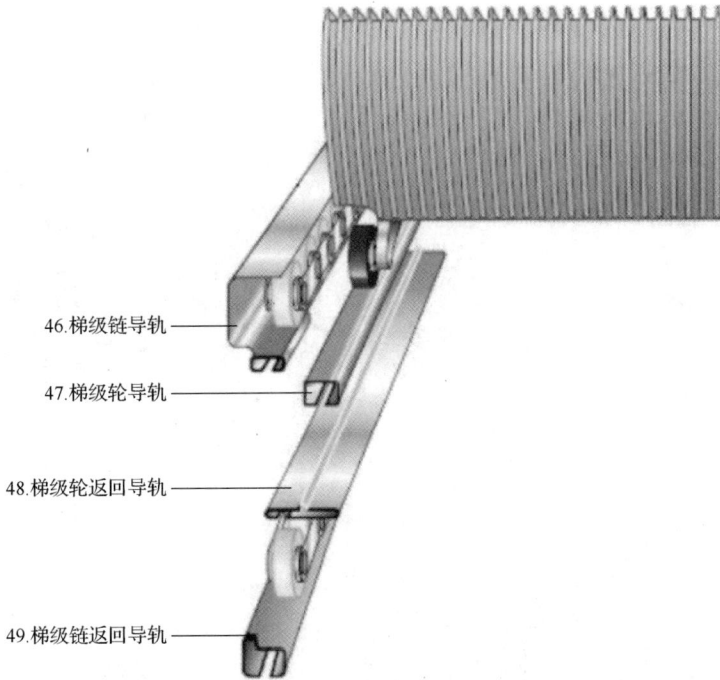

46.梯级链导轨

47.梯级轮导轨

48.梯级轮返回导轨

49.梯级链返回导轨

图 1-4-3　梯级导轨

4．梯级链

自动扶梯部分结构如图 1-4-4 所示，图中标记为 16 的部位是梯级链。

26.驱动主轴

33.扶手驱动链

28.调速轮

14.主机

32.驱动链

30.双靴制动器

31.减速器

16.梯级链

图 1-4-4　自动扶梯部分结构

5．驱动链

驱动链是一种驱动装置，是传递运动并带动梯级运行的部件。图 1-4-4 中标记为 32 的部位是驱动链。

6．驱动装置

驱动装置是驱动自动扶梯运行的部件，包括主机、减速器、双靴制动器、驱动主轴、梯级链轮、驱动轮及调速轮等，如图 1-4-5 所示。

图 1-4-5　驱动装置

7．扶手带及扶手带装置

扶手带安装在扶手带装置顶面，与梯级同步运行。扶手带及扶手带装置如图 1-4-6 所示。扶手带装置是在扶梯两侧，对乘客起安全防护作用，便于乘客扶握的部件。

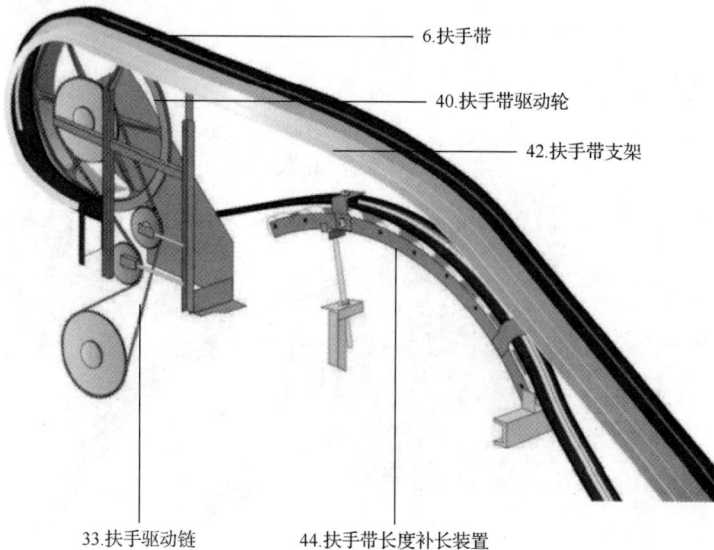

图 1-4-6　扶手带及扶手带装置

8．扶手带张紧装置

扶手带张紧装置是当扶手带被拉长或安装过紧时，用于调节其长度的部件。

9．控制柜

控制柜主要由主机板、变频器、主开关、各种继电器、接线端子、通信接口和接地保护装置等组成。

10．自动润滑装置

如果自动扶梯有自动润滑装置，那么往油箱加满润滑油，启动自动扶梯，主驱动链、扶手驱动链和梯级链会自动被润滑。自动润滑装置如图 1-4-7 所示。如果自动扶梯没有安装自动润滑装置，则需要手动润滑各驱动链和梯级链。

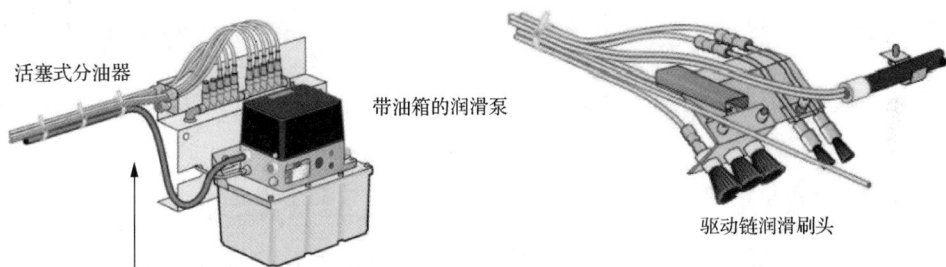

活塞式分油器

带油箱的润滑泵

驱动链润滑刷头

图 1-4-7　自动润滑装置

11．安全装置

安全装置的主要作用是防止自动扶梯在工作过程中出现危及乘客安全的事故，当事故发生时能及时中断自动扶梯的运行，降低乘客伤亡的风险。安全装置主要包括工作制动器、紧急制动器、速度监控装置、牵引链条伸长或断裂保护装置、梳齿板保护装置、扶手带入口防异物保护装置、梯级塌陷保护装置、梯级照明装置、裙板保护装置、主机保护装置、相位保护装置、急停按钮、控制面板。安全装置如图 1-4-8 所示。

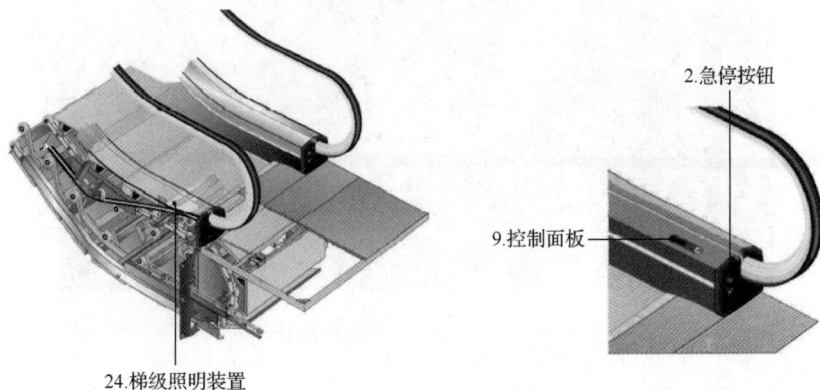

2.急停按钮

9.控制面板

24.梯级照明装置

图 1-4-8　安全装置

1.4.5 自动扶梯的运行原理

从最基本的功能来说，自动扶梯就是一个经过简单改装的输送带。

两根转动的链圈以恒定周期拖动一组台阶，并以稳定速度承载多人进行短距离移动。自动扶梯的核心部件是两根链条，它们绕着两对齿轮进行循环转动。在自动扶梯顶部，有一台电动机驱动传动齿轮以转动链圈。

与传送带移动一个平面不同，链圈移动的是一组台阶。链条移动时，台阶一直保持水平。在自动扶梯的顶部和底部，台阶彼此折叠，形成一个平台，这样使上下自动扶梯比较容易。

实践活动

1. 根据本节所学知识，实地考察一个地铁车站的自动扶梯布置情况。
2. 根据本节所学知识，对某一车站的自动扶梯各个部分进行实地观察和学习，并拍摄对应照片，做好记录。

知识拓展 我国最深地铁站——重庆轨道交通 10 号线红土地站

红土地站是重庆轨道交通 6 号线与重庆轨道交通 10 号线的换乘车站。位于重庆市江北区红黄路南北两侧，6 号线红土地站于 2012 年 9 月 28 日投入使用。10 号线红土地站深 94m，是目前中国最深的地铁站。想要到达该地铁站，首先要乘坐 7min 的电梯，要从地面乘坐八部自动扶梯才能上车，最大埋深达 94.467m，相当于 31 层楼的高度。不少人通勤时都会早早地出发，毕竟坐地铁光出站就要走十几分钟。重庆红土地站自动扶梯如图 1-4-9 所示。

图 1-4-9 重庆红土地站自动扶梯

1.5

自动扶梯操作及应急处理

学习目标

1. 掌握自动扶梯的运行操作。
2. 掌握自动扶梯的维修保养。
3. 会识别自动扶梯的常见故障，并会对其进行简单的处理。
4. 掌握自动扶梯的应急处理方法。

微课：自动扶梯的操作及
应急处理

1.5.1　自动扶梯运行操作

自动扶梯运行操作如表 1-5-1 所示。

表 1-5-1　自动扶梯运行操作

操作类别	操作说明	图示
开机运行前的检查工作	① 检查确认自动扶梯上无乘客； ② 检查确认自动扶梯周围无障碍物； ③ 查看梯级梳齿板内有无异物； ④ 检查相关安全提醒标识是否完好	
开启自动扶梯	① 在梯头或梯尾的启动开关处用钥匙向所需运行方向旋转，启动自动扶梯； ② 在达到额定转速前，检查自动扶梯是否启动自如，若有异常，则按急停按钮停止； ③ 自动扶梯运行平稳后取出钥匙，待自动扶梯运转 2～3 圈无异常后方可离开	
关闭自动扶梯	① 检查确认自动扶梯上无乘客； ② 在梯头或梯尾的启动开关处反向旋转钥匙； ③ 待自动扶梯完全停止后取出钥匙，自动扶梯停止运行	
自动扶梯换向	① 检查确认自动扶梯上无乘客； ② 在梯头或梯尾的启动开关处反向旋转钥匙，自动扶梯停止运行； ③ 待自动扶梯完全停止后，按所需运行方向旋转钥匙； ④ 自动扶梯运行平稳后取出钥匙，待自动扶梯运转 2～3 圈无异常后方可离开	
紧急停止	出现紧急情况时，先通知乘客，再按下自动扶梯上下头部、中部或车站控制室的急停按钮，停止自动扶梯运行	

1.5.2 自动扶梯维修保养

自动扶梯只有定期正确地实施预防性保养工作才能保证长期正常运行。只有经过培训且确认合格的人员才被允许对自动扶梯进行修理、保养、调整及更换零件。自动扶梯维修保养一般分为每日巡检、月检、季检、年检。自动扶梯的检查项目和内容如表 1-5-2 所示。

表 1-5-2　自动扶梯的检查项目和内容

序号	检查项目	检查内容	图示
1	放置检修护栏	检查是否在自动扶梯的上下端适当的位置安装屏障，以防止乘客进入、使用正在维修的自动扶梯	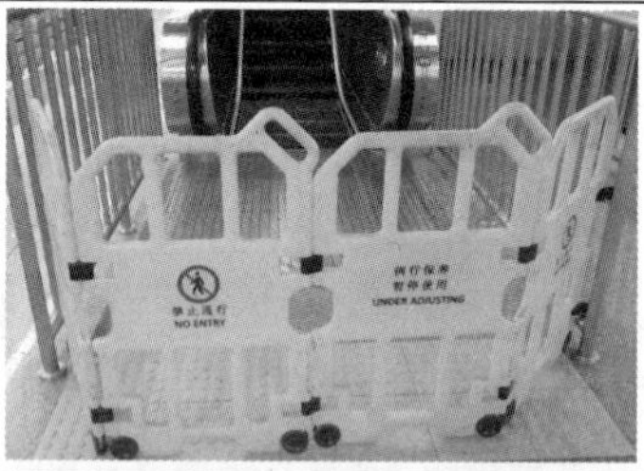
2	自动扶梯的正常运行情况	检查自动扶梯向上、向下运行是否正常；检查运行中梯级、扶手带和电机是否发出异常的声音；检查自动扶梯是否沿着导轨正常运行；检查梯级是否有晃动情况出现	
3	交通指示灯	用钥匙分别开启自动扶梯，使其向上和向下运行，检查交通指示灯是否和运行方向一致，是否清晰明亮	
4	照明灯	检查裙板照明灯、梯级间隙照明灯、梳齿板照明灯等照明装置是否正常工作	
5	金属护栏	目视检查金属护栏是否有松动或者破损现象	

续表

序号	检查项目	检查内容	图示
6	扶手带运行	开启自动扶梯向上或向下运行，在自动扶梯的两边分别检查；双手感觉其温度，应不发烫，不超过人体体温；目视检查运行中的扶手带晃动情况；检查运行中扶手带产生的噪声情况，特别注意扶手带回转处；检查扶手带入口及雷达的外盖是否安全地安装在自动扶梯上，是否有破损	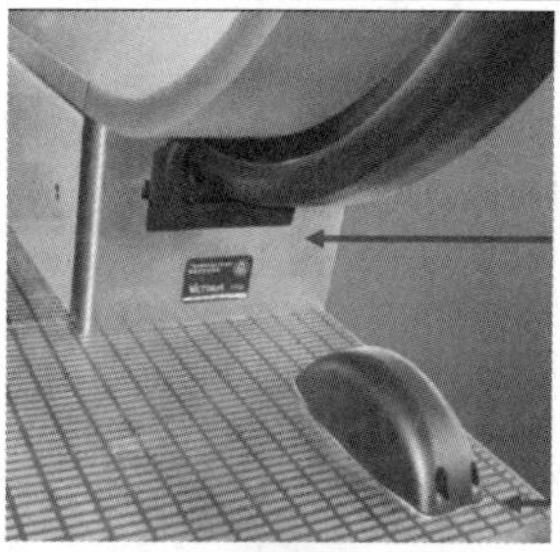
7	安全警告标识	目视检查自动扶梯上所有的安全信息标识是否有缺失或者损坏，是否清晰可辨	
8	各类挡板	检查挡板是否存在损坏；检查挡板是否安全地连接到相应的架构上	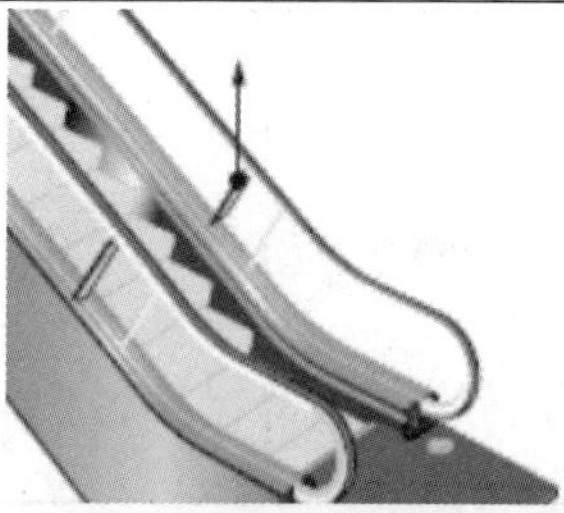
9	踏板和前沿板	检查踏板是否存在损坏，确保踏板与前沿板衔接平整	
10	前沿板间隙	检查活动前沿板和固定前沿板的间隙宽度是否一致	
11	梳齿板	检查梳齿板上梳齿的完整性	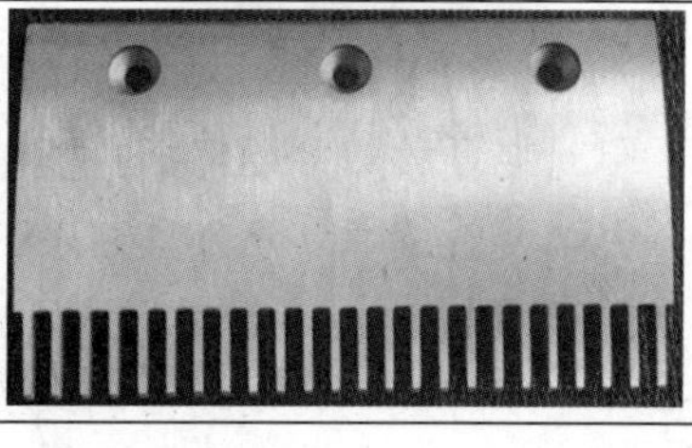

续表

序号	检查项目	检查内容	图示
12	梳齿板和梯级的间隙	检查梳齿板的梳齿是否在梯级踏板槽内中间位置，梯级在运行时是否与梳齿板正确啮合	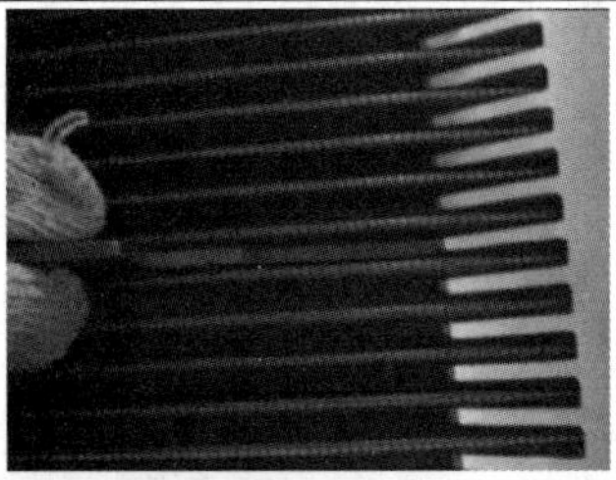
13	裙板和梯级的间隙	检查自动扶梯两边裙板和梯级之间的间隙是否超过标准规定，单边间隙是否超过 4mm，两边间隙总和是否超过 7mm	
14	裙板刷	检查裙板刷是否安全、紧固及完整地安装在裙板上	

1.5.3　自动扶梯常见故障及排除方法

1. 梯级故障

环境条件、人为因素、机件本身原因等会造成梯级故障。梯级故障主要包括：踏板齿折断；支架主轴孔处断裂；支架盖断裂；主轮脱胶。

梯级故障排除方法：更换踏板；更换支架；更换支架盖；更换主轮；更换整个梯级。

2. 曳引链故障

曳引链是自动扶梯最大的受力部件，由于长期运行，磨损较严重。曳引链故障主要包括：润滑系统故障；曳引链严重磨损；曳引链严重伸长。

曳引链故障排除方法：更换曳引链；调整曳引链的张紧装置；清除曳引链的灰尘。

3. 驱动装置故障

驱动装置故障主要包括：驱动装置的异常响声；驱动装置的温升过快过高。

驱动装置故障排除方法如下。

1）检查主机两端轴承，判断是否为减速器轴承、蜗杆蜗轮磨损，带式制动器制动电动机损坏，单片失电、制动器的线圈和摩擦片间距调整不合适，因驱动链条过松而上下振动严重或跳出。

2）检查配件运行情况，判断是否为主机轴承损坏、主机烧坏、减速器油量不足、油品错误、制动器的摩擦副间隙调整不合适、摩擦副烧坏、线圈内部短路烧坏。

3）检查完成后针对问题配件进行修复，不能修复的配件应更换。

4. 梯路故障

梯路故障主要包括：梯级跑偏；梯级在运行时碰擦裙板。造成这种故障的原因是多方面的：①梯级在梯路上运行不水平、分支各个区段不水平；②主辅轨、反轨、主辅轨支架安装不水平等；③相邻两梯级的间隙在梯级运行过程中未保持恒定；④两导轨不平行。

梯路故障的排除方法如下。

1）调整主辅轨、反轨和主辅轨支架。

2）调整上分支主辅轮中心轨。

3）调整上下分支导轨曲线区段相对位置。

5. 梳齿前沿板故障

梳齿前沿板故障分析：自动扶梯运行时，梯级周而复始地从梳齿间出来进去，每小时载客 8000～9000 人次，梳齿的工作状况可想而知，梳齿杆易损坏；前沿板表面有乘客鞋底带的泥沙；梳齿板齿断裂造成乘客鞋底带进的异物被卡住；梳齿的齿与梯级的齿槽啮合不好，当有异物卡入时产生变形、断裂。

梳齿前沿板故障排除方法如下。

1）自动扶梯出入口应保持清洁，前沿板表面清洁无泥沙。

2）梳齿板及自动扶梯出入口应保证梳齿的啮合深入。

3）调整梳齿板、前沿板、梳齿与梯级的啮合尺寸。

4）调整前沿板与梯级踏板上表面的高度。

5）调整梳齿板水平倾角和啮合深度。

6）如果在一块梳齿板上有三根齿或相邻两齿损坏，则必须立即予以更换。

6. 扶手装置故障

扶手装置故障常发生在扶手驱动部，由于位置的限制，结构设计有一定的困难，易发生轴承、链条、驱动带损坏。用户单位在例行检查时，应适度调节驱动链的松紧程度：直线压带式的压簧不宜过紧，圆弧压带式的压簧边不宜过紧；各部轴承处按要求添加润滑脂。

扶手带长期运行会伸长，通过安装在自动扶梯下端的调节机构把过长部分吸收掉。扶手带在运行时，圆弧端有时会发出"沙沙"声，这是因为圆弧端的扶手支架内有一组轴承，此异常声往往是轴承损坏，应及时更换。

扶手装置故障排除方法：适度调整驱动链松紧度；调整压簧松紧度；若轴承链条驱动带损坏，则应及时更换或修理。

7. 安全保护装置故障

安全保护装置故障主要包括：曳引链过分伸长或断裂；梳齿异物保护装置故障；扶手

带进入口安全保护装置故障；梯级下沉保护装置故障；驱动链断链保护装置故障；扶手带断带保护装置故障。

安全保护装置故障排除方法如下。

1）检查曳引链压簧、曳引链行程开关，调整曳引链向后移动碰块，若曳引链断裂，则进行更换。

2）检查梳齿板异物保护装置，清理异物，对异物保护装置进行维修维护。

3）检查扶手带入口安全保护装置，如碰板、行程开关，对安全保护装置进行维修维护。

4）检查梯级下沉保护装置、行程开关，对下沉保护装置进行维修维护。

5）检查驱动链保护装置，并按规定进行调整。

6）检查扶手带断带保护装置，对扶手带断带保护装置进行维修维护。

1.5.4　自动扶梯应急处理

自动扶梯一般采用就地控制方式，只有在事故状态下才会采用综控室联动控制，紧急停止扶梯。自动扶梯的急停按钮如图 1-5-1 所示，在紧急情况下按此按钮可将自动扶梯紧急停止。

图 1-5-1　自动扶梯的急停按钮

1. 停梯时的处理措施

运行中的自动扶梯会因供电线路故障、限电、自动扶梯故障等突然停梯，应采用如下措施进行处理。

1）向乘客说明原因，让乘客手扶扶手带，面朝运行方向，双脚离开梯级边缘，即站在黄色标记线以内，快速、依次离开自动扶梯。

2）在故障自动扶梯的上下入口处放置围栏。

3）及时告知单位领导，并通知维保单位前来维修。

2. 漏水时的处理措施

1）当楼层因发生跑水、水淹而使自动扶梯的机房进水时，应立即停止运行，切断总电源，防止控制箱进水。

2）发生漏水时，应尽快找到漏水源，以保证电器设备不沾水或少沾水。

3）发生漏水后，正常使用前应进行除湿处理，如擦拭、热风吹干、自然通风、更换管线及更新有关部件等，确认湿水消除，绝缘电阻经重新测试符合要求并经试运行无异常后，方可投入正常使用。

4）自动扶梯恢复运行后，将漏水原因、处理方法、防范措施等记录清楚并存档备查。

3. 发生火灾时的处理措施

发生火灾时，应立即停止自动扶梯运行，并采取如下措施。

1）当自动扶梯的机房发生火灾时，应立即按下急停按钮，同时切断电源，使用干粉灭火器进行灭火扑救。

2）当相邻建筑发生火灾时，应立即停梯，以免因火灾而使自动扶梯停电，从而造成乘客摔倒事故。

3）组织乘客由楼梯安全撤离，同时在自动扶梯的上下入口处放置围栏。

4）及时与中控室取得联系，告知火情实际情况，如地区位置、楼层高低、灾情大小、有无乘客摔倒等。

5）及时告知单位领导及解救小组组长等相关人员。

4. 使用管理单位的善后处理工作

1）如果有乘客重伤，则应当按事故报告程序进行紧急事故报告。

2）向乘客了解事故发生的经过，调查自动扶梯故障原因，协助做好相关的取证工作。

3）如果是自动扶梯故障所致事故，则应当督促维修保养单位尽快检查并修复。

4）及时向相关部门提交故障及事故情况汇报资料。

▋ 实践活动

1. 根据本节所学知识，对某车站自动扶梯进行开启及停止等基本操作。
2. 根据本节所学知识，考察某车站自动扶梯的常见故障及处理流程。

▶ 事故案例

1. 北京地铁 4 号线自动扶梯逆转事故

2011 年 7 月 5 日上午 9:36，北京地铁 4 号线动物园站 A 口上行自动扶梯发生设备故障，正在乘梯的部分乘客出现摔倒情况。北京京港地铁有限公司启动相关应急预案，受伤乘客均被送往医院救治。事故发生后，北京市政府有关部门组成事故调查组，对事故原因进行调查，并要求地铁运营企业立即对设施设备进行安全隐患排查，确保地铁运营安全。

据当事人叙述，事故发生时上行自动扶梯突然进行了倒转，很多人猝不及防，人群纷纷跌落，导致踩踏事件的发生，最终酿成这一惨剧。此次事故与 2010 年 12 月深圳自动扶梯事故现象相同，均为上行自动扶梯突然下滑，这与自动扶梯主机固定有关。

据调查，北京地铁4号线动物园站A出口上行自动扶梯的固定零件损坏，导致自动扶梯驱动主机发生位移，造成驱动链的断裂，致使自动扶梯出现逆向下行的现象。

2011年11月25日，北京市质量技术监督局发布，经北京市政府批准，"7·5"北京地铁4号线自动扶梯事故调查工作结案，调查组认定，此次事故是一起责任事故。

调查组表示，扶梯制造单位广州奥的斯电梯有限公司、日常维护保养单位北京奥的斯电梯有限公司对此次事故的发生负有主要责任。奥的斯电梯（中国）投资有限公司由于未能及时发放有关技术文件，对本次事故负有次要责任。依据《特种设备安全监察条例》第八十八条规定，将对广州奥的斯电梯有限公司、北京奥的斯电梯有限公司、奥的斯电梯（中国）有限公司分别处以20万元、20万元和10万元罚款。

调查组表示，负责事故自动扶梯日常维保的人员，将被吊销作业许可证；针对涉嫌触及刑律的两名事故责任人，建议司法机关依法追究其刑事责任。对于北京市地铁运行线路中停运的177台公共交通型自动扶梯，根据整改方案实施整改，后于2012年春节前重新投入使用。

2. 重庆轨道交通3号线红旗河沟站男童被卡事故

2015年10月8日上午，一名儿童在重庆轨道交通3号线红旗河沟站被卡进自动扶梯夹角处。上午10:59:00，一名女乘客带领两名儿童（一名4岁男孩、一名3岁女孩）进入重庆轨道交通3号线红旗河沟站。到达车站站厅后，女乘客因故留下两名儿童独自在站厅。两名儿童在无监护人看管的情况下，自行来到站厅自动扶梯处，随后男孩背靠自动扶梯扶手带玩耍。11:00:35，男孩摔倒，由于此时自动扶梯为正常运行，男孩顺着扶手带被卷入扶手带与地面夹角处，胸腹部被卡在扶手带与地面之间。11:00:55，车站值班站长与员工赶到现场紧急停梯，并迅即开展救援，将其救出并送往附近的医院，经抢救无效后死亡。12:09，质监部门工作人员及技术人员相继赶到现场进行勘查和调查了解。市质监局通报称，经初步核实，该自动扶梯的使用管理单位为重庆市轨道交通（集团）有限公司；该自动扶梯出厂日期为2011年3月19日；2015年4月通过定期检验，下一次检验日期是2016年4月；最近的一次维保日期是2015年10月7日。

近年来，自动扶梯事故频出，而这些事故发生的很大一部分原因是乘坐不当。带儿童乘坐自动扶梯时，应注意以下"十不要"。

1）不要让儿童单独乘坐自动扶梯，自动扶梯有时可能发生断裂或倒转，缺齿的自动扶梯容易卡住儿童的手，乘坐自动扶梯要有大人看护，大人最好让儿童站在自己的身体前方。

2）不要在乘坐自动扶梯时玩手机。

3）不要踩在黄色安全警示线上及两个梯级相连的部位，更不要在自动扶梯上走或跑，以免摔倒或从自动扶梯上跌落。

4）不要将鞋及衣物触及自动扶梯挡板。在自动扶梯入口处靠近地面的地方有一个红色按钮，该按钮是急停按钮，如果出现危急情况，则可以按一下这个按钮，自动扶梯会停住。

5）不要在自动扶梯出入口处逗留，不要让儿童在自动扶梯上来回跑动，不要用脚踢自动扶梯裙板，以免发生危险。

6）不要将头部、四肢伸出扶手装置外，以免受到障碍物、天花板、相邻自动扶梯的撞击。

7）不要蹲坐在梯级踏板上，随身携带的手提袋等不要放在梯级踏板或扶手带上，以防滚落伤人。

8）不要携带过大的行李箱、轮椅、婴儿车、手推车或其他大件物品，携带大件物品应使用升降式的无障碍电梯。

9）不要将手放入梯级与围裙板的间隙内。

10）不要在自动扶梯上逆行、攀爬、玩耍、倚靠或拥挤，前后最好保留一个空位。儿童不能背对着自动扶梯，也不能坐在梯级上，更不能逆向在自动扶梯上奔跑、玩耍。年龄比较小的儿童在第一次乘坐自动扶梯前，大人要教会儿童第一步如何踏上自动扶梯，如果发现其不能契合自动扶梯的速度，则由大人抱着比较好。

知识拓展 **安全乘坐自动扶梯注意事项**

1）请勿乘坐没有张贴电梯安全检验合格证或合格证超过有效期的自动扶梯。

2）儿童和老弱病残人员只有在有人看护的情况下才准予乘坐自动扶梯，以免发生意外事故。

3）禁止儿童在出入口处、运动的梯级上玩耍、嬉戏、奔跑。

4）在出入口处，乘客应按顺序依次乘坐，请勿相互推挤。

5）乘客应站在梯级踏板黄色安全警示边框内，请勿踩在两个梯级的交界处，以免梯级运行至倾斜段时因前后梯级的高差而摔倒。

6）禁止儿童攀爬于扶手带或内盖板上乘坐自动扶梯，禁止将扶手带或内外盖板当作滑梯玩耍，以防发生擦伤、夹伤或坠落。

7）禁止沿梯级运行的反方向行走与跑动，以免影响他人使用或跌倒。

8）切忌将头部、肢体伸出扶手装置外，以防受到天花板、相邻自动扶梯或倾斜式自动人行道的撞击，或被夹住造成人身伤害事故。

9）禁止利用自动扶梯作为输送机直接运载物品，手推婴儿车、购物小推车不得搭乘自动扶梯。

10）发生意外紧急情况时，立即呼叫求救，按动扶手盖板附近的红色急停按钮，以免造成更大的伤害。

1.6

车站无障碍设施

学习目标

1. 了解车站无障碍设施的种类。
2. 掌握无障碍设施的功能及使用方法。

　　无障碍设施是为保障残疾人、老年人等群体的安全通行和使用便利，在建设项目中配套建设的服务设施。《地铁设计规范》（GB 50157—2013）中要求：地铁车站为乘客服务的各类设施，均应满足无障碍通行要求，并应符合现行国家标准《无障碍设计规范》（GB 50763—2012）的有关规定。

　　按照地铁车站使用对象，地铁车站的无障碍设施主要分为两大类：一类是满足盲人出行需要的盲道和盲文导向牌；另一类是满足肢残人士出行需要的无障碍电梯、楼梯升降机、轮椅坡道、无障碍卫生间、列车轮椅席位、无障碍导向标识等。

1.6.1　盲道和盲文导向牌

　　盲道犹如盲人静态的眼睛，是专门帮助盲人行走的道路设施。盲道一般由两类砖铺就，一类是条形引导砖，引导盲人放心前行，被称为行进盲道；另一类是带有圆点的提示砖，提示盲人前面有障碍，该转弯了，被称为提示盲道。盲道如图1-6-1所示。

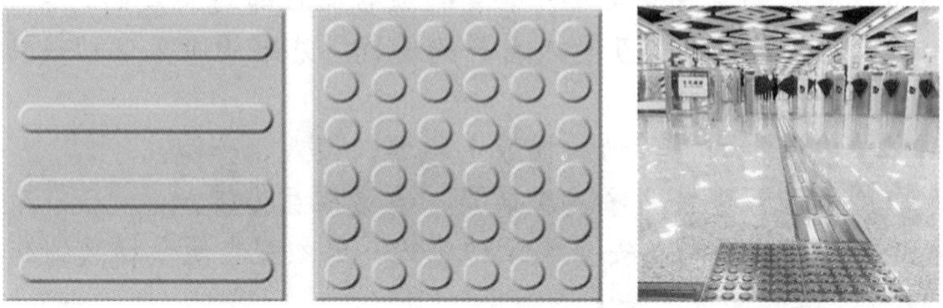

图1-6-1　盲道

　　城市轨道交通车站内的盲道与市政盲道相衔接，由出入口通道铺设至站厅，经专用电梯至站台，引导盲人乘客完成进站、上下列车、出站等一系列行为活动。在车站内行进盲道至提示盲道的关键节点处，一般设有配套的盲文导向牌，提示盲人乘客进站、买票、过闸机、进电梯等。盲文导向牌如图1-6-2所示。

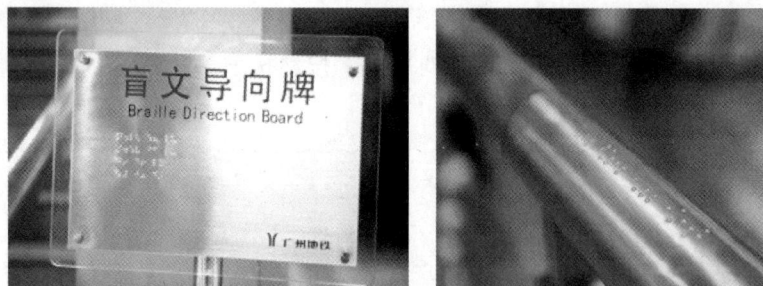

图1-6-2　盲文导向牌

1.6.2　无障碍电梯

　　无障碍电梯是适合乘轮椅者、视残者的，或担架床可进入和使用的电梯。在公共建筑中配备电梯时，必须设置无障碍电梯。在地铁车站的出入口至站厅非付费区、站厅付费区至站台各设置一台无障碍电梯，以满足盲人、乘坐轮椅者等特殊人群的需要。

　　地铁车站无障碍电梯使用功能完备，有盲文功能按键、求助按键等。电梯外部上方设有"无障碍电梯"字样的导向标识，门前方地面设置有盲道。无障碍电梯如图 1-6-3 所示。为满足肢残人士的特殊需要，无障碍电梯内还设有面向电梯门的镜子。

图 1-6-3　无障碍电梯

1.6.3　楼梯升降机和轮椅坡道

楼梯升降机是一种架设在有扶手楼梯的升降设备，使用者可以通过呼叫工作人员启用。楼梯升降机可以使使用者由楼梯顶部攀爬下降到楼梯底部，或者向相反方向运送使用者，主要使用者为腿部残障人士。城市轨道交通车站的楼梯升降机一般安装在出入口通往站厅的通道楼梯处或站厅至站台处。楼梯升降机按照服务功能的不同，可分为座椅式楼梯升降机和轮椅平台式楼梯升降机，城市轨道交通车站常用的是轮椅平台式楼梯升降机。轮椅平台式楼梯升降机由轮椅平台、驱动机与牵引系统、导轨、轮椅平台控制盒、平台召唤操作装置、充电装置和安全装置等组成，为乘坐轮椅的残疾人提供进出站服务。

轮椅坡道是指在坡度、宽度、地面、扶手、高度等方面符合乘坐轮椅人士通行要求的坡道。城市轨道交通车站的轮椅坡道一般设置在无障碍电梯入口处，为乘坐轮椅的残疾人提供进出站服务。

楼梯升降机和轮椅坡道如图 1-6-4 所示。

（a）楼梯升降机　　　　　　　　　　　　　　（b）轮椅坡道

图 1-6-4　楼梯升降机和轮椅坡道

1.6.4 无障碍卫生间

无障碍卫生间为不分性别的独立卫生间，配备专门的无障碍设施，包含方便乘坐轮椅人士及需要协助的人开启的门、专用的洁具、与洁具配套的安全扶手等，给残障者、老人或妇幼如厕提供便利。无障碍卫生间如图 1-6-5 所示。

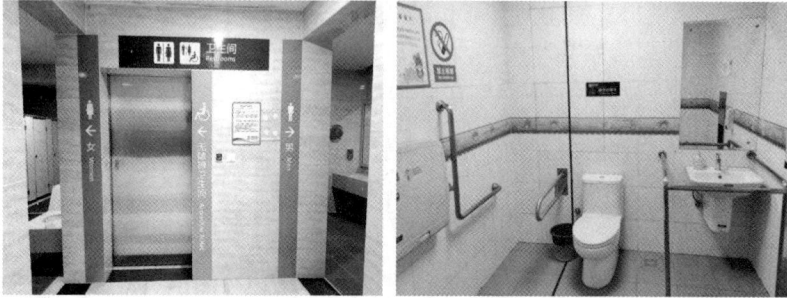

图 1-6-5　无障碍卫生间

城市轨道交通车站作为公共场所，体现人性化服务，一般在乘客卫生间区域专门设立无障碍卫生间。地下车站的无障碍卫生间一般设置在站台端头区域，而高架车站的无障碍卫生间则设置在站厅层。

1.6.5 列车轮椅席位

为方便乘坐轮椅人士乘车，轨道交通列车的每节车厢后部都设有轮椅车专用席位。列车轮椅席位如图 1-6-6 所示。车厢上配套有安全带，轮椅停稳后，轮椅上的人可系上安全带，轮椅就不会随意滑动。

图 1-6-6　列车轮椅席位

1.6.6 无障碍导向标识

为了引导残障人士安全、顺利地完成进站、买票、过安检、过闸机、候车、如厕、乘车、出站等一系列活动，地铁车站的通道内、站厅层、站台层和无障碍设施处均设置了无障碍导向标识。无障碍导向标识如图 1-6-7 所示。同时车站广播和列车广播会以语音播报的方式进行提示，车站工作人员会密切关注特殊人群并给予全程的服务和帮助。

图 1-6-7　无障碍导向标识

实践活动

根据本节所学知识，考察某地铁车站无障碍设施的布置情况，观察和拍摄对应照片，并记录其数量、分布位置等。

思考与练习

一、填空题

1. 地铁中常见的升降设备有_____、_____、楼梯升降机及自动人行道。

2. 曳引机是整个电梯的驱动核心，一般由_____、_____、_____、_____等组成。

3. 从最基本的功能来说，自动扶梯就是一个经过简单改装的_____。

4. 自动扶梯的驱动装置一般由主机、_____、_____、驱动主轴、梯级链轮、驱动轮及调速轮等组成。

5. _____是传递运动并带动梯级运行的部件。

二、单项选择题

1. 地铁的自动扶梯应选用（　　）。
   A．重载荷公共交通型　　　　　B．普通型
   C．螺旋型　　　　　　　　　　D．恒速型

2. 自动扶梯的倾斜角度应为（　　）。
   A．25°　　　　B．30°　　　　C．35°　　　　D．45°

三、多项选择题

1. 电梯按空间结构划分，可分为（　　　）。

    A. 机房部分　　　　B. 井道及底坑部分　　C. 轿厢部分　　　　D. 层站部分

2. 电梯轿厢内的按钮主要包括（　　　）。

    A. 报警按钮　　　　B. 选层按钮　　　　C. 开门按钮　　　　D. 关门按钮

3. 城市轨道交通车站的自动扶梯多为链轮式端部驱动自动扶梯，主要由（　　　）组成。

    A. 供乘客站立并能连续提升的梯级　　　　B. 动力驱动装置

    C. 框架结构　　　　　　　　　　　　　　D. 控制与安全装置

四、判断题

1. 电梯的驱动方式包括电力驱动和曳引驱动两种。　　　　　　　　　　（　　　）

2. 自动扶梯和自动人行道连续运行时间，每天不应少于20h，每周运行不应少于140h。

    　　　　　　　　　　　　　　　　　　　　　　　　　　　　　　（　　　）

3. 在客流量大的地铁车站中，电梯是最便利、最迅速的升降设备，优点是运送效率高。

    　　　　　　　　　　　　　　　　　　　　　　　　　　　　　　（　　　）

4. 轿厢与对重能做相对运动是靠曳引钢丝绳与绳槽之间的摩擦力来实现的。（　　　）

5. 梯级在桁架上循环运行，是供乘客站立的部件。　　　　　　　　　　（　　　）

6. 在正常情况下，只有轿厢门、层门完全紧闭，轿厢才能上下运行。　　（　　　）

7. 乘客携带大型货物、重物可乘坐自动扶梯。　　　　　　　　　　　　（　　　）

8. 自动扶梯维护保养的周期一般分为月检、季检、年检。　　　　　　　（　　　）

9. 自动扶梯一般采用就地控制方式，只有在事故状态下才会采用综控室联动控制，紧急停止扶梯。　　　　　　　　　　　　　　　　　　　　　　　　　　　　　（　　　）

五、简答题

1. 说明开启自动扶梯的操作步骤。

2. 电梯的八大系统有哪些？

2
模 块

屏蔽门系统

>>>>>

◎ **内容导读**

　　屏蔽门在站台上以玻璃幕墙的方式包围轨道站台与列车上落空间。列车到达时，开启玻璃幕墙上电动门供乘客上下列车。设置屏蔽门的主要目的是保证乘客人身安全，并节约能源，保持站台温度。

◎ **学习目标**

　　知识目标

　　1. 了解屏蔽门的分类及优点。
　　2. 学习屏蔽门系统结构。
　　3. 了解屏蔽门系统的站台布置。

　　能力目标

　　能够对屏蔽门系统进行操作与维护。

　　素养目标

　　1. 培养认真、细致、严谨、负责的工作态度。
　　2. 培养团队意识，增强沟通能力和问题分析能力。

◎ **建议学时**

　　6 学时

2.1

屏蔽门概述

学习目标

1. 了解屏蔽门的概念。
2. 掌握屏蔽门的组成及功能。

微课：站台屏蔽门（安全门）
系统及结构分析

2.1.1 屏蔽门的概念及优点

屏蔽门是设在站台边缘的,把站台区域与轨道区域隔开的设备。设置屏蔽门系统的主要目的是防止人员跌落轨道产生意外事故。列车未进站时,屏蔽门处于关闭状态,保证乘客候车的安全,防止可能出现的各种意外;列车进站后,列车车门与屏蔽门严格对准,并使列车车门与屏蔽门联动开启,以供乘客上下车,待乘降结束后,车门与屏蔽门同步关闭。这样可为乘客提供一个安全、舒适的候车环境,提高地铁的服务水平。屏蔽门的优点如下。

1）设置屏蔽门后,可实现列车司机一人全程操作,站台上不必再设站务人员接发列车（屏蔽门的开启由列车司机操纵）。

2）一般在屏蔽门上装有各类障碍物传感器。一旦有障碍物存在,传感器发出的信息将使屏蔽门再次打开,避免车门夹人、夹物事故的发生。

3）由于屏蔽门实现了站台与轨道、列车行进区间的完全隔离,乘客候车时不会与列车进出站发生任何关系,保证乘客的乘车安全。

4）设置屏蔽门后,站台布局更加合理。

5）屏蔽门能够减轻地下车站的空调负荷,降低能耗,同时降低车站噪声,减少粉尘污染。

6）屏蔽门可用于展示平面广告,增加运营部门的广告收益。

屏蔽门设备示意图及实物图如图 2-1-1 和图 2-1-2 所示。

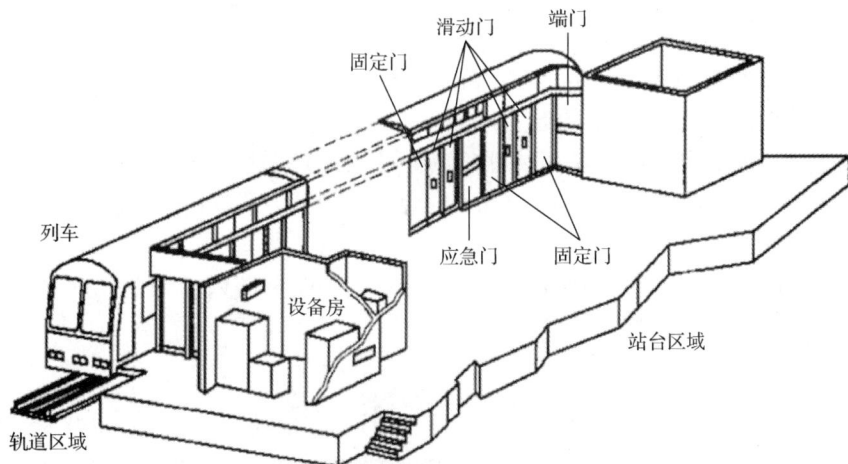

图 2-1-1　屏蔽门设备示意图

图 2-1-2　屏蔽门设备实物图

2.1.2　屏蔽门的组成及功能

1）滑动门（automatic sliding door，ASD）：中分双开式，作为乘客疏散通道，列车的一侧有若干对与列车车门对应的滑动门。

2）固定门（fixed door，FIX）：固定安装，跟滑动门一起形成隔离的屏障。

3）应急门（emergency egress door，EED）：有门锁装置，在紧急情况下手动打开，站台侧用钥匙打开，轨道侧通过列车司机广播指导乘客压推杆锁打开。

4）门控单元（door control unit，DCU）：门控单元与主监视系统之间的监视是通过使用通信网络（现场总线）实现的。

5）滑动门手动解锁装置：屏蔽门在轨道侧设有手动解锁装置，在电源供应或控制系统出现故障导致屏蔽门不能自动打开时，乘客可从轨道侧压紧手动解锁装置的把手，通过手动解锁进入站台。

6）端门（manual seconday door，MSD）：设置于屏蔽门两端进出轨行区的门，主要作为车站工作人员进出站台和轨道的通道，同时可在紧急情况下疏散乘客，有门锁装置，在紧急情况下允许手动打开，即工作人员可在站台侧用通用钥匙打开端门，或者乘客在轨道侧推压开门推杆打开端门。端门的门锁装置和应急门的门锁装置相同。屏蔽门端门如图2-1-3所示。

7）就地控制单元：自动控制故障时操作此开关控制屏蔽门的开关。就地控制单元如图2-1-4所示。

图 2-1-3　屏蔽门端门

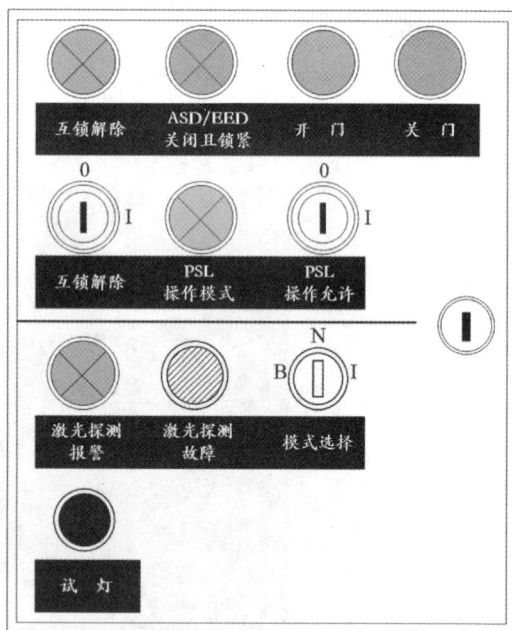

图 2-1-4　就地控制单元

2.1.3　屏蔽门的分类

根据应用场合的封闭形式、具体结构、供电方式、执行机构、机械传动方式等，屏蔽门可分为不同的类型。

1）按照应用场合的封闭形式，可以将屏蔽门分为全高封闭式屏蔽门和半高敞开式屏蔽门。全高封闭式屏蔽门的门体结构高度为2450mm左右，安装于地下车站，如图2-1-5所示。半高敞开式屏蔽门的门体结构高度为1500mm左右，主要安装在地面车站及高架车站。如果地下车站站台边缘顶部不具备安装全高封闭式屏蔽门的条件，或者地下车站采用车站进风、区间排风，则应安装半高敞开式屏蔽门，如南京地铁1号线奥体中心站。半高敞开式屏蔽门如图2-1-6所示。

2）按照具体结构，可以将屏蔽门分为上部悬吊型屏蔽门和下部支撑型屏蔽门。

3）按照供电方式，可以将屏蔽门分为交流供电屏蔽门和直流供电屏蔽门。

图 2-1-5　全高封闭式屏蔽门

图 2-1-6　半高敞开式屏蔽门

4）按照目前屏蔽门系统采用的执行机构，可以将屏蔽门分为气动执行机构屏蔽门和电动执行机构屏蔽门。

5）按照机械传动方式，可以将屏蔽门分为滚珠螺杆式屏蔽门和同步齿形带式屏蔽门。

知识拓展　**屏蔽门的两种主要类型**

　　屏蔽门主要有两种类型。一类屏蔽门是全立面玻璃隔墙和活动门，沿车站站台边缘和站台两端设置，把站台乘客候车区域与列车进站停靠区域分隔开，属于全封闭型。这种类型的屏蔽门一般应用于地下车站，主要功能是增加车站站台的安全性，节约能耗，以及加强环境保护。

　　另一类屏蔽门是一道上不封顶的玻璃隔墙和滑动门或不锈钢篦笆门，属于半封闭型，其安装位置与全封闭型屏蔽门基本相同。这种类型的屏蔽门比全封闭型屏蔽门建造简单，较全封闭型屏蔽门矮，通常为 1.2～1.5m，空气可以通过屏蔽门上部流通，主要起隔离作用，保障站台候车乘客的安全，也称安全门。

2.2

屏蔽门系统结构

微课：站台屏蔽门（安全门）系统控制系统

🔍 **学习目标**

1. 了解屏蔽门系统的结构。
2. 掌握屏蔽门系统的电气控制部分。

屏蔽门系统是典型的机电一体化设备，它由机械和电气控制两个部分组成。

2.2.1 屏蔽门系统的机械部分

屏蔽门系统的机械部分包括门体结构和门机系统。

1. 门体结构

门体结构由钢架结构、顶盒、门体单元、下部支承结构等组成。

（1）钢架结构

钢架结构是完整的受力构件，它承受屏蔽门的垂直荷载、水平荷载（活塞风压）及乘客的挤压力。钢架结构在安装中严禁明火焊接。

（2）顶盒

顶盒包括安装框架、前后盖板、连接件、内部门驱装置、门控单元、配电端子箱、滑动门导轨、闭锁机构等。

（3）门体单元

门体单元包括滑动门、固定门、应急门、端门等，如图 2-2-1 所示。

两组滑动门之间的屏蔽结构由固定门组成，固定门是不能打开的。

应急门是当列车进站的停车误差超过设计时所考虑的精度误差，而列车却不能再做位置调整时用到的疏散通道。因列车未能完全进站或完全出站而发生异常情况时，也可使用应急门。

端门的结构和应急门一样，只是端门设置在站台两端，与靠站台而设的屏蔽门垂直接壤，并与它们一起与设备房外墙构成一个全封闭的屏蔽系统。滑动门、应急门和端门的闭锁机构在关闭状态下都能够进行自锁，能防止在站台侧用外力打开。

应急门、端门配有通用门锁，站务人员可在站台侧开启。轨道侧设有开门推杆，开门推杆与门锁联动，列车司机通过广播指导乘客在轨道侧推压开门推杆将门打开，门打开后未到达全开位置时，能通过闭门器自动复仿关闭并锁定，也能通过闭门器向站台侧旋转 90°

平开固定。当应急门到达全开位置时，通过闭门器保持全开稳定。

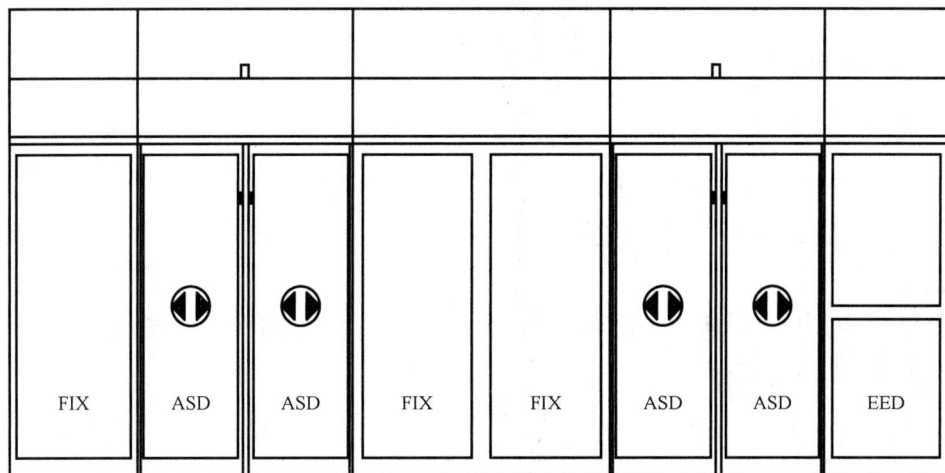

图 2-2-1　门体单元

（4）下部支承结构

下部支承结构包括踏步板、固定支座、绝缘衬垫、调节装置、下部预埋件等。下部支承结构部件表面必须进行整体防腐蚀处理，以满足地铁工作环境下 30 年防腐寿命的要求。

2. 门机系统

以同步齿形带式屏蔽门为例，门机系统主要由门控单元、传动装置、驱动装置、锁紧装置等组成。

（1）门控单元

门控单元是门机系统的核心，其内装有一个微处理器，是数据、电机速度曲线和软件的存储单元，并具有自诊断功能。门控单元根据电机速度曲线驱动控制电机，使其按照所设定的曲线参数进行工作。

（2）传动装置

以皮带传递为例，屏蔽门系统的直流无刷电机的转轴与减速器直接连接，电机在关门阶段一般经过加速、速度保持、减速、低速保持、制动五个阶段。

（3）驱动装置

每侧站台的门控单元采用总线与就地控制器连接的方式，构成分布式控制网络。在门控单元得到指令后完成驱动。

（4）锁紧装置

每道滑动门单元均有一套电磁式锁紧装置（即电磁闸锁），其上装有四个开关。两个是锁闭监测安全开关，用于证实锁是否已经可靠闭合锁紧；另外两个是应急安全开关，用于证实滑动门是否因滑动门的手动解锁装置动作而被打开过。

2.2.2 屏蔽门系统的电气控制部分

屏蔽门系统的电气控制部分包括电源供电系统和电气控制系统。

1. 电源供电系统

屏蔽门电源供电系统主要分为驱动电源供电系统和控制电源供电系统。

1）驱动电源供电系统：由双电源自动切换箱、驱动电源 UPS1、驱动电源屏及其他相关设备组成。

2）控制电源供电系统：为提高电源质量，控制设备采用不间断电源（uninterruptible power supply，UPS）供电。

2. 电气控制系统

完整的屏蔽门电气控制系统由以下部件组成（以标准车站为例）：主控机、站台端头就地控制盒、门机单元控制器（每个主控机含有两个门机单元控制器）、屏蔽门控制开关、操作指示盘、屏蔽门状态报警盘、声光报警装置、模式开关（自动/旁路/测试）、测试开关、门控单元、安全继电器、总线网络和硬线控制线路等，这些部件以每个车站为单位构成一个完整的监控系统。屏蔽门电气控制系统网络如图 2-2-2 所示。

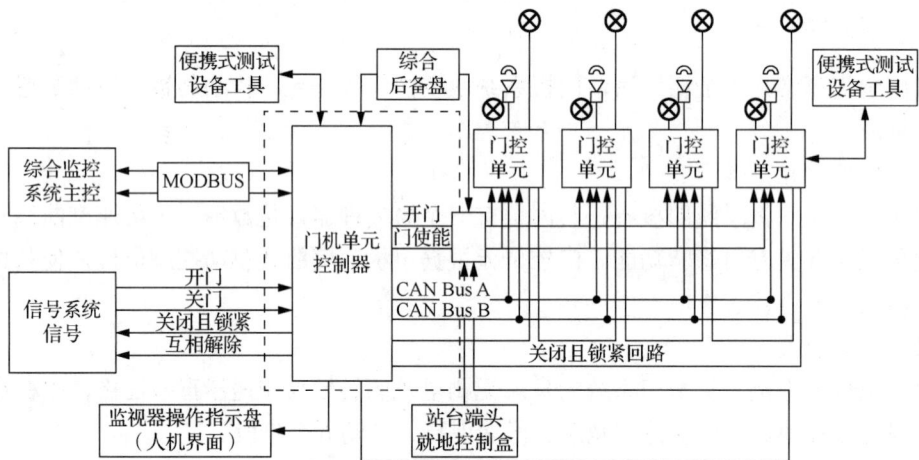

图 2-2-2　屏蔽门电气控制系统网络

2.2.3 屏蔽门系统的安全装置

屏蔽门系统有三种安全装置，即探测屏蔽门与车厢门之间人或物体是否存在的障碍物传感器；为防止屏蔽门夹人，设于两扇门边缘的门沿传感器；为防止衣物等被屏蔽门夹住或被屏蔽门和车门同时夹住的防夹传感器。

由于屏蔽门及地板与列车车体之间存在电位差，当人体跨越车门时，人体与地板和列车车体同时接触可能会被电击。为防止这一情况的发生，一般采用如下措施：①在屏蔽门的支柱上涂覆高绝缘强度的橡胶保护层；②在乘客进出的站台地板上铺装绝缘橡胶板；③在屏蔽门及屏蔽墙的表面涂上绝缘的氯化树脂材料；④将屏蔽门门体与列车钢轨进行等电位连接。

2.3

屏蔽门系统的设置与操作

学习目标

1. 了解屏蔽门系统的站台布置。
2. 掌握屏蔽门系统的操作。

微课：站台屏蔽门（安全门）
故障操作与处理

2.3.1　屏蔽门系统的站台布置

屏蔽门设置于地铁车站列车正常停车范围内，屏蔽门长度应与列车编组辆数相匹配，滑动门数量及位置与列车的车门相对应，列车驾驶室门应停在屏蔽门端门外。屏蔽门设计应满足各种运营模式要求，即在正常情况下乘客能方便地上下车，在出现故障或灾害的情况下能安全地疏散乘客。为了能够在紧急情况下疏散乘客，必须保证列车停在车站任何位置时，均有至少一个车门对准应急门。地铁车站立体示意图如图 2-3-1 所示。

图 2-3-1　地铁站台平面布置

列车到达车站后，车门位置与滑动门位置应一一对应，前后偏差不超过 300mm。在此种情况下，可以保证屏蔽门完全开启时乘客上下车。停车位置示意图如图 2-3-2 所示。

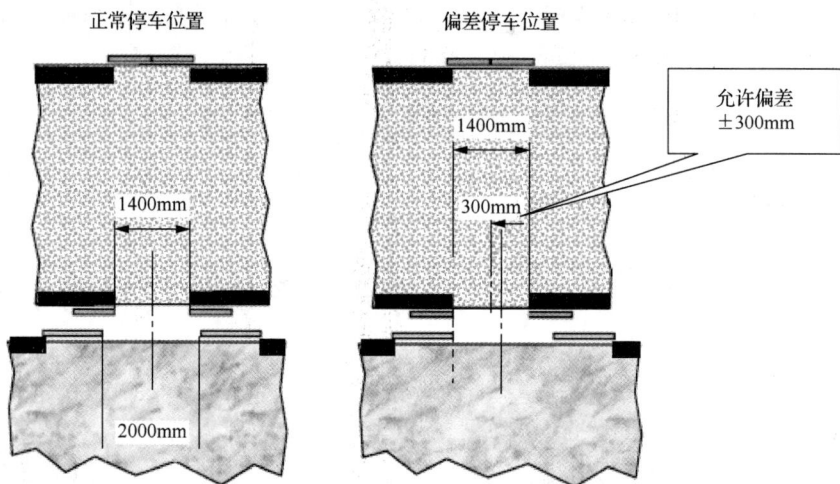

图 2-3-2 停车位置示意图

2.3.2 屏蔽门系统的综合监控

屏蔽门监控系统采用工业控制现场总线（CANopen）将门机单元物理连接，通过 TCP/IP 协议构成监控网络结构。屏蔽门监控系统示意图如图 2-3-3 所示。

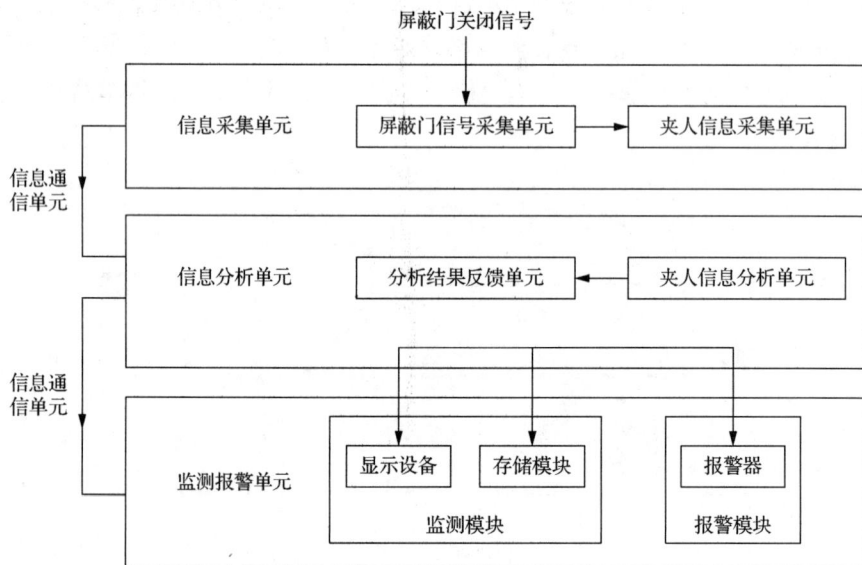

图 2-3-3 屏蔽门监控系统示意图

2.3.3 屏蔽门系统的操作

屏蔽门系统的操作由受过正规培训的维修人员或站务人员进行，操作时必须严格按照相关规程执行。操作人员必须使用屏蔽门专用钥匙对设备进行操作，操作完毕后应将钥匙交给车站控制室保管，不得留在开关上。专用钥匙除操作人员、维修人员及相关责任人授权人员外，不得借出。列车司机使用的就地控制盘操作开关钥匙，在工作时由其随身携带。站务人员发现不安全因素时，应立即关停设备，并通知维修人员。

1. 正常运行模式操作

在正常运行模式下，列车到站并停在允许的误差范围内，信号系统（signal system，SIG）向门机单元控制器发出开门信号，同时撤销关门信号，然后门机单元控制器通过专用硬线向所有门控单元发出"使能"命令和"开门"命令。

2. 站台级控制模式操作

当信号系统故障失效或屏蔽门主控机对屏蔽门控制单元控制故障时，由列车司机或被授权操作人员操作就地控制盘控制屏蔽门的开关。操作时信号系统被完全忽略。操作过程如下。

1）开门操作，插入钥匙，转动到开门位置，整侧屏蔽门打开完毕。

2）关门操作，转动钥匙到关门位置，整侧屏蔽门关闭完毕。

3）就地控制盘使能钥匙复位，操作完毕。

关闭屏蔽门前，工作人员需要操作就地控制盘上的关门操作按钮，待所有屏蔽门关闭以后，列车方可离站。

就地控制盘操作界面上的指示灯有互锁解除指示灯、就地控制盘使能指示灯、就地控制盘测试灯、开门到位指示灯、关门到位指示灯，按钮有就地控制盘使能开关按钮、互锁解除开关按钮、开门按钮、关门按钮、灯检按钮。

3. 模式开关操作

屏蔽门的模式有自动、手动、隔离。全封闭式屏蔽门的模式开关在滑动门的门梁上，半高式屏蔽门的模式开关在滑动门的固定侧盒里，将模式开关的专用钥匙插进钥匙孔转至规定位置即可。紧急运行模式优先于站台级控制模式，站台级控制模式优先于系统级控制模式。当某个门道出现故障不能关闭时，插入模式开关钥匙切换到隔离位置，隔离该挡门，使屏蔽门处于隔离模式。

单道门局部控制方式如下。

自动模式：屏蔽门运行正常，接受来自信号系统、就地控制盘及综合后备盘的远程控制。屏蔽门及 EED 锁块的状态由信号系统进行监控。当钥匙开关在自动位置时，绿色 LED（light emitting diode，发光二极管）被点亮。

关门/开门模式：来自信号系统、就地控制盘及综合后备盘的命令被忽略，屏蔽门关门/开门或保持关门/开门状态。屏蔽门及 EED 锁块的安全开关触点被旁路，意味着它们的状态不被信号系统监控。

隔离模式：屏蔽门的电源被切除。可以用工作人员的钥匙或手动解锁打开门页，也可以手动移动门。屏蔽门及 EED 锁块的安全开关触点不被旁路，意味着它们的状态被信号系统监控。

所有屏蔽门的 A 门上都设有一个就地控制盒。它由一个四位开关构成，有四种模式可以选择。单道门局部控制指示图如图 2-3-4 所示。

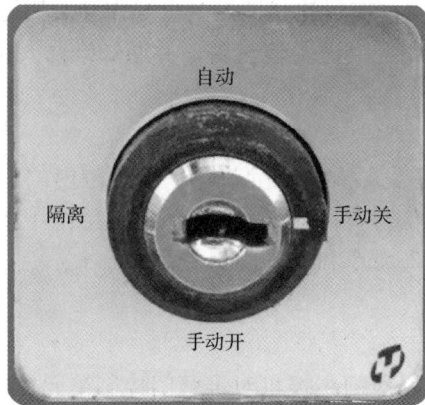

图 2-3-4　单道门局部控制指示图

手动解锁操作控制方法：当系统级控制和站台级控制均不能操作屏蔽门时，在站台侧由站台工作人员用钥匙打开滑动门，在轨道侧广播通知乘客使用滑动门上的手动解锁把手自行开启屏蔽门。

4．应急门/司机手推门操作

部分站台的屏蔽门系统需要延长到有效站台以外，延长段中对应司机室位置设置的门为司机手推。应急门/司机手推门可向站台侧旋转 90°平开，开度能定位保持在 90°，不能自动复位，这样利于疏散乘客。应急门/司机手推门设有门锁装置，站台人员/列车司机可在站台侧使用钥匙开门。

5．应急情况操作

单个滑动门故障会导致列车不能正常发车，站台侧工作人员可将此门的状态设为隔离，退出服务，这样不影响整个屏蔽门系统工作。当系统级控制和站台级控制均不能操作屏蔽门时，在站台侧由站台工作人员用钥匙打开滑动门，在轨道侧由列车司机通过车内广播通知乘客使用滑动门上的手动解锁把手自行开启屏蔽门。

应急门的手动操作程序：当列车无法在规定范围内停车，偏离量较大，而且乘客无法从滑动门进出时，在站台侧由站台工作人员用钥匙打开应急门，在轨道侧由广播指导乘客推压开门推杆打开应急门。

6．端门操作

在屏蔽门系统正常运行状态下，端门处于关闭和锁紧状态，是公共区和隧道区的屏障。在正常情况下，端门作为车站工作人员进出隧道的通道。站台工作人员可推压轨道侧的应急推杆解锁并推动端门，或在站台侧通过专用钥匙解锁并拉动端门，可将其向站台侧旋转 90°平开，并且可定位保持在 90°位置。当端门打开角度在 0°～90°之间时，端门可在其上部的闭门器的复位力作用下自动关闭。

7．常见故障的识别及处理

（1）故障识别

站务人员可以通过屏蔽门状态指示灯、站台端头就地控制盒的状态指示灯，以及车站控制室综合监控盘上的屏蔽门状态信息来识别屏蔽门的故障。

注意观察站台人群是否拥挤，维护好乘客候车的秩序。

注意观察屏蔽门门体有无破损，玻璃有无爆裂。

注意观察滑动门开关是否顺畅。

注意观察地槛的垃圾和积尘是否影响到滑动门的开关。

注意观察站台侧屏蔽门有无漏渗水的现象。

（2）故障处理

1）单道门无法开启故障处理程序及处理操作：单扇滑动门不能打开，列车司机通知乘客使用最近的正常开启的滑动门或通知车站授权管理人员和乘客手动打开滑动门。

2）多道滑动门无法开启故障处理程序及处理操作：列车司机通知交通管制人员，交通管制人员批准用就地控制盒打开门；列车司机通过列车广播提醒乘客别动直至屏蔽门打开；列车司机用就地控制盒打开门，然后打开所有滑动门，如果用就地控制盒未能打开，则列车司机通知车站授权管理人员和乘客手动打开。

3）单道门无法关闭故障处理程序及处理操作：当一个或个别滑动门不能关闭时，由车站授权管理人员手动关闭。

4）多道门无法关闭故障处理程序及处理操作：列车司机通知交通管制人员，后者核准并用就地控制盒关门；车站授权管理人员按住就地控制盒上的"关门"按钮关门；关闭所有屏蔽门。

5）所有门关闭但无"门关且锁闭"信号故障处理程序及处理操作：互锁解除发出；将就地控制盒使能开关打开至使能位置；点动开关互锁解除功能开关（自复位无须保持）；列车司机凭收到的速度码尽快驶离车站。

8．互锁解除操作

当发生站台端控制盘显示屏蔽门关闭、车门关闭且状态良好、车载设备无故障，但列车无法收到速度码的情况时，自动控制运行模式与手动控制运行模式的处置方法不同。

自动控制运行模式：列车司机向行调汇报故障信息，行调下达使用互锁解除命令，列车司机立即进行互锁解除操作，并凭收到的速度码尽快驶离车站。同时，行调立即通知行车值班人员将屏蔽门运行模式切换至手动控制模式。后续列车在发车时，若故障仍存在，则列车司机立即向行调汇报，行调立即下达使用互锁解除命令。操作人员立即进行互锁解除操作，列车司机凭收到的速度码尽快驶离车站。

手动控制运行模式：列车司机立即向行调汇报，行调立即下达使用互锁解除命令。操作人员立即进行互锁解除操作，列车司机凭收到的速度码尽快驶离车站。

下达了弃用命令后，行调须及时通知后续列车加强站台区段瞭望和车厢广播，车站应加强车站广播，告知乘客注意。

9．门体损坏操作

若出现门体损坏，则车站授权管理人员应立即保护破损的玻璃门，用就地控制盒隔离屏蔽门和活动门，保证无人受伤。当附近无人时，粉碎整个玻璃门，移走松散的玻璃部件，用临时替换板遮盖玻璃门或用胶带粘住门体未脱落的破裂的玻璃，防止列车进出站时因活塞风导致玻璃脱落伤人。

实践活动

1．根据本模块所学知识，掌握城市轨道交通车站屏蔽门系统的操作。
2．在课余时间，参观所在城市轨道交通车站，了解屏蔽门系统。

思考与练习

一、填空题

1．按照应用场合的封闭形式，可以将屏蔽门分为全高封闭式屏蔽门和_____敞开式屏蔽门。

2．按照供电方式，可以将屏蔽门分为交流供电屏蔽门和_____供电屏蔽门。

3．屏蔽门系统是典型的机电一体化设备，它由机械和_____控制两个部分组成。

4．屏蔽门电源供电系统主要分为驱动电源供电系统和_____电源供电系统。

5．在正常情况下，屏蔽门的开关均由_____通过主控机来控制。

二、单项选择题

1．（　　）设置于屏蔽门两端进出轨行区的门，主要作为车站工作人员进出站台和轨道的通道。

    A．固定门   B．应急门   C．端门   D．门控单元

2．以下不是屏蔽门功能的是（　　）。

    A．提高候车安全   B．改善站台环境

    C．节约运营成本   D．降低了候车安全

三、多项选择题

1．以同步齿形带式屏蔽门为例，门机系统主要由（　　）等组成。

    A．门控单元   B．传动装置   C．驱动装置   D．锁紧装置

2．就地控制盘操作界面上的指示灯有（　　）和关门到位指示灯。

    A．互锁解除指示灯   B．就地控制盘使能指示灯

    C．就地控制盘测试灯   D．开门到位指示灯

3. 就地控制盒一般设（　　）四种模式。

　　A. 自动　　　　　B. 手动关　　　　C. 手动开　　　　D. 隔离

四、判断题

1. 按照机械传动方式，可以将屏蔽门分为滚珠螺杆式屏蔽门和同步齿形带式屏蔽门。

　　　　　　　　　　　　　　　　　　　　　　　　　　　　　　　　　　（　　）

2. 按照执行机构，可以将屏蔽门分为气动执行机构屏蔽门和电动执行机构屏蔽门。

　　　　　　　　　　　　　　　　　　　　　　　　　　　　　　　　　　（　　）

3. 屏蔽门系统的电气控制部分包括电源供电系统和电气控制系统。　　（　　）

4. 屏蔽门系统的操作可以由没有接受过正规培训的维修人员或站务人员进行操作，操作时不必严格按照相关规程执行。　　　　　　　　　　　　　　　　（　　）

五、简答题

1. 简述屏蔽门的优点。

2. 屏蔽门有哪些类型？分别适用于哪些场合？

3. 屏蔽门系统的机械部分主要由哪些部分组成？

4. 简述屏蔽门系统的操作特点。

3 模块

自动售检票系统

>>>>>

◎ **内容导读**

  城市轨道交通自动售检票系统是乘客可以直接使用的一套购票、检票系统，它通过安全可靠和完备的系统运算能力有效地实现城市轨道交通票务的结算和清分。一套合理的票务结算清分机制能有效地增加城市轨道交通客流和运营效益，它为实现轨道运营高效、票款安全提供了强大的助力。

◎ **学习目标**

知识目标

1. 了解自动售检票系统的发展与特点。
2. 学习自动检票机的操作应用知识。
3. 学习自动售票机的操作应用知识。
4. 学习半自动售票机的操作应用知识。

能力目标

1. 能够操作和应用自动检票机。
2. 能够操作和应用自动售票机。
3. 能够操作和应用半自动售票机。

素养目标

1. 培养安全意识、法治意识、创新意识，增强职业道德素养。
2. 传承和发扬崇德向善、诚实守信、热爱劳动的传统美德。

◎ **建议学时**

10 学时

3.1

自动售检票系统概述

学习目标

1. 了解自动售检票系统的发展与特点。
2. 了解自动售检票系统的作用。
3. 掌握自动售检票系统的架构。

微课：自动售检票
系统及其架构

3.1.1 自动售检票系统的发展、概念及特点

1. 自动售检票系统的发展

自动售检票系统是目前国际化城市轨道交通行业中普遍运用的现代化联网收费系统。随着自动售检票系统的广泛启用，城市轨道交通节省了大量人力资源，乘客可以自行从各入口处的自动售票机购买车票、过闸乘车。国外经济发达城市的轨道交通很早便开始使用自动售检票系统，已发展到相当先进的技术水平。

1）1979 年，香港地铁首条线路开通时就采用了自动售检票系统，香港是中国首个使用自动售检票系统的城市。

2）1999 年 2 月 16 日，在广州地铁 1 号线开通试运营的同时，自动售检票系统也投入了使用，系统提供商是美国 CUBIC 公司。

3）1999 年 3 月 1 日，上海地铁 1 号线自动售检票系统投入使用，系统提供商也是美国 CUBIC 公司。

4）2000 年后，国内第一轮城市轨道交通建设高潮来临，北京、上海、广州、大连、天津、深圳、武汉、重庆和南京均陆续开建城市轨道交通建设项目，自动售检票系统在我国得到大力发展，逐渐迈入国产化阶段。

5）2017 年，广州地铁开通了二维码/NFC[①]过闸功能，上海、北京、深圳、苏州、宁波、长沙、南京等多个城市地铁也陆续开通了移动支付功能，目前移动支付已经成为城市轨道交通票卡支付的重要组成部分。移动支付如图 3-1-1 所示。

由此可见，我国城市轨道交通车站的自动售检票设备最初学习和引进了国外的先进设备，但随着我国城市轨道交通行业蓬勃发展，近年来我国进行了大量的研制开发工作，生产出了适应国内轨道交通需求和行业特点的多元化产品，技术水平也在不断提高。国内城市轨道交通自动售检票系统的发展经历了从无到有的过程，随着计算机技术和软件的发展，我国城市轨道交通自动售检票技术已与城市一卡通接轨，实现构建城市交通一体化互通。

---

① NFC 即 near field communication，近场通信。

图 3-1-1　移动支付

2. 自动售检票系统的概念及特点

自动售检票系统是以磁卡（纸制磁卡和 PET[①]磁卡）或智能卡为车票介质，利用自动售票机、半自动售票机、自动检票机、自动查询机、便携式验票机等终端设备，并通过计算机网络实现轨道交通运营中的自动售票、自动检票、自动计费、自动扣费、自动统计、自动清分结算和运营管理等全过程的封闭式票务管理自动化系统，是票务系统的一种体现和实现工具。自动售检票系统如图 3-1-2 所示。

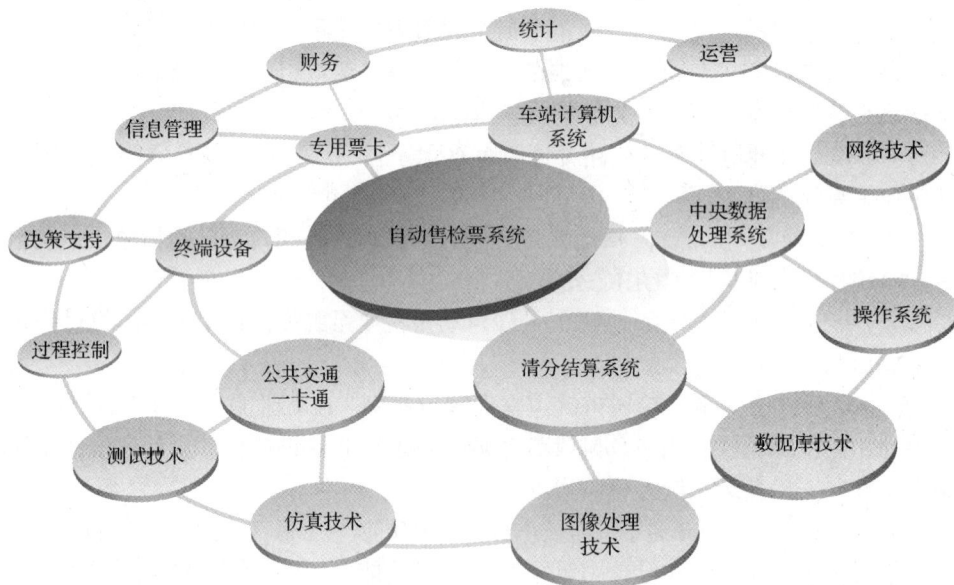

图 3-1-2　自动售检票系统

自动售检票系统使用简单、便捷，并且其准确性大大优于传统的纸票售票方式，它可以克服人工售检票模式中固有的速度慢、财务漏洞多、出错率高、劳动强度大等缺点，具有防止假票、杜绝人情票、防止工作人员作弊、提高管理水平、减轻劳动强度等作用。使用自动售检票系统不仅是地铁和交通系统发展的一个趋势，还是城市信息化建设的一个重要体现。自动售检票系统具有如下优点。

---

① PET 即 polyethylene terephthalate，聚对苯二甲酸乙二醇酯。

1）网络结构清晰，数据及时上传与清算。

2）集中监控，统一的票务管理模式。

3）各线路设备独立运营，各线路之间能实现无障碍换乘，互联互通。

4）各线路系统兼容，预留系统扩展条件。

5）在紧急情况下能实现乘客快速通行疏散。

3.1.2　自动售检票系统的作用、组成和工作内容

1.　自动售检票系统的作用

自动售检票系统作为城市轨道交通运营管理的重要手段之一，是城市轨道交通为乘客服务的窗口，是运营收益核算的信息来源。自动售检票系统存在的主要目的是简化售票、检票的人工复杂过程，提供更加灵活、准确、安全的收费方式和票务管理手段，履行线网内票务管理、收益管理等功能，使运营企业在成本、质量、服务等方面获得显著的改善。因此，自动售检票系统的作用主要体现在以下几个方面。

（1）提高票务工作效率

自动售检票系统通过对计算机技术、现代通信网络技术、自动控制技术、智能卡技术、大型数据库技术、传感技术、统计和财务等专业知识的综合运用，特别是对计算机技术的运用，大大降低票务工作人员的劳动强度，提高票务工作效率。

（2）减少市场现金流通

自动售检票系统可以大大减少现金在市场上的流通，避免人工售票、检票过程中产生的各种漏洞和弊端，并自动对客流量、运营收入等综合业务信息汇总分析，帮助决策者进行客流分析预测，合理地调配票务资源，以提高运营单位的经营管理水平。

（3）提升城市、企业的形象

自动售检票系统能够增强城市轨道交通与乘客的操作交互性和乘客的主动性，其良好的性能和应用可以提升运营企业甚至城市的人文形象，推广企业和城市文化，提高品牌价值。

（4）规范乘客日常行为

自动售检票系统可以通过自动化的设备设施影响人们的日常出行习惯，规范乘客购票、检票的行为，形成一套合理、高效的管理模式，使收费趋于合理，减少乘客逃票、违规使用票卡等现象的发生，对社会具有良好的正面作用。

（5）提高地铁运行效率

城市轨道交通运营企业可根据自动售检票系统的客流信息及时调整地铁运行图和客运组织方案，预测客流变化，合理安排运能，提高地铁运行效率。

（6）强化地铁安全管理

借助自动售检票系统付费区的封闭条件，管理人员可对乘客在车站内的行为轨迹进行管理。在紧急情况下，可通过闸机的禁止和放行措施合理疏导和管控人群，实现安全管理。

2.　自动售检票系统的组成和工作内容

自动售检票系统主要由车站级票务设备和中央级票务设备组成。车站级票务设备主要有车站计算机（station computer，SC）、自动售票机（ticket vending machine，TVM，见

图 3-1-3）、半自动售票机（booking office machine，BOM，见图 3-1-4）、自动检票机（简称闸机，即 automatic gate，AG 或 GATE，包含进闸机、出闸机、双向闸机，见图 3-1-5）、自动查询机（ticket checking machine，TCM）、便携式验票机（portable verifying unit，PVU）等。中央级票务设备对自动售检票系统的数据进行统筹处理，该类设备以服务器为主。

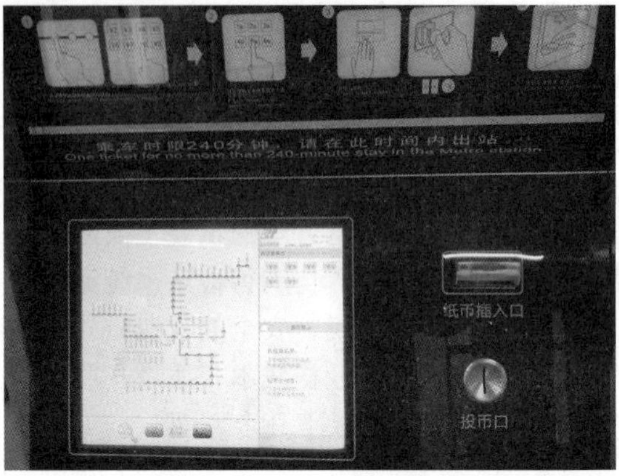

图 3-1-3　自动售票机

图 3-1-4　半自动售票机

图 3-1-5　自动检票机

自动售检票系统的主要工作内容如下。

1）实现中央级系统、车站级系统和终端设备之间的数据互通和处理。

2）完成车票制作、售票、检票、票务统计等工作。

3）及时准确地进行客流、票务数据的收集、整理、汇总和分析。

4）实现城市轨道交通收益各方的清分结算及关联系统（如城市公交系统）等外部接口的清分结算，同时可通过银行或金融机构实现账务划拨。

从自动售检票系统的工作内容来看，它具有发卡、售票、检票和结算四大功能。自动售检票系统向用户管理人员提供了一套完全封闭的管理系统，实现根据车票媒介上的信息完成对车票和乘客的合法性检查和扣费。

3.1.3 自动售检票系统的结构与架构

1. 自动售检票系统的结构

基于我国现有国情和城市轨道交通发展现状，综合考虑轨道交通行业发展的特点（如线路多而复杂、建设周期长等），我国自动售检票系统被划分为六个层次，即票卡层、读卡器层、车站终端设备层、车站计算机系统层、线路中央计算机（line central computer，LCC或 LC）系统层、清分系统层。该层次结构是按照全封闭的运行方式，以计程收费模式为基础，采用非接触式 IC（integrated circuit，集成电路）卡为车票介质，根据各层次设备和子系统各自的功能、管理职能及所处位置进行划分的。

（1）第六层：票卡层

第六层为票卡层，对应的是车票，即乘客乘坐轨道交通时进行支付的媒介，包含单程票、轨道交通储值卡、城市一卡通等。

（2）第五层：读卡器层

第五层为读卡器层，对应的是票卡读写设备。

（3）第四层：车站终端设备层

第四层为车站终端设备层，主要包括自动售票机、自动检票机、半自动售票机、自动查询机及手持设备等。它的主要功能有：①直接面向乘客，在自动售检票系统中扮演着信息收集者的角色；②乘客在终端设备上的每笔交易，都会上传给车站计算机系统层、线路中央计算机系统层进行统计分析，是整个自动售检票系统中重要的组成部分；③可以接收车站计算机系统层、线路中央计算机系统层下传的各类参数，根据参数进行不同的业务处理。

（4）第三层：车站计算机系统层

第三层为车站计算机系统层，它建立在高度可靠并具有扩展性的 IT（information technology，信息技术）基础平台上，高度的可靠性确保了系统的运行平稳，高度的扩展性确保了系统在需求发生变动或有新业务时，可以实现快速开发部署，在最短时间内满足客户的新的要求。该层对本车站内部的所有设备进行实时监控，实现对车站自动售检票系统运营、票务、收益及维修的集中管理。它的主要功能有：①收集、处理车站内各类数据，并上传到线路中央计算机系统层；②接收线路中央计算机系统层下传的各类系统参数，并下载到各车站设备；③接收线路中央计算机系统层下达的各类指令，并下传到各车站设备，同时根据需要自行向车站设备下达控制指令，并将该操作记录上传到线路中央计算机系统层。

（5）第二层：线路中央计算机系统层

第二层为线路中央计算机系统层，它是自动售检票系统的核心部分。在线路的运营业务中，线路中央计算机系统层一方面与各站的车站计算机系统层进行通信，接收各车站产生的全部交易数据和运营、收益的数据，并将这些数据汇总，从而把握线路的利用状况和收入状况；另一方面接受清分系统层的参数及指令，实现所监控线路自动售检票系统的运营管理，并根据协议上传相关数据。它的主要功能有：①在对线路系统中所有设备进行监视的同时，对系统的全部数据进行收集和处理，对运营、票务、财务、维修进行集中管理；②收集、处理系统内的各类数据，制定、维护系统各类参数，接收、下达系统各类命令，同时为系统提供高度安全机制和严格操作规程；③通过清分系统层实现本线路与轨道交通网络其他线路之间的结算和对账。

（6）第一层：清分系统层

第一层为清分系统层，在城市轨道交通各线路中央计算机系统层之上会建设服务于整个网络的清算管理中心（AFC clearing center，ACC），负责地铁系统内部各条线路之间的清分和运营管理，以及与城市一卡通等其他清分中心系统的清分。清分系统层主要是为了处理其他商业实体之间的财务清算而设立的，其功能是通过建立两实体间财务清分的定约方来实现的，从而为交易双方提供清分的保证。

2. 自动售检票系统的架构

在多线路组成的城市轨道交通网络中，根据投资主体、运营管理、换乘方式、轨道交通线网的构成方式，以及票务处理、票务分析和票务结算系统的需求，实现自动售检票系统的基本架构。根据不同的需求，自动售检票系统可分为线路式架构、分散式架构、区域式架构、完全集中式架构、分级集中式架构。

（1）线路式架构

线路式架构指每条运营线路建有一套独立的自动售检票系统，它们彼此独立，票务信息不能共享。线路式架构如图 3-1-6 所示。

图 3-1-6　线路式架构

（2）分散式架构

分散式架构指轨道交通网络由若干个区域构成，每个区域由若干条线路组成，但各个区域相互独立。分散式架构如图 3-1-7 所示。

（3）区域式架构

区域式架构指轨道交通网络由一个路网中心和一个区域中心组成。区域式架构如图 3-1-8 所示。

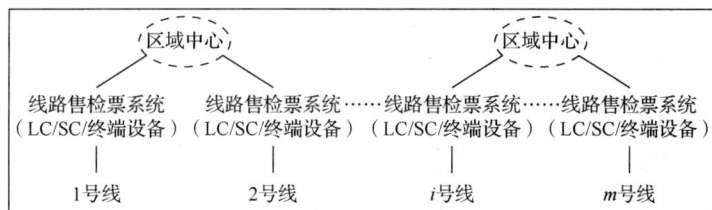

图 3-1-7 分散式架构

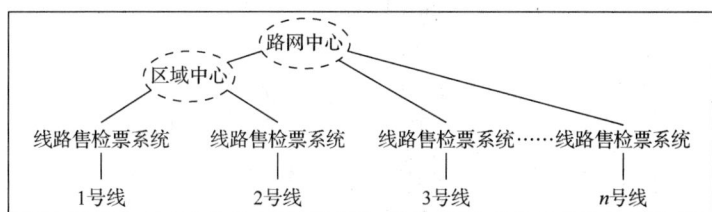

图 3-1-8 区域式架构

（4）完全集中式架构

完全集中式架构指路网中心与各独立线路的车站系统直接连接。完全集中式架构如图 3-1-9 所示。

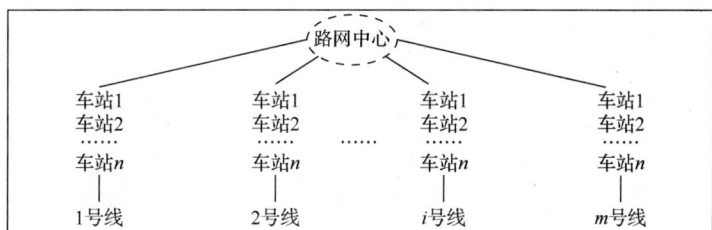

图 3-1-9 完全集中式架构

（5）分级集中式架构

分级集中式架构指在线路式架构的基础上设置一个路网中心，路网中心负责获取全路网的交易数据。分级集中式架构如图 3-1-10 所示。

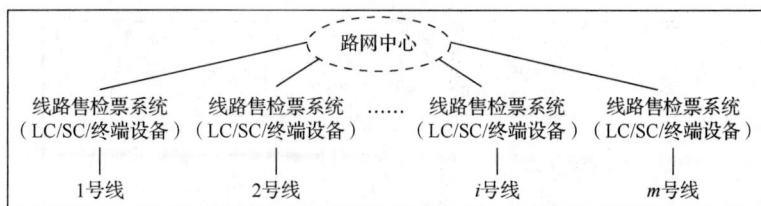

图 3-1-10 分级集中式架构

实践活动

1. 查阅自动售检票系统在国外的发展史。
2. 去地铁站观察站内的自动售检票相关设备。

> **知识拓展**
>
> 1967 年，世界上第一套自动售检票系统在法国巴黎地铁安装使用成功。

3.2

自动检票机及其维护

学习目标

1. 掌握自动检票机的分类。
2. 了解自动检票机的结构。
3. 掌握自动检票机的操作。

微课：自动检票机及
其定期维护

3.2.1 自动检票机的分类

自动检票机是实现乘客自助进出车站付费区域时进行检票交易
（在非付费区和付费区间通行）的设备。对于乘客持有的有效车票，自动检票机通道的门扇
开启或转杆释放，从而解除阻挡，允许乘客进出付费区。自动检票机安装于车站付费区与
非付费区的交界处（图 3-2-1），用于实现乘客自动进出付费区的票卡检验。自动检票机应
能适应地铁车站的强磁干扰、尘土、高温、震动等恶劣工作环境，具有防潮、防火、防酸
等设计。

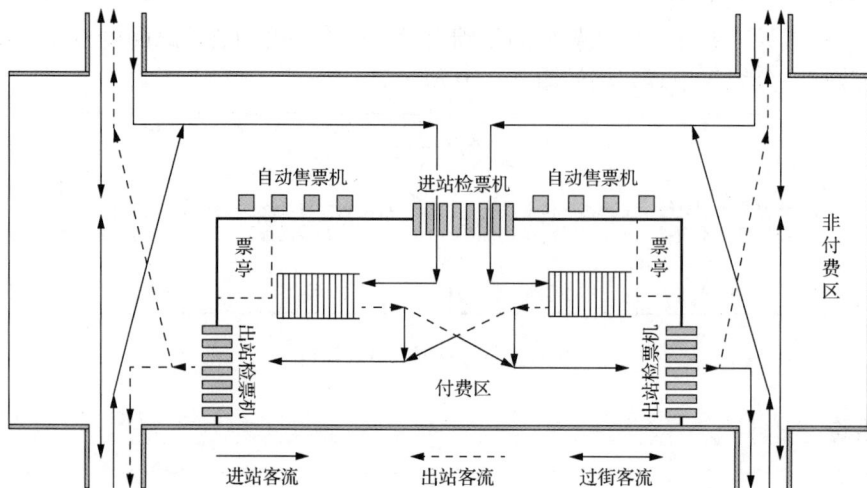

图 3-2-1　付费区与非付费区的交界处

自动检票机可以按照功能、阻挡方式进行分类。

1. 按功能分类

（1）进站检票机

进站检票机用于完成进站检票，检票端在非付费区，通道单向通行。进站检票机如图 3-2-2 所示。进站检票机工作内容如下。

1）读取信息：读取车票（包含单程票、储值卡、一卡通、二维码、NFC 等）的信息。

2）检查信息：对车票进行读写数据处理，检验车票有效性，包含密钥安全性检查、名单检查、票种合法性检查、票卡状态检查（如未初始化、已初始化、正常使用、已退款、已回收、已注销、已列入黑名单等）、使用地点检查、余额/次数检查、有效期检查、进出次序检查、更新信息检查等。

3）写入信息：根据判断的结果做出相应的处理。如果是有效票，则将当前车站的编码、进站的时间、自动检票机序列等信息写入车票，同时发出允许通行的指令；如果是无效票，则发出禁止通行的指令。

4）执行指令：如果执行允许通行的指令，则通过自动检票机上方的显示灯和显示屏等提示乘客通行，并打开自动检票机通道，开启通行阻挡机构；如果执行禁止通行的指令，则通过自动检票机上方的显示灯和显示屏等提示乘客无法通行。

5）通行检测：在乘客通行时，进行通行行为的检测。如果是非法闯入或异常行为，则发出声光报警。

图 3-2-2　进站检票机

（2）出站检票机

出站检票机用于完成出站检票，检票端在付费区，通道单向通行。出站检票机如图 3-2-3 所示。出站检票机工作内容如下。

1）读取信息：读取车票（包含单程票、储值卡、一卡通、二维码、NFC 等）的信息。

2）检查信息：对车票进行读写数据处理，检验车票有效性，包含密钥安全性检查、名单检查、票种合法性检查、票卡状态检查（如未初始化、已初始化、正常使用、已退款、已回收、已注销、已列入黑名单等）、使用地点检查、余额/次数检查、有效期检查、进出次序检查、更新信息检查等。

3）回收处理：根据判断的结果做出相应的处理。如果是有效的单程票，则将单程票记录的乘车信息（如进站车站编码、进站时间等）消除，并将单程票从自动检票机回收口收回保存，供后续循环使用，同时发出允许通行的指令；如果是无效票，则发出禁止通行的指令；如果是电子票、储值卡、一卡通等，则扣费后发出允许通行的指令。

4）执行指令：如果执行允许通行的指令，则通过自动检票机上方的显示灯和显示屏等提示乘客通行，并打开自动检票机通道，开启通行阻挡机构；如果执行禁止通行的指令，则通过自动检票机上方的显示灯和显示屏等提示乘客无法通行。

5）通行检测：在乘客通行时，进行通行行为的检测。如果是非法闯入或异常行为，则发出声光报警。

图 3-2-3　出站检票机

（3）双向检票机

双向检票机既可以完成进站检票，也可以完成出站检票，在非付费区和付费区可分别按照进站和出站的处理规定完成检票功能。双向检票机如图 3-2-4 所示。双向检票机工作内容如下。

1）进站侧执行进站检票机的功能。

2）出站侧执行出站检票机的功能。

3）运行两侧牵制功能，当从一侧刷卡通行时，另一侧禁止通行。

图 3-2-4　双向检票机

2．按阻挡方式分类

（1）三杆式检票机

三杆式检票机也称三辊闸、三杆闸、三棍闸、三滚闸、辊闸、滚闸等，其拦阻体（闸杆）由三根金属杆组成，在空间上形成三角形通道，一般采用中空封闭的不锈钢管，坚固且不易变形，通过旋转实现拦阻和放行。三杆式检票机是最早出现的自动检票机，也是至今发展最为成熟完善的，但有逐渐被后续的扇门式检票机和拍打门式检票机取代的趋势。三杆式检票机如图 3-2-5 所示。

1）三杆式检票机的优点。①通行控制效果好，能够非常有效地实现单次单人通行，即一次只能通过一人，能有效地防止和减少逃票现象；②安全性和可靠性比较高，在机械结构上决定了通行一人旋转三分之一圈，安全、稳定、可靠；③成本较低，结构简单；④防水防尘能力较强，对环境的适应性很强，室外和室内均适用。

图 3-2-5　三杆式检票机

2）三杆式检票机的缺点。①通道宽度（即允许行人通行的宽度）比较小，一般在 500mm 左右；②通行速度相对较慢；③受拦阻体形态的限制，不适于携带行李者通行（这点对于城市轨道交通来说非常致命，这也是目前三杆式检票机逐渐被取代的主要原因）；④外观的可塑性不强，大部分款式美观性不足；⑤部分拦阻体运转过程中会有机械碰撞，噪声较大；⑥依靠人力驱动，自动化程度较低。

3）三杆式检票机的适用场合。三杆式检票机适用于人流量不是很大或乘客使用时不太爱护的场合，以及一些环境比较恶劣的户外场合。

（2）扇门式检票机

扇门式检票机也称翼闸、剪门闸或剪式门，国外很多地方也将其称为速通门，其拦阻体（闸翼）一般是扇形平面，垂直于地面，通过伸缩实现拦阻和放行，拦阻体的材质为金属板，外包特殊的柔性材料（减少撞击行人的伤害）。扇门式检票机如图 3-2-6 所示。

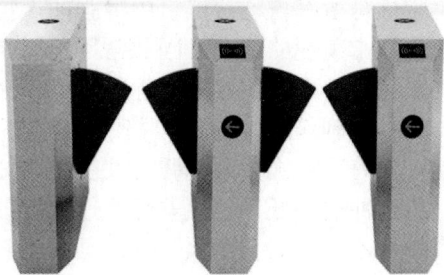

图 3-2-6　扇门式检票机

1）扇门式检票机的优点。①通行速度快，其通行速度是所有自动检票机中最快的；②通道宽度适中，并且可调整，介于三杆式检票机和拍打门式检票机之间，一般为550～900mm；③外观形态比较美观，材料比较丰富；④安全高效，在紧急情况下（如火灾、河水倒灌等）扇门会快速缩回箱体内，形成无障碍通道，提高通行速度，易于行人疏散；⑤通行灵活，扇门式检票机可根据需要，设置为常开运行和常闭运行。

2）扇门式检票机的缺点。①控制方式比较复杂，成本较高；②防水防尘能力不足，一般只适用于室内，室外需要搭建顶棚结构进行遮挡；③外观形态比较单一，可塑性不强；④容易发生故障，受拦阻体形态的限制，扇门的耐冲撞性比三杆式检票机闸杆的耐冲撞性低，行人非法冲关易损坏扇门和机体；⑤对厂商的技术要求比较高，如果厂商设计不好，则会大大降低产品的可靠性，还会造成避免人身伤害的防夹能力减弱。

3）扇门式检票机的适用场合。扇门式检票机适用于人流量较大的室内场合，如地铁站、火车站检票处，也适用于对美观度要求较高的场合。

（3）拍打门式检票机

拍打门式检票机也称摆闸，其拦阻体的形态是具有一定面积的平面，垂直于地面，通过旋转摆动实现拦阻和放行。拦阻体的材质为不锈钢、有机玻璃、钢化玻璃，有的还采用金属板，外包特殊的柔性材料（减少撞击行人的伤害）。拍打门式检票机如图3-2-7所示。

图3-2-7　拍打门式检票机

1）拍打门式检票机的优点。①通道宽度非常大，拍打门式检票机通道宽度是所有自动检票机中最大的，一般在550～1000mm之间，某些高端产品可以做到1500mm，比较适合用于携带行李包裹的行人或自行车通行，也可以用作行动不便者的专用通道；②相较于三杆式检票机，拍打门式检票机增加了行人通行检测模块，可以有效检测通行目标，防尾随能力较强；③外观形态的可塑性是所有自动检票机中最强的，拦阻体的材料种类丰富，箱体的形态多样化，易于设计出非常美观的造型，因此常用于写字楼、智能楼宇、会所等高端场合；④拍打门式检票机在运转过程中没有机械碰撞，噪声比较小。

2）拍打门式检票机的缺点。①制作成本较高，导致适用性不广；②防水防尘能力不足，只适用于室内，环境适应能力没有三杆式检票机强；③受拦阻体形态的限制，拍打门式检票机耐冲撞性比三杆式检票机耐冲撞性低，行人非法快速通行易损坏闸摆和机芯；④对厂商的技术要求高，如果厂商设计不好，则会大大降低产品的可靠性，还会造成避免人身伤害的防夹、防撞人能力减弱。

3）拍打门式检票机的适用场合。拍打门式检票机适用于对通道宽度要求比较高的场合，包括携带行李包裹的行人或自行车较多的场合，可以作为行动不便者的专用通道，适用于对美观度要求较高的场合。

3.2.2 自动检票机的结构

自动检票机以主控单元为核心单元，并辅以阻挡装置、车票处理装置、声光提示装置等模块。以扇门式检票机为例，自动检票机总体布局图和扇门式检票机外观结构如图 3-2-8 和图 3-2-9 所示。

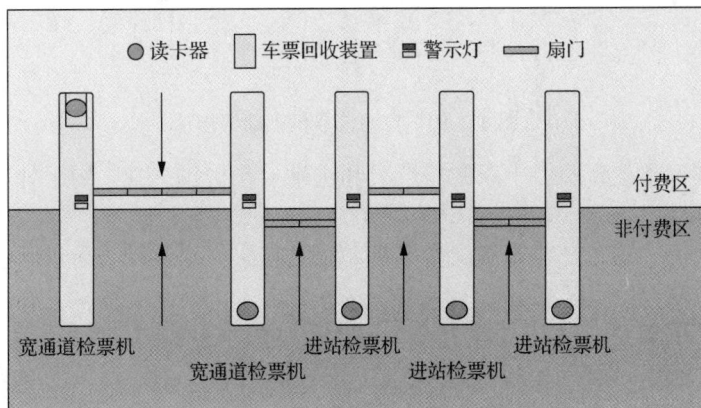

图 3-2-8 自动检票机总体布局图

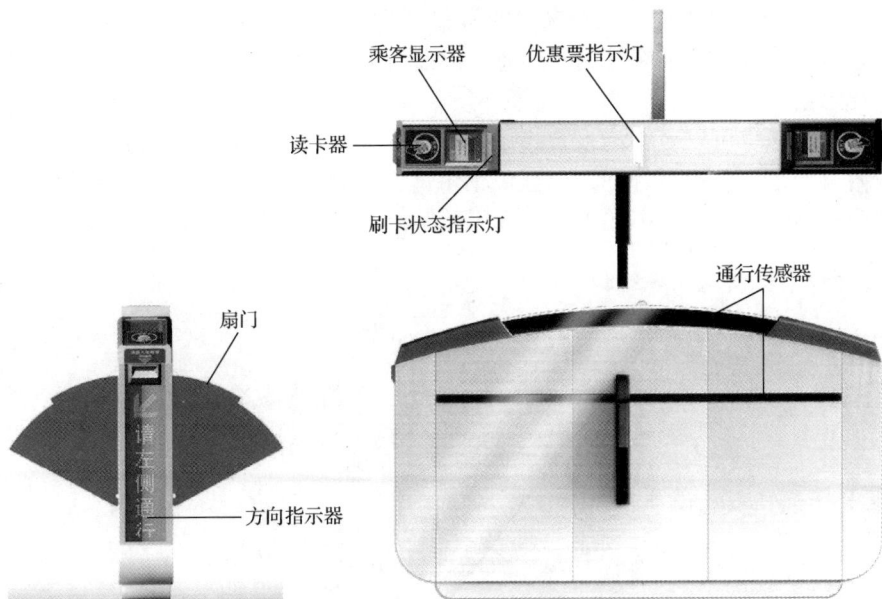

图 3-2-9 扇门式检票机外观结构

1．自动检票机上部结构

自动检票机上部结构如图 3-2-10 所示。

（1）读卡器

读卡器的安装位置符合乘客右手持票的习惯，在自动检票机安装读卡器的位置有醒目的标识指示乘客刷卡位置。读卡器可分为进站车票读卡器和出站车票读卡器。

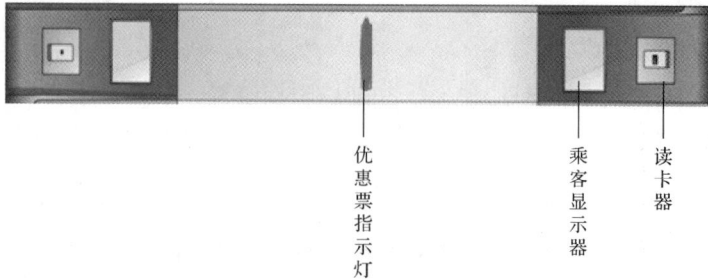

图 3-2-10　自动检票机上部结构

1）进站车票读卡器：安装于双向检票机和进站检票机进站端，用于处理进站的单程票和储值卡。

2）出站车票读卡器：安装于双向检票机和出站检票机出站端，用于回收出站投入的单程票和处理储值卡。

（2）乘客显示器

乘客显示器为可变显示，能够显示中文、英文、数字及图形，以引导乘客正确使用自动检票机。乘客显示器可分为进站乘客显示器和出站乘客显示器。

1）进站乘客显示器：用于显示进站车票余额等相关信息，以及给乘客相应的操作提示。

2）出站乘客显示器：安装于双向检票机和出站检票机出站端读卡器的正前方，用于显示出站车票本次消费额和余额等相关信息，以及给乘客相应的操作提示。

（3）优惠票指示灯

优惠票指示灯也可以被称为报警指示灯，它安装在自动检票机上方盖板的中间位置，一般盖板内有一个红色指示灯和一个橙色指示灯。当乘客进行刷卡时，如果票卡属于优惠票卡，则橙色指示灯被点亮；如果票卡为无效票卡或黑名单票卡，则红色指示灯被点亮。

2．自动检票机侧向外观结构

自动检票机侧向外观结构如图 3-2-11 所示。

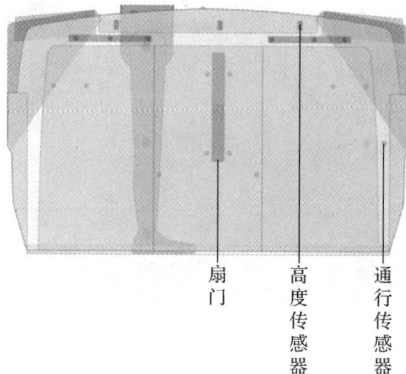

图 3-2-11　自动检票机侧向外观结构

（1）通行传感器

通行传感器能够监控乘客通过自动检票机的整个过程，以及监测通过自动检票机的人数。一扇自动检票机通道一般配有 18 对通行传感器，将乘客进出自动检票机的通道分为五个区域：进站区域 1、进站区域 2、安全区、出站区域 1、出站区域 2。通行传感器如图 3-2-12 所示。自动检票机一般采用两种通行传感器：透过型传感器和漫反射型传感器。

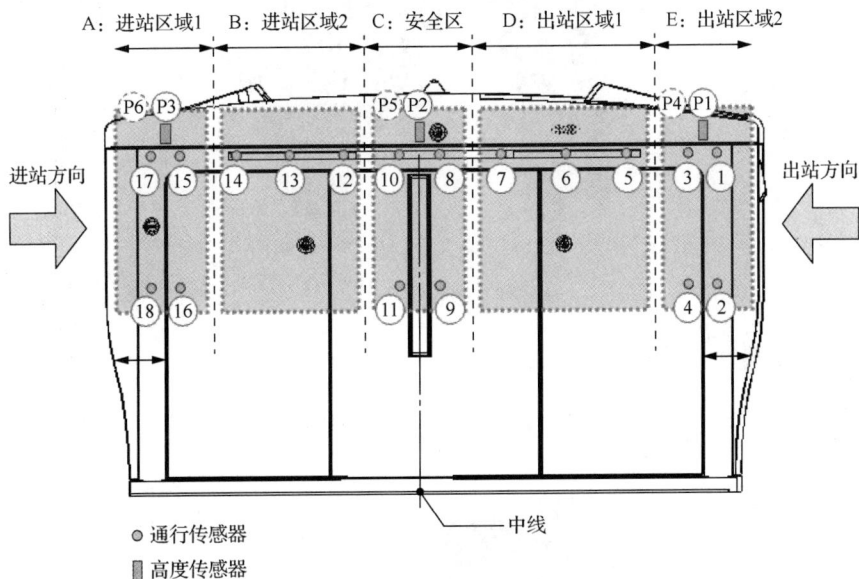

图 3-2-12　通行传感器

（2）高度传感器

高度传感器即自动检票机上的用于检测身高的反射型传感器，用于检测通过的乘客是否是身高为 1.2～1.4m（高度可调）的儿童。高度传感器如图 3-2-13 所示。

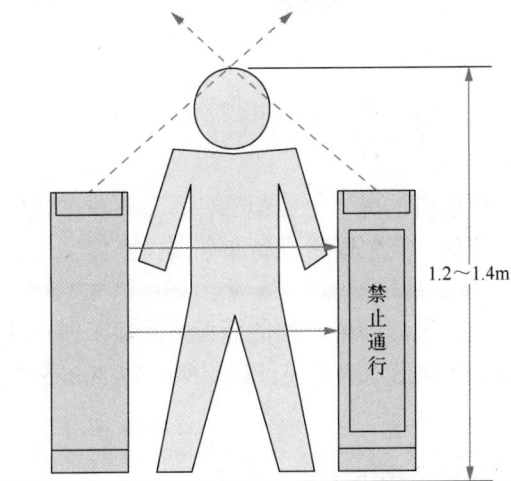

图 3-2-13　高度传感器

（3）扇门

扇门是目前轨道交通行业广泛应用的一种自动检票机阻挡装置。扇门由扇形门、机械控制结构和控制板组成。扇门如图 3-2-14 所示。

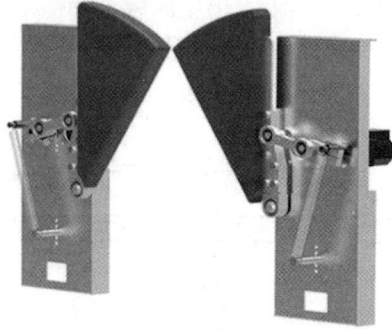

图 3-2-14　扇门

3．自动检票机立面结构

自动检票机立面结构由车票处理装置和方向指示器组成。自动检票机立面结构如图 3-2-15 所示。

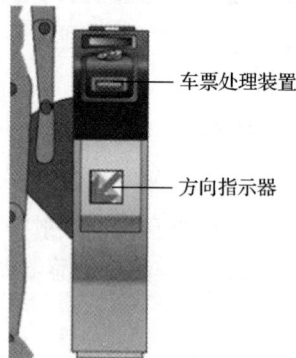

图 3-2-15　自动检票机立面结构

（1）车票处理装置

车票处理装置是自动检票机的另一个关键部件，负责车票读写、传送及回收处理。车票处理装置主要包括两大部分：车票读写设备和车票投入口。

（2）方向指示器

方向指示器位于自动检票机面向乘客的前面板上，显示通道的通行方向标志，远距离指示乘客通道的通行状态。方向指示器的设计确保乘客在 30m 外的距离可以明辨标志的内容和含义。

3.2.3　自动检票机的功能及操作

1．自动检票机的功能

自动检票机的主要功能是对乘客所持的车票进行检验，并完成进站或出站的交易处理。

它能实现以下两点。

1）按计时计程的收费规则，在进入付费区及离开付费区时都需要进行车票检验，进入付费区时检查车票的合法性并记录进入时的地点和时间。

2）离开付费区时检查车票的合法性、进站信息的合法性及在付费区内的停留时间，并根据进入位置和离开位置计算本次旅程的费用，完成车票扣款操作。

2．自动检票机日常操作

（1）拆卸票箱

拆卸票箱的操作：①接收来自上位机的票箱更换命令；②托盘向下移动；③检测车票的最高位置，当检测到车票的最高位置低于指定的位置时，停止移动托盘；④关上顶盖；⑤打开工作锁（预盖被锁上）；⑥托盘被固定；⑦拨动开关至"OFF"；⑧托盘移动机构下降；⑨拆卸票箱。

（2）安装票箱

安装票箱的操作：①利用票箱前面的把手，以水平方向将票箱小心地安装在工作台上；②确保票箱安装到位（检查票箱 ID）；③拨动开关至"ON"；④托盘移动机构带动托盘向上移动；⑤检测车票最高位置，当检测到车票最高位置到达指定的位置时，停止移动托盘；⑥锁上工作锁（顶盖锁机构松开）；⑦固定托盘的机构松开，打开顶盖；⑧设备初始化；⑨票箱安装完毕后，在维修面板中选择安装票箱，退出维修面板并注销，推进并关好维修门。

3．自动检票机维护操作

（1）自动检票机内部及外部清扫、检查和测试

1）擦掉所有灰尘并清洁机架内部，移除所有外来物品。

2）擦洗机箱外部，用吸尘器对内部进行清扫。

3）检查机架、结构框架及底座上松动或丢失的螺钉、螺母、配件。

（2）自动检票机传感器清扫、检查和测试

1）卸下盖板及树脂盖，用清洁棉布和棉棒对通行传感器、高度传感器、传感器过滤器进行清洁。

2）打开维修门及中央通道盖，用清洁棉布和棉棒对通行传感器、传感器过滤器进行清洁。

3）通过自动检票机自身测试软件，检查测试各传感器是否工作状态良好。

█ 实践活动

1．使用单程票体验一次进站检票和出站回收。

2．进行一次拆卸票箱操作。

知识拓展

手持式智能检票机是一款便携式信息处理设备。操作人员可以对 IC 卡进行扣款、验证和记录。手持式智能检票机可以进行移动操作，针对不同的应用采取灵活的软件设计方案。它具有显示卡内信息、查询历史数据、判断有效期、识别身份、存储与采集数据的功能。

3.3

自动售票机及其维护

学习目标

1. 了解自动售票机的定义与组成。
2. 掌握自动售票机的功能。
3. 掌握自动售票机的操作。

微课：自动售票机
及其维护

3.3.1 自动售票机的定义与组成

1. 自动售票机的定义

自动售票机设于车站非付费区，如图 3-3-1 所示，用于乘客自助式购买地铁单程票和对储值卡进行充值，其主要功能是实现自动售票、自动充值、数据收集和费用结算等。自动售票机作为自动售检票系统的重要终端设施窗口，直接面对乘客服务，担负着与乘客进行需求沟通、现金支付、自动购票、自动充值、业务处理、数据采集与汇报等多种功能。

乘客按照自动售票机的操作提示，可以使用纸币、硬币、银行卡或虚拟支付等方式完成单程票购票、储值卡充值等操作，这就是自动售票机存在的意义。自动售票机能够面向使用者发售指定购买面值及数量的单程票，或将指定金额充值到对应的储值卡中，同时将交易数据上传至车站计算机内。

2. 自动售票机的组成

自动售票机的组成如图 3-3-2 所示。乘客使用功能区包含状态显示器、操作指示灯、乘客显示器、收条出口、求助按钮、硬币投入口、纸币投入口、储值卡插入口、找零取票口。

图 3-3-1　自动售票机

图 3-3-2　自动售票机的组成

（1）状态显示器

状态显示器显示自动售票机当前的运营状态，通过不同颜色的字体表达不同的信息，一般有绿色、红色、橙色三种颜色，表示含义分别如下。

1）绿色表示设备功能完好、可以正常使用所有功能，正常运营时一般以绿色字体显示"欢迎乘坐××轨道交通"字样。

2）红色表示设备处于功能故障状态或有工作人员正在进行操作或维修，不能正常使用，一般以红色字体显示"暂停服务"字样。

3）橙色表示某些原因导致部分功能缺失，但设备本身可以进行购票或充值操作。例如，纸币找零钱箱内的纸币使用完毕，无法进行纸币找零，但自动售票机可以进行硬币找零，此时一般以橙色字体显示"本机仅支持硬币购票"字样。

（2）操作指示灯

操作指示灯提示乘客购票、充值的流程。

（3）乘客显示器

乘客显示器是乘客与自动售票机进行交互的人机界面，可以展现轨道交通运营的线路图、动态显示乘客当前的操作、提示乘客操作步骤等，并配有触摸功能，是乘客与自动售票机交互的载体设备，乘客通过触摸进行购票、充值的操作。

自动售票机正常运行时，乘客显示器待机操作界面如图 3-3-3 所示。乘客可在界面上选择线路站点、进行购票操作。在充值界面，乘客可按照指示步骤对储值卡进行充值。

图 3-3-3　乘客显示器待机操作界面

（4）收条出口

收条出口是购票及储值卡充值的小票凭证的出口，乘客从该口取得充值凭证。值得注意的是，该凭证并非发票。

（5）求助按钮

使用求助按钮可联系车站工作人员，获得与购票、充值相关的帮助。

（6）硬币投入口

硬币投入口用于乘客购票、充值时投入硬币，会有文字提示该口能接收的硬币种类，大部分自动售票机只能接收 1 元硬币。

（7）纸币投入口

纸币投入口用于乘客购票、充值时投入纸币，会有文字提示该口能接收的纸币种类，大部分自动售票机能接收 5 元、10 元纸币。

（8）储值卡插入口

乘客在进行储值卡充值时，需要按照充值提示将储值卡放置在储值卡插入口进行票卡读写，并将乘客所要充值的金额数据写入该卡中，充值完毕后方可取走储值卡。

（9）找零取票口

乘客购票完毕后，购买的单程票从找零取票口掉落，如果有找零，则零钱也从该处掉落。

3.3.2 自动售票机的结构与功能

1．自动售票机的结构

自动售票机以主控单元为核心单元，辅以电源模块、硬币处理模块、纸币处理模块、维护面板、凭条打印机、票卡发售单元、不间断电源、固定照明装置、LED 状态显示器等。

（1）主控单元

自动售票机主控单元（也称工控机）采用 32 位工业级微处理器，阻抗电磁噪声的性能良好，能 24h 工作，并能提供充分的指定功能。即使电源中断，数据也不会丢失。主控单元负责运行控制软件，完成车票处理、现金处理、数据通信、状态监控等功能。

（2）电源模块

自动售票机内置直流开关电源，为各模块提供直流电。

（3）硬币处理模块

硬币处理模块识别并接收用户投入的用以购票的硬币，并实现硬币找零和硬币循环使用。

（4）纸币处理模块

纸币处理模块识别并接收用户投入的用以购票或充值的纸币，纸币识别设备一般至少可以识别六种纸币，并实现纸币找零。

（5）维护面板

工作人员登录维护面板接口，通过操作实现设备检测维修、运营结账、钱箱更换、票箱更换、设备参数设置、数据上传等功能。

（6）凭条打印机

凭条打印机用于打印充值交易凭证及运营维护信息。

（7）票卡发售单元

票卡发售单元用于对单程票进行赋值、发放，每次最大发售张数可进行设定。

（8）不间断电源

当外部供电发生异常时，不间断电源可保证最后一笔交易的完整性。

（9）固定照明装置

固定照明装置为照明灯，可在打开后盖进行操作时提供光源。

（10）LED 状态显示器

LED 状态显示器用于显示自动售票机当前的使用状态。

2．自动售票机的功能

自动售票机的基本功能是通过乘客的自助式操作完成自动售票。自助售票的基本过程包括售票选择、接收售票资金、自动出票及找零等，在必要时可以打印充值凭证等。自动售票机可接受硬币和纸币购买单程 IC 票卡，自动售票机具有对"一卡通"卡或地铁专用储值车票进行充值的功能。同时，自动售票机预留银行卡的数据接口和电气接口及物理空间，方便支付方式的扩展。

自动售票机主要可以实现以下功能。

1）接受乘客的购票选择，并在购票过程中给出提示信息及操作指导。

2）可以接受乘客投入的现金（或储值卡、信用卡等其他付费介质）并自动完成识别，对无法识别的现金（或储值卡、信用卡）予以退还。

3）自动计算乘客投入的现金数量及购票金额，自动找零。

4）自动完成车票校验、车票发售及出票。

5）对各部件的工作状态进行自动监测，并向车站计算机系统上报工作状态。

6）接受车站计算机系统下发的参数和控制命令，并执行相应的操作。

7）存储并上传交易信息。

8）对本机接收的现金及维护操作进行管理。

3.3.3 自动售票机的操作

自动售票机是自助型系统设备，城市轨道交通车站内会有部分乘客对该系统的操作不知晓、不熟练，站务人员应主动、热情地为有需要的乘客提供操作指引服务。因此，站务人员应熟练掌握自动售票机的使用操作，指引乘客使用自动售票机购票、充值时，通过乘客操作界面实现点选操作。

1．购票操作

（1）选择地铁线路

乘客站在自动售票机前使用购票功能时，地图区域能清晰显示线网地图，能实现地图的缩小、扩大及水平移动。当乘客点击某车站时，以该车站为中心的附近几个车站会被放大显示，以便于乘客正确选择目的地车站。自动售票机操作界面如图 3-3-4 所示。

图 3-3-4　自动售票机操作界面

（2）选择目的地车站

乘客选择合适的目的地，轻触屏幕选中需要前往的车站，此时就会出现购票确认界面。除这种方式外，对票价熟悉的乘客可直接选择购票金额进入购票确认界面。

（3）选择购票数量

选择好车站后，将立即进入购票确认界面，显示屏幕会向乘客展示"车票类型""目的车站""应付金额""请在右侧选择购票数和支付方式"等信息，选择完毕后将进入付款界面。如果操作过程中出现错误，则可点击屏幕右下方的"取消"按钮。自动售票机购票确认界面如图 3-3-5 所示。

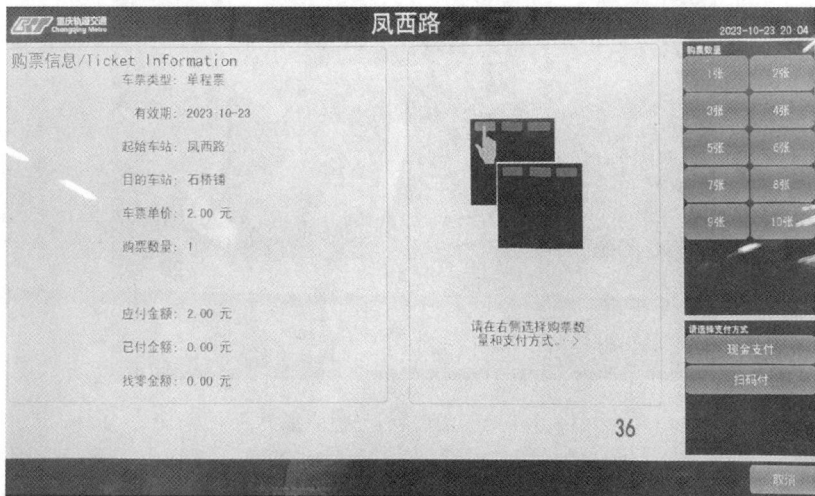

图 3-3-5　自动售票机购票确认界面

（4）付款操作

根据选择的付款方式和屏幕显示的应付金额进行操作。如果选择"现金支付"，则将对应的纸币或硬币投入自动售票机右上方对应的纸币投入口或硬币投入口，其他交易方式均按照对应操作方式进行即可。

（5）取走车票和找零

支付成功后，车票及找零会全部落入找零取票口，乘客可自行取出。

2．充值操作

（1）选择充值

乘客在自动售票机主页面点击"充值"按钮，即可进入充值界面。该界面会提示乘客插入储值卡。

（2）插入储值卡

将需要充值的储值卡插入自动售票机面板上的储值卡插入口，系统会自动识别卡的类别。

（3）充值完成

乘客根据界面提示输入充值金额，并选择相应的支付方式进行支付。支付完毕后，请勿随意移动储值卡，等待界面提示充值完成，方可取走储值卡，并选择是否打印充值交易凭证。自动售票机充值完成界面如图3-3-6所示。值得注意的是，充值交易凭证非充值发票，如果需要发票，则可至人工客服处通过充值交易凭证向工作人员索取。

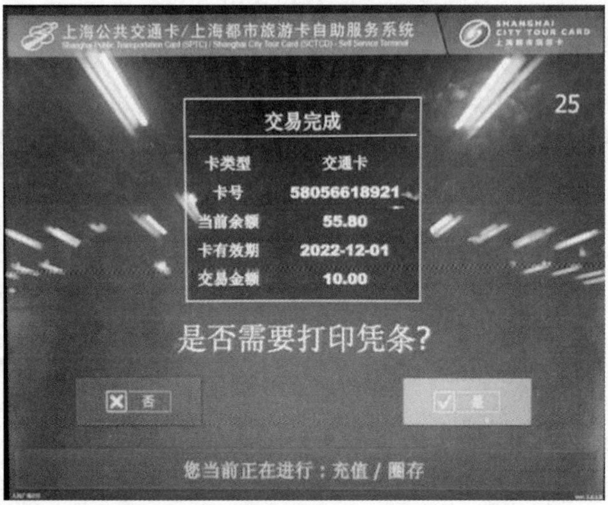

图3-3-6　自动售票机充值完成界面

3．维护操作

自动售票机常见的故障现象及其原因分析与解决办法如表3-3-1所示。

表 3-3-1　自动售票机常见的故障现象及其原因分析与解决办法

序号	故障现象及其原因分析与解决办法
1	故障现象：开机无显示
	原因分析：①无电源输入；②部件连接异常
	解决办法：检查电源、显示器、部件连接，若无异常，则联系专业维护人员
2	故障现象：提示暂停服务（非上一级系统控制）
	原因分析：①单程票处理模块异常；②硬币处理模块、纸币处理模块异常；③维修门处于打开状态或维护门状态检测传感器异常
	解决办法：检查部件电源及通信连接，并检查关闭维修门，若无异常，则联系专业维护人员
3	故障现象：自动售票机屏幕显示"只收纸币"
	原因分析：硬币处理模块有卡币，或者硬币钱箱没有正确安装
	解决办法：①启动设备后机器内部逻辑会对硬币处理模块进行测试，如果测试失败，则会进入"只收纸币"状态，这种现象一般是由硬币处理模块被硬币或其他异物堵塞导致的，检查硬币处理模块并重新启动设备；②正确安装硬币钱箱
4	故障现象：自动售票机屏幕显示"网络连接失败"
	原因分析：网络出现故障
	解决办法：①检查自动售票机和服务器之间的网络连接是否正常；②检查系统服务器软件是否正常运行
5	故障现象：自动售票机屏幕显示"只收硬币"
	原因分析：纸币处理模块有卡币，或者纸币钱箱没有正确安装
	解决办法：①检查纸币处理模块并重新启动设备；②正确安装纸币钱箱
6	故障现象：自动售票机屏幕显示"无找零"
	原因分析：硬币处理模块内没有放入找零用硬币，或者硬币找零钱箱没有正确安装
	解决办法：①放入找零用硬币；②正确安装硬币找零钱箱
7	故障现象：自动售票机屏幕显示"只充值"
	原因分析：单程票发售模块内没有放入车票，或者票箱没有正确安装
	解决办法：①放入发售用车票；②正确安装票箱
8	故障现象：自动售票机屏幕显示"暂停服务"，不能进入工作状态
	原因分析：可能是维修门没有关上
	解决办法：检查维修门并将维修门全部关紧上锁
9	故障现象：自动售票机屏幕显示"只发售"
	原因分析：储值卡读卡器有故障，或者连接错误
	解决办法：联系厂家更换储值卡读卡器，或者检查连接线缆
10	故障现象：自动售票机启动后乘客显示器没有显示
	原因分析：自动售票机内部工控机没有开机，或者乘客显示器处于关闭状态
	解决办法：打开工控机电源，或者打开乘客显示器电源

实践活动

1. 通过自动售票机购买一次单程票。
2. 通过自动售票机进行一次储值卡充值。

3.4

半自动售票机及其维护

学习目标

1. 了解半自动售票机的定义与设置。
2. 掌握半自动售票机的功能。
3. 掌握半自动售票机的操作。

微课：半自动售票机
及其维护

3.4.1 半自动售票机的定义与设置

1. 半自动售票机的定义

半自动售票机通常安装在售/补票房或车站服务中心内，如图 3-4-1 所示。它采用人工方式完成票务处理、车票发售、加值、车票分析（验票）、退票及其他票务服务，因此又被称为人工售/补票机或票房售/补票机。根据应用需求，可将半自动售票机功能分离，设置成单独的半自动售票机或半自动补票机，也可设置成具有半自动售票和补票功能结合的设备。

图 3-4-1　半自动售票机

2. 半自动售票机的设置

功能单一的半自动售票机应设置在非付费区，而半自动补票机则应设置在付费区。功能结合的半自动售票机可以同时为非付费区与付费区服务，兼顾售票及补票功能，使用同一车票处理设备，但须对两个区域分别设置单独的乘客显示器，处理不同区域乘客票务，如图 3-4-2 所示。

图 3-4-2　功能结合的半自动售票机

3.4.2　半自动售票机的结构与功能

1. 半自动售票机的结构

半自动售票机以主控单元为核心单元，辅以车票读写器、乘客显示器、打印机、电源等模块，如图 3-4-3 所示，可以根据需要配置触摸屏、车票处理装置、收银箱等部件。主控单元一般选用高可靠性工业级计算机设备，也可以选用高档的商用计算机，需要具有丰富的外部接口以支持外部设备的连接，并需要保留部分接口以支持未来设备的扩展。

图 3-4-3　半自动售票机的结构

半自动售票机可以使用键盘、鼠标等通用输入设备，也可以配置触摸屏。半自动售票机还可以配置支持自动发售车票的车票处理装置以完成车票自动发售功能。自动发售车票的车票处理装置与自动售票机中的车票处理装置类似，在接收到主控单元的命令后，可以自动完成供票、车票读写及出票功能。

（1）主机

主机放置在主机柜内，柜体一般具有两个维护门和一个抽屉，主机由主控单元和电源模块组成，如图 3-4-4 所示。

图 3-4-4　主机

（2）IC 票卡发售模块

IC 票卡发售模块由用于发售 IC 票卡的车票处理模块和对票卡进行读写的读卡器组成，如图 3-4-5 所示。

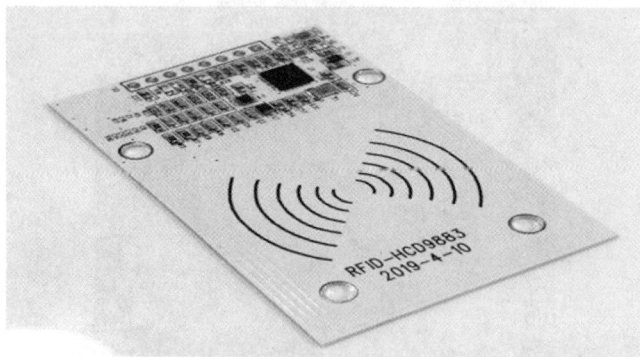

图 3-4-5　IC 票卡发售模块

（3）操作人员显示器

操作人员显示器为操作人员提供人机对话和操作的界面窗口显示，如图 3-4-6 所示。

（4）乘客显示器

每套半自动售票机配置 1～2 个乘客显示器，分别安放在付费区、非付费区靠近窗口或方便乘客阅读的地方，为乘客提供票卡相关信息的显示（显示中文或英文信息可以通过操作人员选择来实现）。乘客显示器如图 3-4-7 所示。

图 3-4-6　操作人员显示器

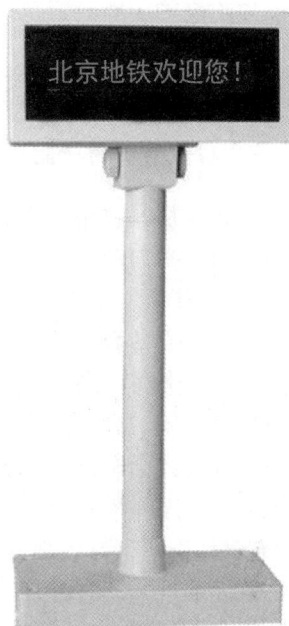

图 3-4-7　乘客显示器

（5）桌面 IC 卡读写器

桌面 IC 卡读写器提供高级应用程序编程接口，支持对卡片的读写操作。读写器设有四个 SAM（security authentication module，安全认证模块）卡座，支持多密钥应用，提供读卡器与 SAM 之间的接口和数据传输，扩展 SAM 不会造成读卡器性能的降低。桌面 IC 卡读写器如图 3-4-8 所示。

图 3-4-8　桌面 IC 卡读写器

针对不同的设备，使用相应的桌面 IC 卡读写器执行充值和消费操作。桌面 IC 卡读写器有效读写距离为 10cm 左右，交易速度一般在 200～1000ms 之间。桌面 IC 卡读写器对票卡的操作，满足一卡通对 IC 卡应用流程标准要求、SAM 安全保密处理要求和交易数据处理要求。

2．半自动售票机的功能

半自动售票机是在车站中以人工方式为乘客提供服务的售补票设备，放置于车站内做售票和补票用。半自动售票机的主要功能如下。

1）售票、补票、充值、更新、替换、退票、车票挂失、车票分析、车票处理、车票查询、收益管理、设备操作等。

2）半自动售票机与车站自动售检票系统相连，可以接受车站自动售检票系统下达的各种参数及指令，同时向车站自动售检票系统及线路自动售检票系统传送各类数据；半自动售票机的运行模式由车站自动售检票系统进行设定和更改，并将系统参数数据下载到半自动售票机上实现工作模式的自动切换。

3）半自动售票机具备离线/在线状态自动检测切换的能力。根据当前的线路状态，半自动售票机能够进行动态处理。处于在线状态时，半自动售票机能够实时从车站自动售检票系统下载各种参数，接受车站自动售检票系统的控制指令。

4）半自动售票机能上传监控数据，根据预先设定的方式上传所处理的各种交易数据，与车站自动售检票系统进行对账。处于离线状态时，半自动售票机除提供需要的功能外，还要保存本地运行数据的备份，当检测到网络恢复以后进行数据的上传和续传，并进行数据账目的核对。

3.4.3　半自动售票机的操作

1．单程票发售操作

票务员登录半自动售票机后，单击"车票发售"按钮，进入车票发售单元的界面，选择乘客的目标线路和车站，按照单程票的票价收取现金。

2．储值卡充值操作

票务员为乘客办理储值卡充值时，将储值卡放在读卡区，单击"储值卡"按钮，进入储值卡操作界面。

3．补出站票操作

票务员登录半自动售票机后，单击"车票发售"按钮，进入车票发售单元的界面，补出站单程车票流程为：选择车站→输入补票金额→输入实收金额→单击"发售"按钮。

4．维护操作

半自动售票机常见的故障现象及其原因分析与解决办法如表 3-4-1 所示。

表 3-4-1　半自动售票机常见的故障现象及其原因分析与解决办法

序号	故障现象及其原因分析与解决办法
1	故障现象：半自动售票机无法正常充值
	原因分析：储值卡读卡器没有正确连接
	解决办法：正确连接储值卡读卡器
2	故障现象：半自动售票机屏幕显示"网络连接失败"
	原因分析：网络出现故障
	解决办法：①检查半自动售票机和服务器之间的网络连接是否正常；②检查系统服务器软件是否正常运行
3	故障现象：半自动售票机乘客显示器没有显示
	原因分析：可能是乘客显示器电源没有打开，或者连接错误
	解决办法：打开乘客显示器电源，或者检查线缆连接
4	故障现象：半自动售票机不能打印凭条
	原因分析：可能是打印机电源没有打开，或者打印纸已经用尽
	解决办法：打开打印机电源，或者正确安装打印纸
5	故障现象：半自动售票机无法发售单程票
	原因分析：单程票发售模块内没有放入车票，或者票箱没有正确安装
	解决办法：①放入发售用车票；②正确安装票箱
6	故障现象：半自动售票机启动后显示"暂停服务"，不能进入工作状态
	原因分析：可能是维修门没有关上
	解决办法：检查维修门并将维修门全部关紧上锁
7	故障现象：半自动售票机打印的凭条没有内容
	原因分析：打印机色带没有安装，或者已经用尽
	解决办法：正确安装色带，或者更换色带
8	故障现象：半自动售票机启动后操作人员显示器没有显示
	原因分析：半自动售票机内部工控机没有开机，或者操作人员显示器处于关闭状态
	解决办法：打开工控机电源或打开操作人员显示器电源

实践活动

1. 操作半自动售票机发售一张 2 元票价的单程票。
2. 操作半自动售票机将一张未使用、在有效期内的单程票办理退票处理。

知识拓展

　　半自动售票机的操作处理是城市轨道交通面向乘客最直接的人工服务窗口，是车站工作人员与乘客接触最为密切、频繁的环节，半自动售票机功能故障、工作人员操作不当极易引发乘客不满、造成乘客事务纠纷，进而引发矛盾、争执甚至遭到投诉等。

思考与练习

一、填空题

1. 自动检票机按照功能可分为_____、_____和双向检票机。
2. 自动检票机按照阻挡方式可分为_____、_____和拍打门式检票机。
3. 功能单一的半自动售票机应设置在非付费区，而半自动补票机则应设置在_____。
4. _____系统作为城市轨道交通运营管理的重要手段之一，是城市轨道交通为乘客服务的窗口，是运营收益核算的信息来源。

二、单项选择题

1. 乘客在（　　）m 外可以看清方向指示器。
   A. 30 　　　　　 B. 50 　　　　　 C. 60 　　　　　 D. 70
2. 自动售票机的状态显示器一般有（　　）三种颜色。
   A. 绿色、黄色、蓝色 　　　　　 B. 绿色、红色、橙色
   C. 黄色、红色、蓝色 　　　　　 D. 蓝色、橙色、黄色
3. 闸机的英文缩写是（　　）。
   A. BOM 　　　　　 B. TVM 　　　　　 C. AG 　　　　　 D. TCM
4. 自动售票机不能实现的功能是（　　）。
   A. 购票 　　　　　 B. 充值 　　　　　 C. 补票 　　　　　 D. 找零

三、多项选择题

1. 属于自动售检票系统的有（　　）。
   A. 自动售票机 　　 B. 半自动售票机 　　 C. 自动查询机 　　 D. 自动检票机
2. 三杆式检票机的优点有（　　）。
   A. 通行控制效果好 　　　　　 B. 安全性和可靠性比较高
   C. 成本较低，结构简单 　　　　　 D. 防水防尘能力较强
3. 半自动售票机能实现的功能有（　　）。
   A. 售票 　　　　　 B. 补票 　　　　　 C. 充值 　　　　　 D. 退票
4. 自动售检票系统的特点有（　　）。
   A. 网络结构清晰，数据及时上传与清算
   B. 集中监控，统一的票务管理模式
   C. 各线路设备独立运营
   D. 在紧急情况下不能实现乘客快速通行疏散

四、判断题

1. 自动售检票系统能够提升票务效率，减少现金流通。 （　　）

2. 自动售票机以主控单元为核心单元，辅以电源模块、硬币处理模块、纸币处理模块、维护面板、凭条打印机、票卡发售单元、不间断电源、固定照明装置、LED 状态显示器等。
　　　　　　　　　　　　　　　　　　　　　　　　　　　　　　　（　　）

3. 自动售票机可接受硬币和纸币购买单程 IC 票卡，自动售票机具有对"一卡通"卡或地铁专用储值车票进行充值的功能。　　　　　　　　　　　　　　（　　）

4. 自动售票机全部设置在车站付费区内。　　　　　　　　　　　　（　　）

五、简答题

1. 什么是自动售检票系统？
2. 自动售检票系统的特点有哪些？
3. 自动售检票系统由哪些部分组成？

4 模块

车站暖通空调系统

>>>>

◎ **内容导读**

城市轨道交通的特点是人员密集、流动性大，因此对城市轨道交通的车站暖通空调系统即车站通风空调及防排烟系统（简称环控系统）的要求要高于一般的民用系统。车站暖通空调系统须满足两个方面的要求：一是正常运营，给乘客和设备提供舒适及适宜的环境；二是在事故及灾害发生的情况下进行通风、排烟、排毒、排热，起到保障生命安全及辅助灭火的作用。车站暖通空调系统应满足这两个方面的要求，但不宜片面强调某一方面。车站暖通空调系统不是灭火系统。

◎ **学习目标**

知识目标

1. 了解车站暖通空调系统的主要功能。
2. 熟悉车站暖通空调系统的制式。

能力目标

1. 能够选择车站暖通空调系统的运行模式。
2. 能够进行车站暖通空调系统的管理与维护。

素养目标

1. 牢固树立质量第一、安全至上的理念，关爱生命、敬畏生命。
2. 培养集体意识，发扬友善合作、团结互助的精神。

◎ **建议学时**

8 学时

4.1

车站暖通空调系统概述------

🔍 **学习目标**

1. 掌握车站暖通空调系统的主要功能。
2. 掌握车站暖通空调系统的制式。

微课：车站暖通空调
系统的功能及分类

■ **4.1.1　车站暖通空调系统的主要功能**

　　车站暖通空调系统采用人工的方法，创造和维持满足一定要求的空气环境，包括空气的温度、湿度、流动速度和质量。

　　位于地面及地上的轨道交通线路，其环控问题比较容易解决，而位于地下的轨道交通线路，除其车站出入口等极少部位与外界相连通外，其他部位基本上与外界隔绝，只有用人工气候环境才能满足乘客的要求。因此城市轨道交通车站暖通空调系统主要解决地下线路的环控问题。

　　当城市轨道交通车站和线路位于地下时，其因环境封闭、湿度大而具有如下环境特点。

　　1）地下线路在运营时会释放许多热量，如列车运行时的散热量，乘客人体的散热量和散湿量，以及照明散热量和建筑结构壁面散湿量，还有广告灯箱、自动扶梯等设备的散热量、散湿量，等等。若不及时排除这些余热、余湿，则车站和区间的温度将会持续上升，乘客的乘车环境将无法保证。

　　2）地下车站及区间周围会受到土壤传热作用的影响。

　　3）活塞风的影响。在区间隧道中，列车的运行就像一个活塞运动，列车作为"活塞"挤压前方区间隧道的空气，同时列车尾部引入大量新鲜空气，这种现象被称为活塞效应。列车运行时会产生大量的活塞风，若不能将其合理利用，则会干扰车站的气流组织，使乘客感到不适，并影响车站的负荷。

　　4）存在人员呼出的二氧化碳，以及新、回风中的粉尘和有害物质。

　　5）车站、列车上客流密集，当发生事故（尤其是火灾事故）时，救援和安全疏散难度大，必须考虑有效的应对措施。

　　6）风亭是地下车站和区间空调通风设备集中对外的通风口，风亭出口的噪声不容忽视。

　　地下车站的车站暖通空调系统的构成如图 4-1-1 所示，其中 TVF（tunnel ventilation fan）是隧道风机，为双向可逆转大型轴流风机，用于区间隧道通风系统；U/O 是指 UPE/OTE（under platform exhaust air duct，站台下排热管道/over tunel exhaust air duct，轨道顶端排热管道）。

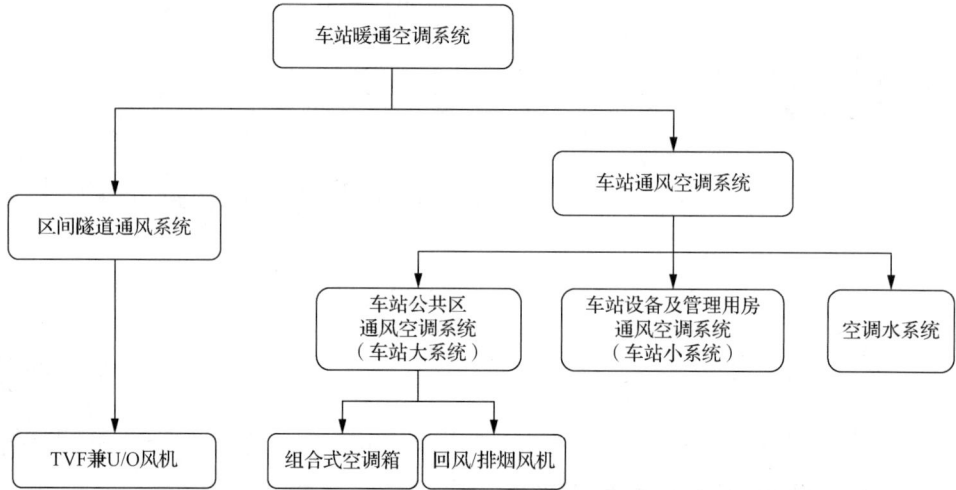

图 4-1-1　地下车站的车站暖通空调系统的构成

为了给乘客和工作人员提供一个舒适的环境，保证各种设备能持续、正常地运行，在发生火灾等事故时能及时排除有害气体，必须在车站站厅、站台、区间隧道、设备及管理用房四个要求不同的环境中，通过强制通风进行散热、除湿和空气调节。

车站暖通空调系统的主要功能如下。

1）列车正常运行时，调节车站站厅、站台、区间隧道、设备及管理用房的空气环境，包括空气的温度、湿度和质量，对新、回风中的粉尘和有害物质及人员呼出的二氧化碳进行过滤和处理。

2）若列车阻塞在区间隧道内，则当列车采用空调时应向阻塞区间提供一定的送排风量，以保证列车空调的运行，从而维持列车内乘客能接受的热环境条件。

3）列车在区间隧道或车站内发生火灾时，应提供有效的排烟，并向乘客和消防人员提供必要的新风量，形成一定的迎面风速，诱导乘客安全撤离。

4）分别按工艺和功能要求对车站内各种设备及管理用房提供空调或通风换气，公共区排风系统兼容排烟。

4.1.2　车站暖通空调系统的制式

随着工程技术和科技手段的不断提高，地铁车站暖通空调系统出现了不同的制式，一般分为开式系统、闭式系统和屏蔽门系统三种。

1. 开式系统

开式系统应用活塞效应或机械的方法使地铁内部与外界交换空气，利用外界空气冷却车站和区间隧道。站与站之间设置风井，车站内有空气调节。在正常运行时，所有风井全部开启，让外界空气和区间隧道内空气互相交换。开式系统多用于当地最热月的月平均温度低于 25℃ 且运量较小的地铁系统。在开式系统中，地铁内部与外界交换空气的方式分为活塞通风及机械通风两种。

1）活塞通风。当列车的正面与区间隧道断面面积之比（被称为阻塞比）大于 0.4 时，属于活塞通风。活塞风量的大小与列车在隧道内的阻塞比、列车行驶速度、列车行驶空气阻力系数、空气流经区间隧道的阻力等因素有关。利用活塞风来冷却区间隧道，需要与外界有效交换空气，因此对于全部应用活塞风来冷却区间隧道的系统来说，应计算活塞风井的间距及活塞风井断面的尺寸，使有效换气量达到设计要求。实验表明，当活塞风井的间距小于 300m、风道的长度在 25m 以内、风道面积大于 $10m^2$ 时，有效换气量较大，在区间隧道顶上设风口效果更好。因为设置许多活塞风井对大多数城市来说是很难实现的，所以全活塞通风系统只出现于早期地铁中，如今建设的地铁多设置活塞通风与机械通风的联合系统。

2）机械通风。当活塞通风不能满足地铁排除余热与余湿的要求时，应设置机械通风系统。根据地铁系统的实际情况，可在车站与区间隧道分别设置独立的通风系统。车站一般为横向的送排风系统；区间隧道一般为纵向的送排风系统。这些系统应同时具备排烟功能。若区间隧道较长，则宜在区间隧道中部设中间风井。对于当地气温不高、运量不大的地铁系统，可设置车站与区间隧道连在一起的纵向通风系统，一般在区间隧道中部设中间风井，但应通过计算确定。

2. 闭式系统

闭式系统基本能将地铁内部与外界大气隔断，仅供给满足乘客所需的新鲜空气量。在夏季需要空调时，除两端隧道洞口、车站出入口和空调有新风外，车站及区间隧道基本与外界相隔绝。车站一般采用空调系统，而区间隧道的冷却是借助列车运行的活塞效应携带一部分空调冷风来实现的。该系统仅在车站两端设风井，因车站内有空调，故正常运行时所有风井都关闭，以防外界空气从风井流入区间隧道。闭式系统的基本特点是车站空调制冷系统不仅承担车站内部乘客散热、机电设备产热和新风冷负荷，还必须承担列车运行热（包括列车制动和空调的产生热）。因此，车站冷负荷、空调风量、环控设备容量大，会带来土建规模、环控装机容量、耗电量大等一系列问题。此外，由于车站和区间隧道完全连通，车站受活塞风影响较大，乘客在出入口、自动扶梯、站台候车时可明显感觉到活塞风。

闭式系统多用于当地最热月的月平均温度高于 25℃ 且运量较大，高峰时间内每小时运行的列车对数与列车编组数之乘积大于 180 的地铁系统。在实际工作中，往往采用开式系统和闭式系统相结合的车站暖通空调系统。

1）区间隧道通风系统。区间隧道通风系统由设于车站两端的活塞风井及设于站端的迂回风道组成。典型区间隧道通风系统如图 4-1-2 所示。

2）车站空调通风系统。车站采用全空气低速送风系统，由组合式空调箱和回/排风机组成。气流组织一般采用车站站厅上部均匀送风。站厅上部均可送风，统一由设于轨道顶部的风管和设于站台板下的风管回/排风。列车牵引、制动和空调产热是地铁内的第一热源，约占总产热量的 60% 以上，而列车停站时的列车散热又集中在列车车顶的空调冷凝器和位于车底的发热电阻箱等处，将回/排风管设于此处，并将回/排风口设计成一组组风口正对散热源，有利于将列车产热就近排出，使列车停站产热不参与或少参与车站换热，提高站台舒适度。回/排风系统兼容站厅、站台排烟。此外，在站端列车进站侧设置集中送冷风口，列车进站时伴随着大量的高温区间活塞风，在活塞风冲入站台候车区域之前就和集中送出的冷风相混合，从而减缓活塞风对站台的瞬时热冲击。车站典型断面气流流程如图 4-1-3 所示。

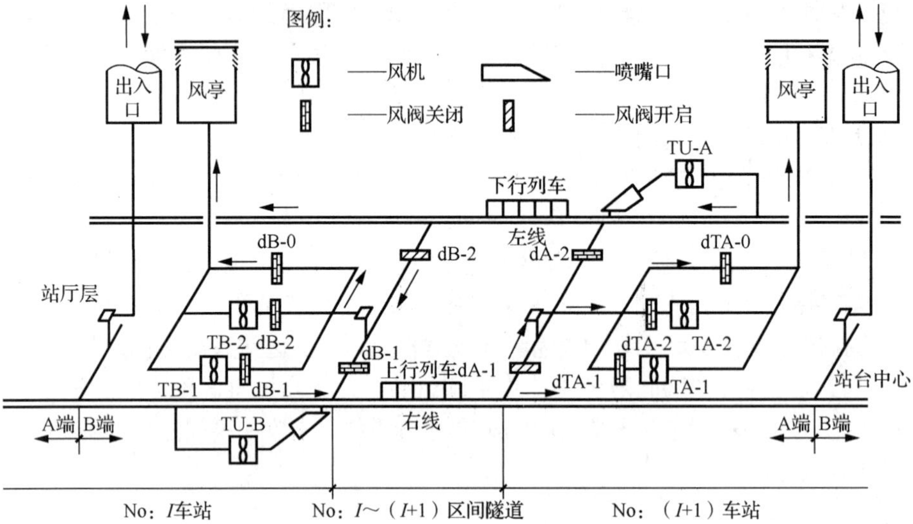

图 4-1-2　典型区间隧道通风系统

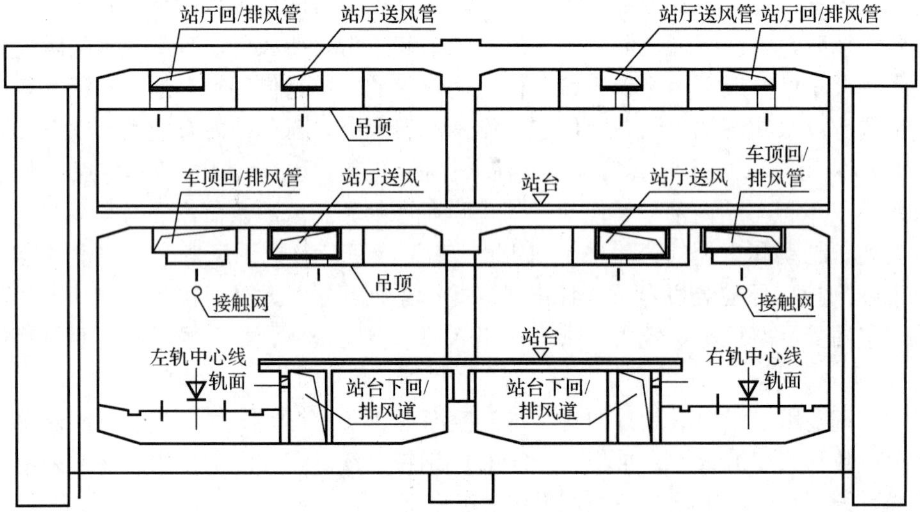

图 4-1-3　车站典型断面气流流程

3．屏蔽门系统

屏蔽门系统是用于地铁站台的防护性系统，在车站站台与区间隧道间安装屏蔽门，将两者分隔开，车站站台安装空调系统，区间隧道使用通风系统（机械通风或活塞通风，或两者兼用）。若通风系统不能将区间隧道的温度控制在允许值以内，则应采用空调或其他有效的降温方法。

设置屏蔽门后，车站空调制冷系统仅须承担车站内部乘客散热、机电设备产热和新风冷负荷等，因而可以降低空调系统冷负荷。此外，可以改善站内候车环境，一般可降低站台噪声水平约 5dB（A），同时可减少事故隐患，并防止站台拥挤时将乘客挤入轨道。

4.1.3　车站暖通空调系统的运行模式

车站暖通空调系统运行模式有空调运行、全新风运行和事故运行三种。

空调运行在夏季，当站台、站厅的温湿度大于设定值时，启动空调系统，向站台和站厅送冷风。通过送、回风的温湿度变化，调节新风与回风的比例及进入空调的冷水量，保证站台、站厅的温湿度要求。

全新风运行主要在春秋两季，当室外空气的焓低于站内空气的焓时，启动全新风机将室外新风送至车站。

事故运行指当站台层发生火灾时，关闭站台层送风系统及站厅层回/排风系统，启动全新风机向站厅送风，由站台层回/排风系统将烟雾经风井直接排向地面。

4.1.4　车站设备及管理用房空调和通风系统

车站设备及管理用房包括站长室、站务室、车站控制室、公安人员室、站台服务室等房间，管理人员较为集中。为提高各房间的空气调节效果，一般采用分体式空调机组，同时设置机械送排风系统，提供新风和其他季节的通风换气。除此之外，还要对车站降压变电所、环控机房、车站出入口等地方采用机械送排风的措施。

4.1.5　区间隧道通风系统

区间隧道通风系统由车站两端端头井内设置的事故/冷却风机与两边隧道相接的活塞风井、隔断风门、旁通风门等组成。区间隧道通风系统的运行模式主要有正常运行、堵塞运行和事故通风三种。

正常运行指当列车正常运行时，利用列车在区间隧道内高速运动产生的活塞效应从车站一端风井引入新风，经过区间隧道由下一站风井排风。列车停靠车站时列车下部的制动发热量和顶部的空调冷凝发热量由站台排热通风系统进行排放。

堵塞运行指当列车因故滞留在区间隧道时，为保证列车空调能正常运转，关闭列车后方站事故机房内的旁通风门，事故风机向区间隧道送入新风，前方站事故风机将区间隧道内的空气排至地面。区间隧道内的气流方向应与列车的行进方向保持一致。

事故通风指当列车在区间隧道内发生火灾时，区间隧道一端的事故风机向火灾区间送风，另一端的事故风机将烟雾经风井排至地面。中央控制室确认火灾后，根据事故列车在区间隧道内的位置、列车内事故的位置和火灾源距安全通道的距离等决定通风方向，以利于乘客的安全疏散。乘客的疏散方向必须与气流的方向相反，使疏散区处于新风区。

车站暖通空调系统的基本功能就是对车站内的各类环控设备进行监测、联动控制。这时控制模板要根据不同的设备运行模式编制各站风机、风阀的启动及关闭顺序，满足各类运行工况的需要。控制系统一般分为中央控制、车站控制和就地控制三级。其中，中央控制通过设置在中央环控控制室内的环控防火计算机控制台，对全线系统的环控设备进行监督管理，显示主要环控设备的运行状况，记录设备事故情况，并可遥测各车站内及区间隧道的各点空气物理状态；车站控制主要通过设置在车站环控控制室内的环控控制模板控制和显示该车站环控设备的运行状态；就地控制则通过设置在车站两端的环控电控室的就地控制板完成所属设备的就地开、关，并设模拟显示板显示本车站相关设备的运行状态。在这些控制级别中，车站环控控制室具有对所有环控设备进行控制的最高等级控制权。车站环控控制室系统构成图如图 4-1-4 所示。

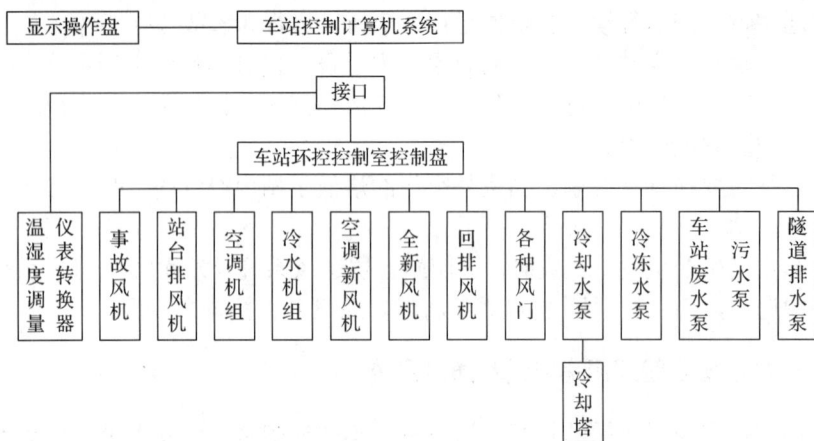

图 4-1-4　车站环控控制室系统构成图

4.2

车站暖通空调系统的组成

🔍 **学习目标**

1. 掌握屏蔽门式车站暖通空调系统的组成。
2. 掌握闭式车站暖通空调系统的组成。

车站暖通空调系统主要由以下几个部分组成：屏蔽门式车站暖通空调系统、闭式车站暖通空调系统、开式车站暖通空调系统等。

微课：暖通空调系统的组成

微课：车站空调水系统

4.2.1　屏蔽门式车站暖通空调系统的组成

典型屏蔽门式车站暖通空调系统由车站空调通风系统和区间隧道通风系统两个部分组成，如表 4-2-1 所示。

表 4-2-1　典型屏蔽门式车站暖通空调系统的组成

名称	分类
车站空调通风系统	① 车站公共区空调通风系统（兼排烟）； ② 车站设备及管理用房空调通风系统（兼排烟）； ③ 空调循环水系统

续表

名称	分类
区间隧道通风系统	① 区间隧道活塞通风系统； ② 区间隧道机械通风系统； ③ 车站区间排热系统

1．车站空调通风系统

（1）车站公共区空调通风系统（兼排烟）

车站公共区空调通风系统（兼排烟）通常采用集中式全空气系统，主要由组合式空调、回排风机（兼站厅、站台排烟）、全新风机、空调新风机、调节阀、防火阀等组成。组合式空调如图 4-2-1 所示。

图 4-2-1　组合式空调

（2）车站设备及管理用房空调通风系统（兼排烟）

车站设备及管理用房空调通风系统通常采用局部集中式全空气系统（变风量系统）、局部空气-水系统（风机盘管系统）及局部空气冷却系统（VRV①系统和小型空调机）等多种系统。局部集中式全空气系统主要由热泵/单冷机组、变风量空调箱、新风机、排风机（兼排烟）、调节阀、防火阀等组成。局部空气-水系统主要由热泵/单冷机组、风机盘管、排风机（兼排烟）、送风机等组成。局部空气冷却系统主要由 VRV 室内和室外机、送风机、排风机（兼排烟）或分体式小空调机组成（注：由于存在安全隐患，目前地下车站已很少采用分体式小空调机）。

（3）空调循环水系统

空调循环水系统通常在采用空气-水系统的车站大系统和小系统中运用。车站大系统中空调循环水系统主要由冷水机组、冷冻/冷却水泵、冷却塔、分水器、集水器、管道和阀件等组成。目前也有用车站大系统空调循环水带车站小系统的设计。空调循环水系统主要由风冷热泵/单冷机组、冷冻水泵、管道和阀件等组成。

---

① VRV 即 variable refrigerant volume，可变制冷剂流量。

图 4-2-2　风机

2. 区间隧道通风系统

(1) 区间隧道活塞通风系统

车站两端设有区间隧道活塞通风系统,包括活塞风井、活塞风阀、活塞/机械风阀等。目前最常用的活塞风井净面积约为 $16m^2$,其利用列车在区间隧道运行时对区间隧道内空气前压后吸的活塞效应来进行通风换气,区间隧道的降温和区间列车新风依靠活塞风井实现。风机如图 4-2-2 所示。

(2) 区间隧道机械通风系统

当需要对区间隧道进行强制通风时,必须采用区间隧道机械通风系统,该系统通常在车站两端活塞风井(或中间风井)内设置隧道风机,以便需要进行区间通风、事故和火灾通风时运行。地下线路内若设置渡线、存车线、联络线等配线,则正线气流较难组织,通常须设置辅助通风设备,如射流风机、喷嘴等。

(3) 车站区间排热系统

为了将列车产热及时排至地面,在车站区间设置排热系统,由排热风机、车轨上部排热风道和站台下部排热风道组成。车轨上部排热风道上设置成组风口,正对列车空调冷凝器;站台下部排热风道上设置成组风口,正对列车刹车制动装置,将列车停站时散发的热量直接排至地面。

4.2.2　闭式车站暖通空调系统的组成

典型闭式车站暖通空调系统由车站空调通风系统和区间隧道通风系统两个部分组成,如表 4-2-2 所示。

表 4-2-2　典型闭式车站暖通空调系统的组成

名称	分类
车站空调通风系统	① 车站公共区制冷空调通风系统(兼排烟); ② 车站设备及管理用房空调通风系统; ③ 空调循环水系统
区间隧道通风系统	① 区间隧道活塞通风系统(含迂回风道); ② 区间隧道机械通风系统

1. 车站空调通风系统

(1) 车站公共区制冷空调通风系统(兼排烟)

车站公共区制冷空调通风系统(兼排烟)通常采用集中式全空气系统,主要设备同屏蔽门式车站暖通空调系统,但站台、站厅的气流组织不一样。该系统一般采用车站站厅上部和站台上部均匀送风,统一由设于轨道顶部风管和设于站台板下风管排风,故无屏蔽门式的排热风机。此外,在站端列车进站侧设置集中送冷风口,列车进站时伴随着大量的高温区间活塞风,在活塞风冲入站台候车区域之前就和集中送出的冷风相混合,减缓活塞风对站台的瞬时热冲击。

（2）车站设备及管理用房空调通风系统

闭式车站暖通空调系统的车站设备及管理用房空调通风系统的形式与设备同屏蔽门式车站暖通空调系统的车站设备及管理用房空调通风系统（兼排烟）。

（3）空调循环水系统

闭式车站暖通空调系统的空调循环水系统的形式与设备同屏蔽门式车站暖通空调系统的空调循环水系统。

2．区间隧道通风系统

（1）区间隧道活塞通风系统（含迂回风道）

区间隧道活塞通风系统（含迂回风道）由设于车站两端的活塞风井及迂回风道组成。常用活塞风井的净面积约为$16m^2$，迂回风道的净面积约为$30m^2$。

（2）区间隧道机械通风系统

车站两端活塞风井（或中间风井）内通常设置隧道风机，以便需要进行区间通风、事故和火灾通风时运行。由于闭式系统车站和区间隧道相连通，当区间隧道发生事故时，较难在区间隧道中形成有效气流，需要较多的风机联合运作，必要时须设置辅助通风设备，如推力风机等。此外，地下线路内若设置渡线、存车线、联络线等配线，则正线气流较难组织，通常须设置辅助通风设备，如射流风机、喷嘴等。

开式车站暖通空调系统由车站空调通风系统和区间隧道通风系统两个部分组成。该系统在地铁沿线车站与车站之间设置有多座通风井。在正常运行条件下，所有通风井均开启，利用活塞通风或机械通风，使外界空气与地铁内空气相互交换，达到预期目的。因为没有人工制冷系统，所以在炎热地带，夏季车站和区间隧道内的热环境将会超出适宜范围，有一定局限性。但是在过渡季节，有利于充分利用列车引起的活塞效应，与外界进行气流交换，有益于降低环控能耗。

4.3

车站暖通空调系统的设备与运行管理

学习目标

1. 掌握车站暖通空调系统设备的作用。
2. 区分车站暖通空调系统的设备。
3. 掌握车站暖通空调系统的运行管理。

微课：车站暖通空调
系统的设备

4.3.1　冷水机组

冷水机组是车站暖通空调系统中的主要设备，它为地铁车站中央空调提供冷源。按压缩机的压缩形式不同，可将冷水机组分为三种：活塞式冷水机组、离心式冷水机组和螺杆式冷水机组。

1. 活塞式冷水机组

活塞式冷水机组是一种最早应用于空调工程中的机型，单机组最大制冷量约为1160kW。为了扩大冷量选择范围，一台冷水机组可以选用一台压缩机，也可以选用多台压缩机组装在一起，分别被称为单机头冷水机组和多机头冷水机组。目前国内最大的多机头冷水机组配置有八台压缩机，机组制冷量约为900kW。活塞式冷水机组的外形图如图4-3-1所示。

图 4-3-1　活塞式冷水机组的外形图

2. 19XL 离心式冷水机组

19XL离心式冷水机组采用一台离心式压缩机，冷凝器和蒸发器分别安装在两个简体内，相互分开。冷凝器内采用高效双螺纹铜管，既增强了传热效果，又便于清洗管内的水垢。扇门控制制冷剂吸气流量。19XL离心式冷水机组具有完善的保护装置，可进行轴承温度保护、电机过热保护、高压保护、低压保护、油压保护、电压保护等。该冷水机组由计算机控制，操作十分方便，如果在运行中出现不正常情况或故障，则计算机会将这些状态显示出来，便于判断和维修。压缩机配用功率为153kW，制冷量为60万大卡，冷却水循环量为200m³/h，冷冻水循环量为200m³/h，制冷剂采用R22。19XL离心式冷水机组的外形图如图4-3-2所示。

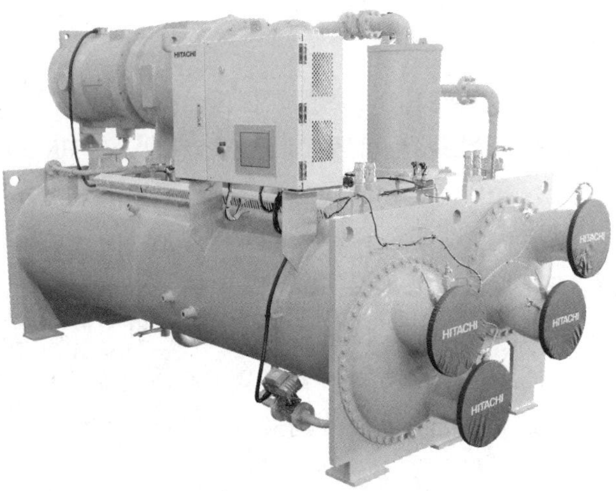

图 4-3-2　19XL 离心式冷水机组的外形图

3．WCFX 螺杆式冷水机组

WCFX 螺杆式冷水机组采用多台全封闭螺杆压缩机，该冷水机组由双制冷回路组成，即使一个回路发生故障，另一个回路也可运行。该冷水机组采用 PLC（programmable logic controller，可编程逻辑控制器）控制系统，图形化界面显示直观，操作简便。冷凝器和蒸发器采用高效内外强化传热管，既增强了传热效果，又便于清洗管内的水垢。该冷水机组具有完善的保护装置，可进行电机过热保护、高压保护、低压保护、油压保护、油位过低保护、电流过大保护等。该冷水机组属于第二代螺杆式冷水机组。压缩机配用功率为 138kW，制冷量为 64.4 万大卡，冷却水循环量为 141m³/h，冷冻水循环量为 129m³/h，制冷剂采用 F22。WCFX 螺杆式冷水机组的外形图如图 4-3-3 所示。

图 4-3-3　WCFX 螺杆式冷水机组的外形图

4．30XHXC 螺杆式冷水机组

30XHXC 螺杆式冷水机组采用多台半封闭螺杆压缩机，该冷水机组由双制冷回路组成，即使一个回路发生故障，另一个回路也可运行。该冷水机组采用 PRO-DIALOG 智能控制系统，图形化界面显示直观，操作简便。冷凝器和蒸发器采用高效内外强化传热管，既增强了传热效果，又便于清洗管内的水垢。该冷水机组具有完善的保护装置，可进行轴承温度保护、电机过热保护、高压保护、低压保护、油压保护、电压保护等。该冷水机组不但有完善的自动保护功能，而且有较强的自诊断功能，并具有组网群控功能。该冷水机组属于第三代螺杆式冷水机组。压缩机配用功率为 182kW，制冷量为 70 万大卡，冷却水循环量为 180m³/h，冷冻水循环量为 150m³/h，制冷剂采用 R134a。30XHXC 螺杆式冷水机组的外形图如图 4-3-4 所示。

图 4-3-4　30XHXC 螺杆式冷水机组的外形图

4.3.2　空调机组

空调机组是地铁车站暖通空调系统中的空气集中处理设备，可完成对空气的多种处理，包括过滤、冷却、加热、去湿、消声、新风和回风混合等。地铁地下车站在夏季采用空调工况时，通常由冷水机组提供 7～12℃的冷冻水送至空调机组的表冷器，经与空气进行热交换后回到冷水机组，被冷水机组冷却后再送回空调机组的表冷器，完成一个冷冻水的冷却循环。经过空调机组表冷器冷却后的空气由空调机组内的离心风机送至站厅和站台。

空调机组为箱式模块化结构，由各功能段模块组装而成，在各功能段上还设有通道门，便于维修及运行操作人员进入检查和修理。地铁空调机组的主要功能段如下。

1．进风段

空调机组有两个进风段，一个进风段在空调季节投入运行，另一个进风段在通风季节投入运行。进风段上有两个进风口，分别与空调新风口及回风口相连接，在风口上安装有防火阀和电动调节阀。防火阀在正常运行时常开，一旦发生火灾，可由防火报警系统给出

信号并将其关闭，也可由操作人员手动关闭。电动调节阀起风量调节作用。在通风季节，关闭空调新风口及回风口的电动调节阀。在空调季节，关闭全新风电动调节阀，打开空调新风口电动调节阀和按一定比例开度的空调回风口电动调节阀。进风段位于空调机组表冷段的前面。通风进风段位于空调机组表冷段的后面。在通风进风段上有全新风口，风口上装有电动调节阀，此阀在通风季节开启，在空调季节关闭。

2．过滤段

空调机组有两个过滤段，一个过滤段在空调季节投入运行，对空调新风及回风的混和风进行除尘过滤；另一个过滤段在通风季节投入运行，对全新风进行除尘过滤。

3．表冷段

空调机组的表冷段内有表冷器，在表冷器的底部有冷凝积水盘，冷凝积水盘与存水弯连接，便于冷凝水排出机组。表冷器的进出水管分别与冷冻水的进出水管连接。在表冷器的后面还装有挡水板，用于防止冷凝水流入机组的其他功能段内。在空调季节，表冷段投入运行，应打开进出水管上的阀门，以保证冷冻水的畅通。

4．风机段

空调机组的风机段内有一台离心风机，其作用是将经过表冷器冷却的空气或新风送至站厅、站台。离心风机通过传动皮带由电动机带动，支承在机架的带座轴承上。

5．消声段

空调机组的消声段内有片式消声器，其目的是降低送风噪声。

6．送风段

空调机组的送风段将经表冷器冷却的空气或新风送至站厅、站台。送风段与送风管连接。在送风段的送风口上装有电动风阀，以平衡、调节站厅及站台的送风量。

4.3.3　附属设备

1．风机

在地铁车站暖通空调系统中，通常使用两类风机，即轴流风机和离心风机。风压在4900Pa 以下、气体沿轴向流动的被称为轴流风机，其特点是风压较低、风量较大、噪声相对较大，叶轮直径为 0.1～20m。按照风机的布置形式，可将轴流风机分为立式轴流风机、卧式轴流风机和倾斜式轴流风机三种。轴流风机实物图如图 4-3-5 所示。离心风机的特点是风压高、风量可调、噪声相对较小，其中的气体先沿轴向流动，后转变为垂直于风机轴的径向运动。离心风机实物图如图 4-3-6 所示。

图 4-3-5　轴流风机实物图

图 4-3-6　离心风机实物图

当气体通过旋转叶轮时，由于叶片的作用，气体获得能量，即气体压力提高、动能增加。当气体获得的能量足以克服其阻力时，则可将气体输送到高处或远处。离心风机的叶轮和机壳大多采用铜板焊接或铆接结构。离心风机转速较低，一般在 3000r/min 以下。

（1）事故冷却风机

在地铁车站的两端，通常设有四台事故冷却风机，负责地铁区间隧道的通风。事故冷却风机属于轴流风机，有立式和卧式两种，大部分车站采用卧式，只有在机房尺寸受到限制时才采用立式。事故冷却风机只有在下列三种情况发生时，才投入运行。

1）地铁列车在区间隧道内发生阻塞。启用事故冷却风机向阻塞隧道输送新风，但是必须同时开启相邻两个车站的风机，一台向区间隧道送风，另一台从区间隧道排风。例如，衡山路站北端事故冷却风机送风，则常熟路站南端事故冷却风机排风。在装有区间隧道推力风机的区段，可直接开启该区段推力风机进行送风，许多城市的地铁利用推力风机进行列车阻塞情况下的送风。

2）地铁列车在区间隧道内发生火灾。启用事故冷却风机对区间隧道进行送排风，送排风方式根据火灾工况既定的模式而定，决定送排风方向的因素有列车的运行方向、着火点位置和人员的疏散方向。许多城市的地铁区间隧道火灾工况除相邻车站的事故冷却风机进行送排风外，还有排风端车站内的回排风机参与排烟。

3）地铁区间隧道温度超过35℃。在列车夜间停运期间，启用事故冷却风机对区间隧道进行冷却通风，送排风方式为同时开启相邻两个车站的风机，一台向区间隧道送风，另一台从区间隧道排风。

事故冷却风机电机功率为90kW，额定电流为176A，风量为60m³/s，全压为1000Pa，转速为985r/min，叶轮直径为1.8m，可以正反转，其型号是180GU+1EM。该风机有三种控制方式：FAS（fire alarm system，火灾报警系统）控制、环控电控室控制及就地控制。

（2）排热风机

排热风机设在车站两端，其作用是排走地铁列车在停站区间散发的热量。许多城市的地铁排热风机采用两种型号的风机。一种是140GN+4EM，风机电机功率为55kW，额定电流为102A，风量为40m³/s，全压为1000Pa，转速为1450r/min，叶轮直径为1.4m，单向运转。采用这种风机时，通常在车站两端各设一台风机。另一种是100IN+4EM，风机电机功率为30kW，额定电流为58A，叶轮直径为1m，单向运转。采用这种风机时，通常在车站两端的上下行各设一台风机。排热风机属于轴流风机，它分别与上排热风管及下排热风道连接。上排热风管和下排热风道上分别装有防火阀，当发生火灾时，可以进行运行调节。根据车站规模大小及环境控制要求可配置不同风量的排热风机。此外，根据火灾工况的要求，有些排热风机也参与排烟。

（3）回排风机

回排风机是地铁车站中央空调的通风兼排烟设备。它的作用是：在空调季节从站厅、站台排走空气，一部分送回空调机组，与空调新风混合并经表冷器冷却后被重新送到站厅、站台，另一部分被排至地面；在通风季节从站厅、站台排走空气，直接排放到地面。

回排风机通常采用轴流风机，许多城市的地铁采用的回排风机的型号100IN+4EM，其主要参数：电机功率为30kW或22kW，额定电流为58A或43A，风量为20m²/s，全压为1000Pa或800Pa，转速为1455r/min，叶轮直径为1m，单向运转。目前许多城市的地铁选用了电机功率为75kW的回排风机。根据车站规模大小及环境控制要求可配置不同风量的回排风机。

（4）全新风机

全新风机是地铁车站在通风季节使用的通风设备，其作用是将地面的新风输送到空调机组，通过空调机组送至站厅、站台。许多城市的地铁的全新风机采用轴流风机，其主要参数：电机功率为15kW，额定电流为31.5A，风量为16.67m³/s，全压为700Pa，转速为960r/min。根据车站规模大小及环境控制要求可配置不同风量的全新风机。

（5）空调新风机

空调新风机是地铁车站中央空调的通风设备，其作用是在空调季节向站厅、站台补充新鲜空气。空调新风机向空调机组输送新风，与回风混合后经表冷器冷却，由空调机组送至站厅、站台。许多城市的地铁的空调新风机采用轴流风机，其主要参数：电机功率为3kW，风量为 $5m^3/s$，全压为 500Pa，转速为 1450r/min。根据车站规模大小及环境控制要求可配置不同风量的空调新风机。

（6）设备及管理用房用的送风机、排风机（兼排烟）

设备及管理用房用的送风机、排风机（兼排烟）通常采用轴流风机，风量依据使用房间大小或负责房间的数量而选定。这类送风机、排风机的作用是向这些用房输送新鲜空气，排走用房的空气，使这些用房内的空气与地面空气进行交换，同时排走这些用房所产生的热量，起到降温的作用。对有温度要求的设备及管理用房，通常采用 VRV 空调系统降温。根据车站规模大小及环境控制要求可配置不同风量的送风机、排风机。

（7）主变电所、牵引变电所、降压变电所用的送风机、排风机

主变电所、牵引变电所、降压变电所通常设在地下，由于变压器等会散发热量，要对这些变电所进行送风和排风，以降低这些变电所的环境温度，保证设备的安全运行。变电所一般采用轴流风机，也有个别变电所采用离心风机。按照变电所用房的大小，选用不同风量及风压的风机。因为变电所是地铁车站用房的重要场所，变压器的运行对环境温度有一定的要求，所以风机风量的选择要考虑到一定的余量，同时变电所的排风机在火灾发生时兼作排烟、排毒风机。根据车站规模大小及环境控制要求可配置不同风量的送风机、排风机。这些风机有三种控制方式：BAS 控制、环控电控室控制及就地控制。在一般情况下选用 BAS 控制。

2．水泵

地铁车站中央空调水系统中使用的水泵通常采用的是 IS 系列单级离心水泵，用作冷冻水和冷却水循环的动力。

（1）冷冻水泵

在中央空调水系统设备运行过程中，冷冻水起着输送冷量的作用。在冷水机组的蒸发器内，冷冻水放热给氟利昂，使氟利昂沸腾汽化，其本身温度降低；在空调机组的表冷器内，冷冻水吸收空气的热量而使空气降温，其本身温度升高。为了使这些热交换不断地进行，冷冻水必须不断地循环。冷冻水泵可为冷冻水循环提供动力。地铁车站中央空调水系统一般设置三台冷冻水泵，通常为两台正常运行，一台备用。冷冻水泵的流量为 $100\sim200m^3/h$，扬程为 $30\sim50m$，电机功率为 $18.5\sim45kW$，额定电流为 $35\sim85A$，转速一般为 1450r/min。

（2）冷却水泵

冷却水泵可为冷却水循环提供动力，起着输送热量的作用。在冷水机组的冷凝器内，冷却水吸收氟利昂蒸汽的热量而使其冷却为液体，冷却水本身温度升高。通过冷却水泵，可将冷却水先输送到冷却塔，放出热量，再送回冷水机组的冷凝器内。由于冷却水泵的工作，冷却水不断地循环，将热量排放至地面大气中。地铁车站一般设置 2～3 台 IS 系列离心水泵作为冷却水泵。当设置两台时，通常冷却水泵的流量较大，一台冷却水泵能供两台冷水机组工作。当设置三台时，一般为两台正常使用，一台备用。冷却水泵的流量为 $100\sim200m^3/h$，扬程为 $30\sim50m$，电机功率在 45kW 以下，额定电流在 85A 以下，转速一般为 1450r/min。目前新建线路不再设置备用泵，多采用并联运行方式。

3．冷却塔

在制冷装置中，普遍使用的冷凝器是水冷式，水冷式冷凝器必须使用一套冷却水系统。冷却塔为冷却水系统的降温设备，故而广泛地被应用在中央空调水系统中。冷却塔如图 4-3-7 所示。

图 4-3-7　冷却塔

冷却水在冷水机组的冷凝器中吸热，温度升高，通过冷却水泵，被送到冷却塔的布水器中。在布水器中，冷却水被喷淋，形成细小水滴，流经填料层时形成薄薄的水膜，最后流到塔底。水滴和水膜表面的饱和水蒸气分压力与空气中的水蒸气分压力之差是热量传递的动力，热量传递是部分液体水被汽化吸收、潜热蒸发成水蒸气，扩散到空气中的过程。热量传递的总效果是大部分水被冷却。冷却后的水被冷却水泵输送到冷水机组的冷凝器中开始新的循环。每循环一次要损失部分冷却水，主要原因是蒸发和漂损。蒸发和漂损量一般占冷却循环量的 1%～5%。机械通风式冷却塔由塔体、风机、填料、挡水板及布水器等部分组成，其风机为低转速的轴流风机，特点是风量大、压力小（100～200Pa）。

4．风阀

在地铁车站暖通空调系统中，阀门被广泛地应用在工况调节、流量控制、防火排烟等系统中。阀门按大类可分为风阀及水阀。风阀被大量地应用在通风系统及中央空调系统中。水阀主要被应用在冷却水和冷冻水循环中。

通风空调系统中的风阀主要用来调节风量，平衡各支管或送回风口的风量及启动风机等。在特别情况下关闭和开启风阀,可达到防火、排烟的作用。常用的风阀有蝶阀、多叶调节阀、组合风阀、防火阀等。

(1)蝶阀

蝶阀一般被用于分支管或空气分布器(风口)前,起到风量调节的作用。这种风阀以改变阀板的转角来调节风量。蝶阀由短管、阀板、调节装置三个部分组成。

(2)多叶调节阀

为保证通风空调系统总风量、各支管及送风口风量达到设计给定值,应对系统进行测定和调整,采用多叶调节阀进行调节。多叶调节阀有对开式和顺开式两种。

(3)组合风阀

组合风阀由多个单台多叶调节阀组合而成。为了有效地控制地铁隧道的通风,在地铁车站两端的环控机房中,均设置有大量组合风阀。根据作用方式的不同可将组合风阀分为活塞风阀、机械/活塞风阀、机械风阀、隔离风阀等。

(4)防火阀

防火阀是防火调节阀、防烟防火阀、防火风口等的总称。防火阀与防火调节阀的区别在于,防火调节阀叶片的开度可在0°～90°范围内调节。防烟防火阀可在火灾发生时通过感烟或感温器对其进行控制。在火灾初始阶段,将阀门严密关闭起隔烟阻火作用,阀门关闭时可输出电信号至控制系统。防火风口安装在通风空调系统送、回风管道的送风口或回风口处,其一端带有起装饰作用或调节气流方向的铝合金风口。

全自动控制防火阀是通过感烟或感温控制设备输出的电信号、热敏元件或易熔管等温感装置的作用,发生火灾时能自动关闭(自动报警),起隔烟阻火作用,平时可电动调节开度、电动复位(开启、关闭)的防火阀。全自动控制防火阀的阀门可通过控制系统(如 BAS 或 FAS)进行电动开启、关闭、复位、调节与控制操作,实现全自动控制。防火阀的种类较多,可按其控制方式、阀门关闭驱动方式及形状分类。国内生产防火阀的厂家较多,各厂家的型号都不相同,但其防火阀的种类、规格及技术性能相同,经消防部门核发生产许可证方准生产。常用的防火阀有如下几种。

1)重力式防火阀。重力式防火阀又称自重翻板式防火阀,分矩形和圆形两种。矩形重力式防火阀有单板式和多叶片式两种;圆形重力式防火阀只有单板式一种。重力式防火阀由阀壳、阀板、转轴、托框、自锁机构、检查门、易熔片等组成,在通风空调系统中为常开状态。该防火阀阀门的阀板式叶片由易熔片悬吊成水平或水平偏下5°的状态。当火灾发生且防火阀流通的空气温度高于70℃时,易熔片熔断,阀板或叶片靠重力自行下落,带动自锁簧片动作,使阀门关闭自锁,防止火焰通过管道蔓延。

2)弹簧式防火阀。弹簧式防火阀有矩形和圆形两种,由阀壳、叶片或阀板、转轴、弹簧扭转机构、温度熔断器等组成,在通风空调系统中为常开状态。当火灾发生且防火阀中流通的空气温度高于70℃时,易熔片熔断,压缩弹簧释放,内芯弹出,手柄脱开,轴后端的扭转弹簧释放,阀门关闭,防止火焰通过风管蔓延。当需要重新开启阀门时,装好易熔片和温度熔断器,摇起叶片或阀板,并固定在温度熔断器内芯上,防火阀便恢复正常工作状态。

3)弹簧式防火调节阀。弹簧式防火调节阀有矩形和圆形两种,由阀体、叶片、转轴、弹簧调节机构、离合器、弹簧扭转机构、温度熔断器等组成,在通风空调系统中为常开状态，并可起到风量调节的作用。当火灾发生且防火阀中流通的空气温度高于 70℃时，温度熔断器中的易熔片熔断，致使熔断器销钉打下离合器垫板，使调节机构的离合器脱开，轴两端的扭转弹簧释放，阀门的叶片关闭，可防止火焰通过风管蔓延。当需要重新开启阀门时，应旋转调节手柄，当发出"喀喀"声时，调节机构和离合器已合拢。此时调节指示与复位指示同步转动，装好温度熔断器，防火调节阀便恢复正常工作状态。在调节风量时，若使用矩形弹簧式防火调节阀，则只须转动调节手柄，叶片在 0°～90°间任意调节；若使用圆形弹簧式防火调节阀，则应先旋松蝶形螺母，再转动手柄，阀板在 0°～90°间任意调节。

4）防烟防火调节阀。防烟防火调节阀有矩形和圆形两种，应用于有防烟防火要求的通风空调系统，其构造与防火调节阀基本相同，区别在于除温度熔断器可使阀门瞬时严密关闭外，还有受烟感电信号控制的电磁机构可使阀门瞬时严密关闭，并同时输出连锁电信号。

5）气动式防火阀。气动式防火阀用于与卤代烷 1211 和 1301 自动灭火系统连动的通风、空调风管。气动式防火阀的动作原理是卤代烷 1211 和 1301 的喷头元件与系统连接，火灾发生后，自动灭火系统启动，系统管道内压力气体进入防火阀气缸，驱使防火阀动作，阀门关闭（若阀门被用于排烟系统中的排烟阀，则阀门可动作开启），切断烟气和火势，以免沿风管蔓延。

6）电动防火阀。电动防火阀与其他防火阀一样安装在有防火要求的通风、空调风管上，它的控制机构是电动弹簧复位机构。它与其他防火阀的区别在于：当发生火灾时，切断电源阀门靠复位弹簧，可立即关闭；阀门平时处于通电状态。电动防火阀分为有输出信号和无输出信号两种，阀门通电后即可开启复位。

5．排烟设备

排烟设备安装在排烟系统中，平时呈关闭状态，发生火灾时借助于感烟、感温器能自动开启排烟阀门。它由阀体、装饰风口、执行机构及控制器组成。阀门动作是通过感烟、感温器联动信号控制中心来控制阀门执行机构的电磁铁或电动机工作的。设有感温器装置的排烟阀在阀门开启后，感温器装置在火灾温度达到 280℃时动作，阀门在弹簧力作用下关闭，阻止火灾沿排烟管道蔓延。常用的排烟设备包括排烟阀、排烟防火阀、远控排烟阀、远控排烟防火阀、板式排烟口、多叶排烟口、远控多叶排烟口、远控多叶防火排烟口、电动排烟防火阀等。

（1）排烟阀

排烟阀一般安装在排烟系统的风管上，平时其叶片关闭，当发生火灾时，烟感探头发出火警信号，使控制中心将排烟阀电磁铁的 DC[①]24V 电源接通，叶片迅速打开，或人工手动迅速将叶片打开进行排烟。排烟阀的构造与排烟防火阀相同，其区别是排烟阀无温度传感器。

（2）排烟防火阀

排烟防火阀安装的部位及叶片打开方式与排烟阀相同，其区别在于前者具有防火功能。当烟气温度达到 280℃时，排烟防火阀可通过温度传感器或手动将叶片关闭，切断气源。

---

① DC 即 direct current，直流。

（3）远控排烟阀

远控排烟阀安装在排烟系统的风管上或排烟口处，平时关闭，当发生火灾时，烟感器发出火警信号，控制中心将阀上的远程控制器的电磁铁通电，使远控排烟阀开启，或手动将阀门开启和复位。该排烟阀能够在房间内操纵。远控排烟阀的外形与远控排烟防火阀的外形相同，其区别为前者不带温度传感器。

（4）远控排烟防火阀

远控排烟防火阀安装在排烟系统的风管上或排烟口处，平时关闭。当发生火灾时，烟感器发出火警信号，控制中心将阀上的远程控制器的电磁铁通电，使远控排烟防火阀开启排烟；当排烟管道内空气温度达到 280℃时，温度传感器动作，从而关闭阀门，防止火灾蔓延。远控排烟防火阀可用手动方式将阀门开启或复位。

（5）板式排烟口

板式排烟口安装在走道的顶板上或墙壁上和防烟室前，也可直接安装在排烟风管的末端，其动作方式与一般排烟阀相同。

（6）多叶排烟口

多叶排烟口是排烟阀和排风口的组合体，一般安装在走道或防烟室前。无窗房间的排烟系统的排烟口安装在防烟室内的侧墙上，其动作方式与一般排烟阀相同。

（7）远控多叶排烟口和远控多叶防火排烟口

远控多叶排烟口和远控多叶防火排烟口的外形相同，区别为远控多叶排烟口无 280℃温度传感器。二者的动作方式与远控排烟阀和远控排烟防火阀相同，安装的位置与多叶排烟口相同。

（8）电动排烟防火阀

电动排烟防火阀不同于一般的排烟防火阀，即切断电源后阀门靠复位弹簧迅速开启，阀门平时处于通电状态。阀门开启后可输出信号，当排烟管道内空气温度达到 280℃时，阀门自动关闭，同时发出关闭信号。阀门可手动复位，也可通电复位。

6．水阀

水阀被用在水系统中起调节水量的作用，有时因有维修设备或对管道清洁的需要而设置。在地铁车站暖通空调系统中，冷冻水、冷却水系统用的截止阀、蝶阀主要起水量调节、管道清洗调节等作用。

7．风口

风口又叫空气分布器，用来向房间送入空气或从房间排出空气。通风管道上设有各种形式的送风口、回风口及排风口，可调节送入或排出的空气量。通风系统风口包括圆形风管插板式送风口、旋转吹风口、单面或双面送吸风口、矩形空气分布器、塑料插板式侧面送风口等。在地铁车站暖通空调系统中常用百叶送风口（单、双、三层等）、圆形或方形散流器、送吸式散流器、流线型散流器、送风孔板及网式回风口等。

8．消声器

用于空调系统的消声器类型很多，根据消声原理的不同可分为阻性、抗性、共振型、复合型、其他类型。

（1）阻性消声器

阻性消声器是利用吸声材料的吸声作用，使沿通道传播的噪声不断被吸收而衰减的装置，故又称吸收式消声器。阻性消声器有以下几种类型。

1）管道式消声器。它是最简单的一种消声器，其管道内壁上贴有一层吸收材料。它的特点是制作方便、阻力小。但是当管道断面面积较大时，将会影响对高频噪声的消声效果。因此，管道式消声器一般只适用于较小的风道（直径不宜大于 300mm）。

2）格式和片式消声器。格式消声器是将管道式消声器中较大截面的风道断面划分成几个格子而成的。片式消声器的片间距一般为 100～200mm，格式消声器的每个通道约为 200mm×200mm，片材厚度根据噪声源的频率特性进行选取，以 100mm 为宜。片式消声器在阻性消声中应用最广。

3）折板式消声器。它是将片式消声器的吸声片变成曲折式而制成的。折板式消声器加大了声波的入射角，并增设了声波在消声器内的反射次数，增加了声波与吸声材料接触的机会，从而提高了中、高频噪声的消声量，但折板式消声器的阻力比片式消声器的阻力大。

4）声流式消声器。为了使消声器既具有良好的消声效果，又具备空气阻力较小的性能，可将消声器吸声片的横截面制成正弦波状或近似正弦波状，这种消声器被称为声流式消声器。

5）室式消声器。它可分为单室式和多室式（又称迷宫式）两种。室式消声器除具有主要的阻性消声外，还因气流通道断面变化而具有一定的抗性消声。它的优点为消声频程较宽、安装维修方便，缺点为阻力大、占用空间大。

（2）抗性消声器

抗性消声器由管道和小室组成，利用管道内截面的突变，使沿管道传播的声波向声源方向反射回去而起到消声作用。为了确保消声效果，抗性消声器的大断面面积与小断面面积之比应大于 5。抗性消声器不但具有良好的低频或中频消声性能，而且适用于高温、高湿或腐蚀性气体等场合，也不需要内衬多孔性吸声材料。但是由于它消声频程较窄、空气阻力大、占用空间多，一般较少采用。

（3）共振型消声器

共振型消声器通过管道开孔与共振腔相连，穿孔板小孔孔颈处的空气柱和空腔内的空气构成了一个共振吸声结构。当外界噪声频率和此共振吸声结构的固有频率相同时，将会引起小孔孔颈处的空气发生强烈共振，空气柱与孔壁之间发生剧烈摩擦而消耗掉声能。共振型消声器具有较强的频率选择性，即有效的频率范围很窄，因此一般用于消除低频噪声。

（4）复合型消声器

复合型消声器将阻性消声器、抗性消声器、共振型消声器的部件组合设计在一个消声器内，因此具有较宽的消声频程，不但克服了阻性消声器低频消声性能较差和抗性消声器高频消声性能不佳的不足，而且克服了共振型消声器有效消声频率范围较窄的缺陷，因此在空调系统的噪声控制中得到了广泛的应用。其中，金属微穿孔板复合型消声器具有消声效果较好、消声频程宽、空气阻力小、自身不起尘等优点，在我国得到了广泛应用。

（5）其他类型消声器

除了所讲的几种消声器，还可利用风管构件作为消声器，它具有节约空间的优点。常用的有消声弯头和消声静压箱。

1）消声弯头。弯头内表面粘贴吸声材料，弯头外缘由穿孔板和吸声材料组成，构造简单、价格便宜、占用空间少、噪声衰减量大。与其他同样长度的消声器比较，消声弯头对低频噪声的消声效果好，阻力小，是降低风机低频噪声的有效措施之一。

2）消声静压箱。在风机出口处设置内壁粘贴吸声材料的静压箱，既可以起到稳定气流的作用，又可以起到消声器的作用。

地铁中常用的消声器主要是复合型消声器、消声弯头、消声静压箱等。消声器按结构方式又可分为金属箱体片式消声器、结构消声器、消声弯头、消声静压箱等。

4.3.4　车站暖通空调系统的运行管理

本节以上海地铁为例介绍车站暖通空调系统运行方式、运行要求、各类设备操作与异常处理、日常运行管理等内容。

车站暖通空调系统的运行方式通常分为正常状态运行和非正常状态运行。正常状态运行可分为通风季节和空调季节两种运行方式，其中空调季节又可根据新风、送风的干湿球温度分为多种运行方式。地面车站和高架车站只设有小系统，因此本节所述的公共区域和区间隧道车站暖通空调系统的运行方式针对的是地下车站。设备及管理用房的环控运行方式与地面车站和高架车站基本相同，除特指外不再加以说明。

1．正常状态运行

（1）公共区域正常状态运行

1）通风季节运行工况。

① 条件。当空气温度小于空调箱送风温度，并且站厅、站台温度小于设计值时，应采用通风季节运行工况。上海地区站厅、站台温度设计值分别为30℃、29℃。

② 启用设备。通风季节各类设备的运行是根据设计工况要求确定的，不同的设计有不同的要求。目前上海地铁启用设备为：屏蔽门式车站暖通空调系统通常启用空调箱、全新风机、回排风机、排热风机、进风混合室、送风混合室、全新风阀、排风阀、回排风阀、空调箱进出风阀等；闭式（开式）车站暖通空调系统通常启用空调箱、全新风机、回排风机、进风混合室、送风混合室、全新风阀、排风阀、回排风阀、空调箱进出风阀等。这些设备组成公共区域站厅、站台的通风系统，进行送风和排风。

③ 各类设备运行要求。各类设备运行要求应根据设计工况、地铁运行时间、当地气候情况等确定。

2）空调季节运行工况。

① 条件。当空气温度大于或等于空调箱回风温度，并且站厅、站台温度大于设计值时，应采用空调季节运行工况；亦可根据季节和气候的变化，以及各车站内的温度、客流、设备状况等，由主管部门统一下达各车站工况转换时间，以达到既满足环境要求又节省能源的目的。

② 启用设备。公共区域启用设备根据设计工况要求确定。屏蔽门式车站暖通空调系统通常启用冷水机组、冷却塔、冷冻水泵、冷却水泵、空调箱、空调新风机、回排风机、排热风机、进风混合室、送风混合室、空调新风阀、回排风阀、排风阀、回风阀、空调箱进

出风阀、风幕机及相关风阀和水阀等。闭式（开式）车站暖通空调系统通常启用冷水机组、冷却塔、冷冻水泵、冷却水泵、空调箱、空调新风机、回排风机、进风混合室、送风混合室、空调新风阀、回排风阀、排风阀、回风阀、空调箱进出风阀、风幕机及相关风阀和水阀等。

③ 各类设备运行要求。各类设备运行要求应根据设计工况、地铁运行时间、当地气候情况等确定。

设备在空调季节运行的时间及要求如表 4-3-1 所示。

表 4-3-1　设备在空调季节运行的时间及要求

设备名称	时间		要求
	6:00	23:30	
冷水机组	视情况而定		按具体情况进行要求
冷却、冷冻水泵	视情况而定		按具体情况进行要求
冷却塔	视情况而定		按具体情况进行要求
空调箱	开	关	按具体情况进行要求
空调新风机	开	关	按具体情况进行要求
回排风机	开	关	按具体情况进行要求
空调箱进出风阀	常开		按具体情况进行要求
回排风阀	开		按具体情况进行要求
空调新风阀	开		按具体情况进行要求
排风阀	开		10%≤开度≤30%
回风阀	开		70%≤开度≤90%

（2）设备及管理用房正常状态运行

1）通风季节运行工况。

① 条件。只有排风系统的设备及管理用房全年采用通风季节运行工况。共用独立的送排风系统的设备及管理用房应采用通风季节运行工况。在上海地区，通常当送风温度小于15℃时，可只开排风机，关闭送风机，也可视设备及管理用房的具体情况，当地气候条件等在满足设备环境质量要求的前提下灵活调整。

② 启用设备。采用 VRV 各类小空调对设备及管理用房进行空气调节，当室内温度小于30℃时，应将 VRV 小空调置于送风模式下运行。有特殊要求的设备及管理用房除外。

③ 各类设备运行要求。有独立送排风系统且采用小空调、VRV 等进行空气调节或采用变风量空调箱进行集中送排风的设备及管理用房，在上海地区，通常当外界温度大于等于15℃或小于30℃时，应采用通风季节运行工况。当送风温度小于15℃时，可只开排风机，关闭送风机；也可视设备及管理用房的具体情况、当地气候条件等在满足设备和人员环境质量要求的前提下灵活调整。有特殊要求的设备及管理用房除外。

2）空调季节运行工况。

① 条件。当室外温度大于等于30℃时，应采用空调季节运行工况。室内温度一般设置为27~28℃，特殊的设备用房根据要求可设置为25~26℃。特殊的设备及管理用房可根据具体要求全年采用空调季节运行工况。

② 启用设备。启用设备为单冷空调机、热泵空调机、VRV、送风机、排风机、风冷热

泵机组、变风量空调箱及各类调节风阀等。

③ 各类设备运行要求。各类设备运行要求应根据设计工况、设备及管理用房需求、当地气候情况等确定。

（3）区间隧道正常状态运行

1）活塞风运行方式。区间隧道正常状态运行利用列车在区间隧道运行所产生的空气前压、后吸活塞效应原理，通过活塞风井吸入和排出空气进行通风。

2）夜间隧道冷却方式。当区间隧道因各种因素（通常是夏季高温情况）而导致区间隧道环境温度过高（高于35℃）时，需要在列车夜间停运后对区间隧道进行机械通风冷却。此时，根据调度指令按夜间隧道冷却方式运行环控设备。

3）各类设备运行要求。各类设备运行要求应根据设计工况、地铁运行时间等确定。

2．非正常状态运行

车站暖通空调系统的非正常状态运行的情况包括列车在区间隧道内阻塞、列车在区间隧道内发生火灾、车站站厅发生火灾、车站站台发生火灾、设备及管理用房发生火灾。当这些情况发生时，要根据相应的情况改变环控设备运行方式，对系统做出相应的调整。当事故排除后，再恢复正常状态运行。

（1）列车在区间隧道内阻塞

当列车因故被阻塞在区间隧道内时，必须向区间隧道内送入新风，沿着列车运行方向进行送排风。车站事故风机操作应听取总调度所环控调度人员的指令，在明确了列车阻塞的位置（上行线或下行线）后，打开阻塞区间前方事故风机、后方事故风机（或推力风机）和相关风阀的开关。后方事故风机给前方阻塞区间隧道送入新风，前方事故风机进行排风。故障排除后，根据指令，恢复原状态运行。这些操作通常由调度人员在中央主机上进行，或根据调度指令在车站控制主机上操作，也可就地操作或在环控电控室操作，就地操作优先。

在执行环调指令的过程中，如果发生设备和执行过程异常，则应立即向调度人员汇报并等候指令。

（2）列车在区间隧道内发生火灾

当列车在区间隧道内发生火灾时，必须向区间隧道内送风并排烟，迎送风方向疏散乘客。车站事故风机操作必须听取总调度所环控调度人员的指令，在明确列车所在的位置（上行线或下行线，近哪个车站）及火灾在列车上的位置后，按照指令关闭相应的活塞风阀、迂回风阀及非火灾区间的机械活塞风阀，打开机械风阀和隔离风阀，开启相应事故风机进行送排风。这些操作通常由调度人员在中央主机上进行，或根据调度指令在车站控制主机上操作，也可在环控电控室操作或就地操作，中央主机操作优先。进行送风或排风的车站由调度人员确定。车站的其他环控设备按相应要求运行。

在执行环调指令的过程中，如果发生设备和执行过程异常，则应立即向调度人员汇报并等候指令。

（3）车站站厅、站台发生火灾

地铁车站站厅、站台由车站两端的通风（空调）系统进行送风和排风（排烟）。送排风原则是使火灾区域的气流为负压。

当站厅发生火灾时，车站暖通空调系统根据相应站厅火灾工况运行。通常开启站厅排风（排烟）防火阀和站台送风防火阀，关闭站厅送风防火阀和站台排风（排烟）防火阀，关闭空调箱回风阀或回风防火阀，打开空调箱排风（排烟）阀，对站厅进行排烟。当火灾排除后，恢复原状态运行。

当站台发生火灾时，车站暖通空调系统根据相应站台火灾工况运行。通常开启站台排风（排烟）防火阀和站厅送风防火阀，若有排热风机，则可同时开启；关闭站厅排风（排烟）防火阀、站台送风防火阀，对站台进行排烟。当火灾排除后，恢复原状态运行。

启用设备：新风机、空调箱、回排风机、排热风机（屏蔽门系统站台发生火灾时）等。

关闭设备：冷水机组、VRV、冷冻水泵、冷却水泵、冷却塔等。

需要说明的是，不同车站由于设计思路的差异和设备的不同，启用和关闭的设备会有所区别。

（4）设备及管理用房发生火灾

当有气体和高压细水雾灭火系统的设备及管理用房发生火灾时，关闭该用房的送风防火阀和排烟防火阀，以及相应送风机、排风机和房门，喷洒灭火气体灭火（在正常情况下气体灭火系统应自动执行，但当自动失灵时，应手动执行）。确认火已经扑灭后，打开送风防火阀和排烟防火阀，先开启排风机排除室内气体，再开启送风机，当气体排除后，恢复原状态运行。

当没有气体和高压细水雾灭火系统的设备及管理用房发生火灾时，打开该用房的排风机或排烟机。当有集中排烟系统时，应关闭非火灾房的排烟防火阀进行集中排烟。有送风机的用房应维持送风状态，当火灾排除后，恢复原状态运行。

需要说明的是，不同车站的设备及管理用房的防火排烟方式是不同的，通常以具体的设计为准。

车站暖通空调系统的控制方式有中央级、车站级和就地级三种，其中就地级具有最优控制权。

中央级控制设在控制中心，通过网络系统与车站级控制相连，具有对全线重要的环控设备进行监测、遥控等功能。车站级控制设在各车站的车站控制室中，具有对本站环控设备进行操作、检测和控制等功能。就地级控制设在各车站的环控电控室中，具有对单台环控设备就地控制的功能，便于各种设备调试、检查、抢修和应急。

思考与练习

一、填空题

1. 车站暖通空调系统采用人工的方法，创造和维持满足一定要求的空气环境，包括空气的_____、_____、流动速度和质量。

2. 随着工程技术和科技手段的不断提高，地铁车站暖通空调系统出现了不同的制式，一般分为开式系统、闭式系统和_____三种。

3. 车站暖通空调系统运行模式有空调运行、全新风运行和_____三种。

4. 典型闭式车站暖通空调系统由车站空调通风系统和_____两个部分组成。

二、单项选择题

1. 地铁列车在区间隧道内发生火灾时，必须对隧道进行（　　）。
   A. 送排风　　　　B. 断电　　　　C. 加水　　　　D. 通电
2. 在执行环调指令的过程中，如果发生问题，则应立即向（　　）汇报。
   A. 调度人员　　　B. 班长　　　　C. 主任　　　　D. 经理

三、多项选择题

1. 消声器按结构方式可分为（　　）等。
   A. 金属箱体片式消声器　　　　B. 结构消声器
   C. 消声弯头　　　　　　　　　D. 消声静压箱
2. 车站暖通空调系统的控制方式包括（　　）三种，即三级控制。
   A. 中央级控制　　　　　　　　B. 车站级控制
   C. 就地级控制　　　　　　　　D. 人工控制
3. 车站暖通空调系统的非正常状态运行的情况包括（　　）。
   A. 列车在区间隧道内阻塞
   B. 列车在区间隧道内发生火灾
   C. 车站站厅、站台发生火灾
   D. 设备及管理用房发生火灾

四、判断题

1. 风亭是地下车站和区间空调通风设备集中对外的通风口，风亭出口的噪声不容忽视。
   （　　）
2. 事故运行指当站台层发生火灾时，关闭站台层送风系统及站厅层回/排风系统，启动全新风机向站厅送风，由站台层回/排风系统将烟雾经风井直接排向地面。（　　）
3. 车站设备及管理用房包括站长室、站务室、车站控制室、公安人员室、站台服务室等房间。（　　）
4. 冷水机组是车站暖通空调系统中的主要设备，它为地铁车站中央空调提供冷源。
   （　　）

五、简答题

1. 简述车站暖通空调系统的主要功能。
2. 简述区间隧道通风系统的三种运行模式。

5

模块

低压配电与照明系统

>>>>>

◎ **内容导读**

低压配电系统由配电变电所、高压配电线路、配电变压器、低压配电线路及相应的控制保护设备组成，为站台、站厅和设备及管理用房的环控排水、消防电梯、自动扶梯、自动售检票、通信、信号等系统设备供配电，并对车站环控室内供配电设备进行控制。照明系统为地铁站台、站厅和设备及管理用房提供照明服务，在其设计原则下，照明系统拥有不同的配电方式和控制方式。

◎ **学习目标**

知识目标

1. 了解低压配电系统的构成。
2. 掌握低压配电设备知识。
3. 了解地铁照明系统知识。

能力目标

1. 能够对照明系统进行分类。
2. 能够对低压配电与照明系统进行日常维护。

素养目标

1. 树立安全意识、规范意识，严格按照规程维护低压配电与照明系统。
2. 传承和发扬一丝不苟、精益求精、追求卓越的工匠精神。

◎ **建议学时**

6 学时

5.1

低压配电与照明系统概述

学习目标

1. 熟知城市轨道交通供电系统的组成部分。
2. 熟知城市轨道交通供电系统各个组成部分的功能。
3. 掌握低压配电与照明系统遵循的原则。

微课：低压配电与照明
系统概述

5.1.1 城市轨道交通供电系统的组成

城市轨道交通供电系统作为城市电网的一个重要用户，主要有外部供电系统、牵引供电系统和动力照明系统三大组成部分。

城市轨道交通供电系统是由发电厂引出，经过高压输电网传输、主变电所降压、配电网络和牵引变电所降压、换流等环节，向在城市轨道快速交通线路上运行的动车组输送电力的全部供电系统。当下我国城市轨道交通用得最普遍的输电电压等级为110～220kV，从长远的角度来看，未来输电电压会进一步提高，目的是进一步降低输电损失。城市轨道交通供电系统组成如图5-1-1所示。

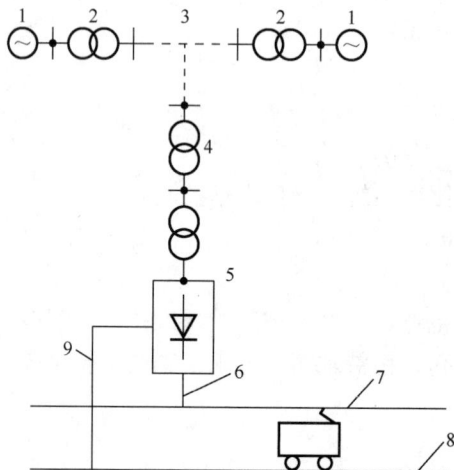

1—发电厂（站）；2—升压变压器；3—电力网；4—主变电所；
5—直流牵引变电所；6—馈电线；7—接触网；8—走形轨道；9—回流线。

图5-1-1 城市轨道交通供电系统组成

通常高压输电线到了各城市或工业区以后，先通过区域变电所（站）将电能转配或降低一个等级，如10～35kV，再向附近各用电中心送电。城市轨道交通牵引用电既可从区域变电所高压线路得电，也可从下一级电压的城市地方电网得电，这取决于系统和城市地方电网的具体情况及牵引用电容量大小。供变电系统结构如图 5-1-2 所示。

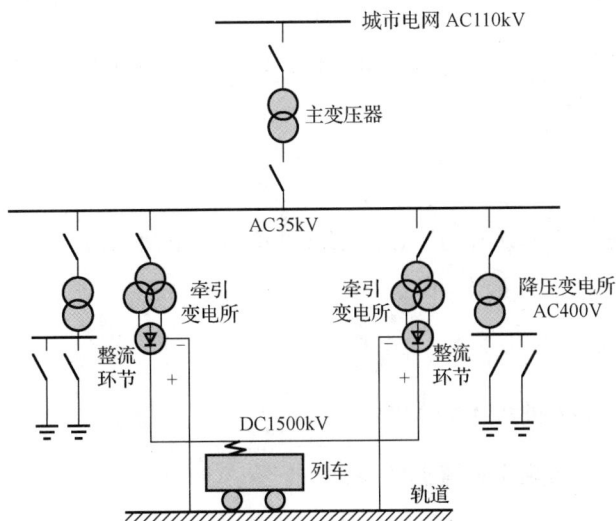

图 5-1-2 供变电系统结构

1. 发电厂（站）

发电厂（站）是城市电网发出的电能的中心。

2. 升压变压器

发电厂的发电机发出的电能，要先经过升压变压器升高电压，升压的目的是降低电能在长距离输送过程中的损耗。

3. 电力网

电力网将高压电流通过三相传输线输送到主变电所或区域变电所。

4. 主变电所

主变电所将来自城市电网的高压交流电降压，使其转变为城市轨道交通系统的中压交流电。从发电厂经升压、高压输电网、区域变电所至主变电所的部分被称为城市轨道交通供电系统的外部供电系统。

5. 直流牵引变电所

直流牵引变电所将中压交流电整流为城市轨道交通系统规定的直流电，目前大多数城市轨道交通采用 1500V 或 750V 直流供电。采用直流供电的主要原因有两个：一是直流供电电压相对稳定；二是城市轨道交通列车牵引重量普遍较低，不需要过高的电压。

6. 馈电线

馈电线将直流牵引变电所的直流电输送到接触网上。

7．接触网

接触网沿车辆走行轨道架设特殊供电线路，轨道车辆通过受流器与接触网直接接触获得电能。

8．走行轨道

走行轨道是供电动列车行驶的轨道，它既是牵引供电回路的一部分，又是行车信号电路的一部分。

9．回流线

回流线将轨道回流送回到直流牵引变电所。

5.1.2　低压配电与照明系统遵循的原则

低压配电与照明系统在城市轨道交通中占据举足轻重的地位，它的可靠性和安全性决定了通信、信号、设备监控、自动售检票、防灾报警及消防等系统的运行质量。在非正常工况状态下，它是城市轨道交通正常运营不可缺少的重要保障。

低压配电系统主要为车站内的机电设备设施和照明系统提供电力供应和安全保障，同时具备一定的电力监控功能，并且遵循安全性、可靠性、合理性的原则。

（1）安全性

安全性指能够尽量防止人身触电，保证设备的正常运行，当发生火灾时保证供电的正常进行。

（2）可靠性

可靠性指保证城市轨道交通运营时的持续不间断供电，保证运营高峰时的用电负荷容量（开关/线缆/变压器），保证良好的电力质量，保证过电流、过电压的继电保护，保证恶劣气候下的可靠运行。

（3）合理性

合理性指保证重点负荷的供电，经济运行，节约用电。

地铁车站设备房间照明采用就地控制，公共区照明采用交叉配电、分组控制。常规控制方式是，在车站人流高峰时段，工作照明和节电照明全部打开，保证照度；在人流低谷时段，仅打开工作照明或节电照明，节约电能；当发生火灾时，关闭相应区域的工作照明、节电照明及导向照明、广告照明。

> **知识拓展**
>
> 城市轨道交通第三轨一般采用的供电制式为直流 750V。架空式接触网一般采用的供电制式为直流 1500V。

5.2

低压配电系统

学习目标

1. 熟知低压配电系统的构成及分布。
2. 熟知低压配电系统负荷的分类。
3. 了解低压配电系统设备的控制。

微课：低压配电系统

5.2.1　低压配电系统的构成及分布

1. 低压配电系统的构成

传统上将电力系统划分为发电、输电和配电三大组成系统。发电系统发出的电能经输电系统的输送，由配电系统分配给各个用户。一般地，在电力系统中从降压配电变电所（高压配电变电所）出口到用户端的这一段系统被称为配电系统。配电系统是由多种配电设备（或元件）和配电设施所组成的变换电压和直接向终端用户分配电能的电力网络系统。

低压配电系统主要由低压开关柜、低压电缆线路、设备配电箱构成。变电所内设有低压开关柜，各级设备的负荷电源都从低压开关柜接引，通过低压电缆线路向各个用电设备配电。

低压开关柜的额定电流是交流 50Hz，以额定电压为 380V 的配电系统作为动力、照明、配电的电能转换及控制之用。该产品具有分断能力强，动热稳定性好，电气方案灵活，组合方便，系列性、实用性强，结构新颖等特点。

低压电缆线路是采用电缆的低压线路。低压线路是指额定电压为 1kV 及以下的电力线路，包括低压架空线路、低压架空绝缘线路、低压电缆线路和室内配电线路。低压电缆线路用于直接向低压用电设备输送电能，是低压配电系统的重要组成部分。低压电缆线路可以从公用低压配电网接入，通过低压配电室引出；也可以由用户自备的变配电室的低压配电装置引出。

设备配电箱是电气装备，具有体积小、安装简便、技术性能特殊、位置固定、配置功能独特、不受场地限制、应用比较普遍、操作稳定可靠、空间利用率高、占地少且具有环保效应的特点。

2. 低压配电系统的分布

1）变电所低压室、低压配电室各一座，分别布置在站台层两端，各负责半个车站及区间的负荷。

2）环控电控室两座，分别布置在站厅层两端，各负责半个车站的环控负荷。

3）照明配电室四座，分别布置在站台和站厅层两端。

4）蓄电池室两座，分别布置在站台层两端。

5.2.2 低压配电系统负荷的分类

1. 按用途分类

低压配电系统负荷按用途分为动力负荷和照明负荷两大类。

动力负荷主要有通信设备、防灾报警设备、信号设备、自动票务屏蔽门、风机、空调器、气体灭火设备、电梯、污水泵、车站 BAS、自动扶梯检修插座、冷冻机组、空调水泵、冷却塔、插座清扫等。

照明负荷主要有站厅站台照明、附属房间照明、广告照明、应急照明、地下区间照明，照明配电箱集中设置。其中，地下站厅站台照明、应急照明、地下区间照明为一级负荷；地上站厅站台照明、附属房间照明为二级负荷；广告照明为三级负荷。

2. 按供电重要程度分类

低压配电系统负荷按供电重要程度分为一级负荷、二级负荷、三级负荷三大类。

一级负荷主要有消防设备、通信设备、信号设备、自动售检票设备、事故风机、排风机、排烟机、废水泵、屏蔽门等。一级负荷极为重要，一旦停电，将可能引发运营的延误或者乘客疏散的困难，导致较大伤亡事故。因此一般采用两路独立电源供给，并配有备用不间断电源。供电技术要求：从变电所的两段母线上分别引出互为备用的两路独立电源，末段切换，保障供电的可靠性。事故及疏散照明另增设蓄电池装置作为备用电源，容量应满足 90min 的供电要求。

二级负荷主要有一般风机、自动扶梯、电梯、污水泵等。二级负荷较为重要，一旦停电，将可能引发运营的延误或者乘客疏散的困难，导致一定程度的伤亡事故发生，一般采用两路独立电源供给。供电技术要求：从一、二级负荷母线馈出单回路电源至设备。

三级负荷主要有空调机、冷水机组、清扫和检修等设备。三级负荷相对重要性较低，停电会导致乘客舒适度下降，但一般不会导致伤亡事件的发生。供电技术要求：从一、二级负荷母线馈出单回路电源至设备，但当一、二级负荷母线的两段母线其中一段供电发生故障时，应予以切除。

在正常情况下，变电所同时向各个负荷供电，若供电系统发生故障或者出现事故，则断开二、三级负荷，优先向一级负荷供电，最大限度地保证城市轨道交通的运营安全。

5.2.3 低压配电系统设备的供电方式

低压配电系统所供配电设备可分为车站降压变电所直接供配电设备和环控电控室供配电设备。环控电控室一般设置在空调通风机房、车站一端或两端。不同负荷、不同供电系统的设备的供电方式各有不同。

1．一级负荷

针对一级负荷，如通信系统、信号系统、站控室等，系统由降压变电所低压室 Ⅰ、Ⅱ 段母线（即两路引自变电器电源）各引一路电源到设备附近，在设备末端设双电源自动切换箱（相对集中的小容量一级负荷为节省投资而共用一个双电源自动切换箱就近配电，即树干式布线）。

2．二级负荷

针对二级负荷，如自动扶梯、排污泵等，系统由降压变电所低压室 Ⅰ 或 Ⅱ 段母线引一路电源，当其中一路母线发生故障时，将母联开关投入使用，由另一路母线供电。当电网只有一路电源时，允许将二级负荷设备从电网中切除（人工切除）。

3．三级负荷

针对三级负荷，如冷水机组、空调机等，系统由降压变电所低压室三级负荷总开关引来一路单电源。当一路总进线电源发生故障时，自动被切除，人工复位。在火灾情况下，FAS 直接切断三级负荷总电源。

5.2.4　低压配电系统设备的控制

1．就地控制

就地控制指在设备附近对其进行控制，是一种直接控制的方式。例如，自动扶梯一般采用就地控制，只有在事故状态下才会采用综控室联动控制，紧急停止自动扶梯。

2．综合控制

综合控制指在车站综控室由车站 BAS 实现对风机、空调、水泵等设备的控制与监视，并将采集的信息送至中央控制室。

除就地控制和综合控制两种控制方式外，环控电控室的环控设备（如风机）还存在环控电控室控制方式，即在环控电控室内可对各环控设备进行控制，以保证整体运行。

5.3

低压配电设备

学习目标

1．熟知低压配电设备的名称。
2．熟知低压配电设备的特点与作用。
3．熟知低压配电设备的工作原理与适用范围。

微课：低压配电设备简介

5.3.1　低压开关柜

1．低压开关柜的定义

低压开关柜是指一个或多个低压开关设备和与之相关的控制、测量、信号、保护、调节设备等，由制造厂家负责完成所有内部的电气和机械的连接，使结构部件完整地组装在一起的一种组合体。它可以将低压电力安全、可靠、合理地配置给各个用电负荷。低压开关柜如图 5-3-1 所示。

图 5-3-1　低压开关柜

2．低压开关柜的特点

1）结构紧凑、易于维护。
2）预防/避免事故发生。
3）减少设备维护和检修时间。
4）实现数据资源共享。
5）智能化。

3．低压开关柜的分类

母联柜：分配母线之间的电能，使其进行传递。
馈线柜：分配电能。
进线柜：接收电能并传递给水平母线。
电机控制柜：控制风机、风阀等机电设备。
电容补偿柜：进行无功补偿，提高功率因数。

4．低压开关柜的主要组成部分

从结构上划分，低压开关柜由柜体、母线、功能单元三大部分组成。

柜体：低压开关柜的外壳骨架及内部的安装、支撑件。

母线：一种可与几条电路分别连接的低阻抗导体。

功能单元：完成同一功能的所有电气设备和机械部件（包括进线单元和出线单元）。

低压开关柜结构图如图 5-3-2 所示。

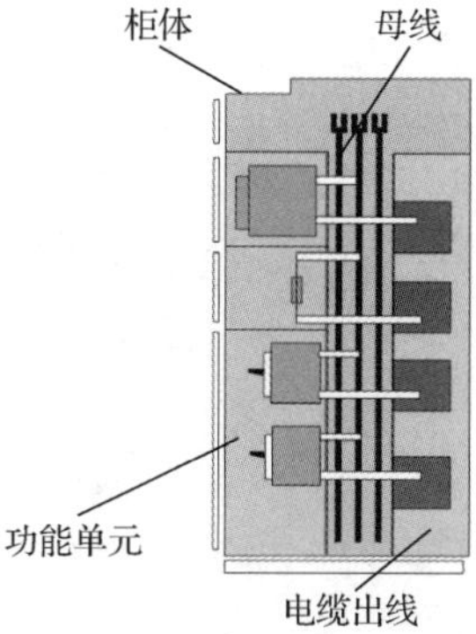

图 5-3-2　低压开关柜结构图

目前城市轨道交通领域使用的低压开关柜具备过载保护、缺相保护、堵转保护、漏电保护、短路保护（延时、瞬动）、欠压保护等功能。

5.3.2　电缆、电线

1. 电缆、电线的区别

电缆应用于由低压开关柜馈出至配电箱、双电源箱、控制柜回路的连接，以及配电箱馈出至设备的连接，绝缘电压等级为 1000V。电缆如图 5-3-3 所示。

电线应用于照明设备的连接、配电箱的出线，绝缘电压等级为 500V。电线如图 5-3-4 所示。

图 5-3-3　电缆

图 5-3-4　电线

2. 电缆、电线的应用

低烟低卤耐火型电缆或电线应用于 FAS、车站 BAS、隧道风机、回风/排烟风机、风阀、组合空调箱、防火阀、电梯等的火灾工况下。其余阻燃低烟无卤型电缆或电线应用于有人值守场所，以保障人身安全。

5.3.3 低压配电其他相关设备

1. 环控设备就地控制箱

环控设备就地控制箱安装于车站各环控设备附近，便于在维修调试各环控设备时进行就地控制操作。环控设备就地控制箱如图 5-3-5 所示。

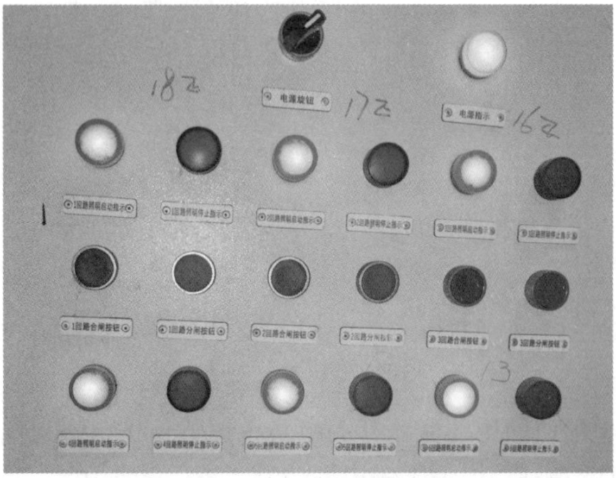

图 5-3-5 环控设备就地控制箱

2. 防淹门控制柜

防淹门控制柜安装于过江隧道两端防淹门控制室及车站站控室，用于防淹门的操作控制。防淹门控制柜如图 5-3-6 所示。

图 5-3-6 防淹门控制柜

3. 雨水泵控制柜

雨水泵控制柜安装于地下隧道入口处的雨水泵控制室内，用于地下隧道入口处雨水泵的运行控制。雨水泵控制柜如图 5-3-7 所示。

图 5-3-7　雨水泵控制柜

4. 废水泵、污水泵、集水泵控制箱

废水泵、污水泵、集水泵控制箱安装于车站废水泵、污水泵、集水泵用电设备附近，用于废水泵、污水泵、集水泵的运行控制。废水泵如图 5-3-8 所示，污水泵如图 5-3-9 所示，集水泵控制箱如图 5-3-10 所示。

5. 区间隧道维修电源箱

区间隧道维修电源箱安装于正线区间隧道内，约 80m 设一台，提供区间隧道内设备维修作业时所需要的电源。区间隧道维修电源箱如图 5-3-11 所示。

图 5-3-8　废水泵

图 5-3-9　污水泵

图 5-3-10　集水泵控制箱

图 5-3-11　区间隧道维修电源箱

6. 电源配电箱、电源切换箱

电源配电箱、电源切换箱安装于车站各动力用电设备（如自动扶梯、水泵、信号设备、通信设备、自动售检票设备）附近，提供设备所需电源。电源配电箱如图 5-3-12 所示，电源切换箱如图 5-3-13 所示。

图 5-3-12　电源配电箱

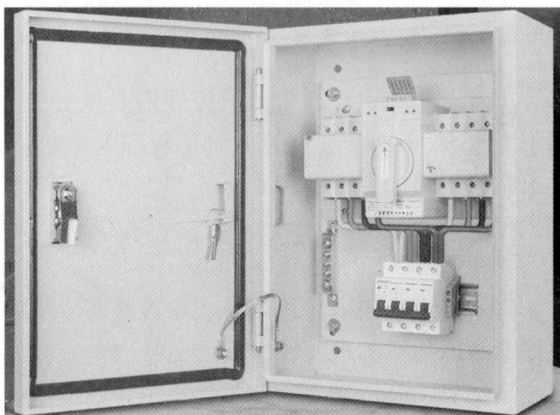

图 5-3-13　电源切换箱

7. 防火阀电源配电箱

防火阀电源配电箱安装于车站防火阀相对集中处附近，提供给防火阀关闭电磁阀动作所需电源。防火阀电源配电箱如图 5-3-14 所示。

图 5-3-14 防火阀电源配电箱

8.自动扶梯急停按钮

自动扶梯急停按钮安装于车站控制室内,当发生紧急情况时可对自动扶梯进行应急停机控制。自动扶梯急停按钮如图 5-3-15 所示。

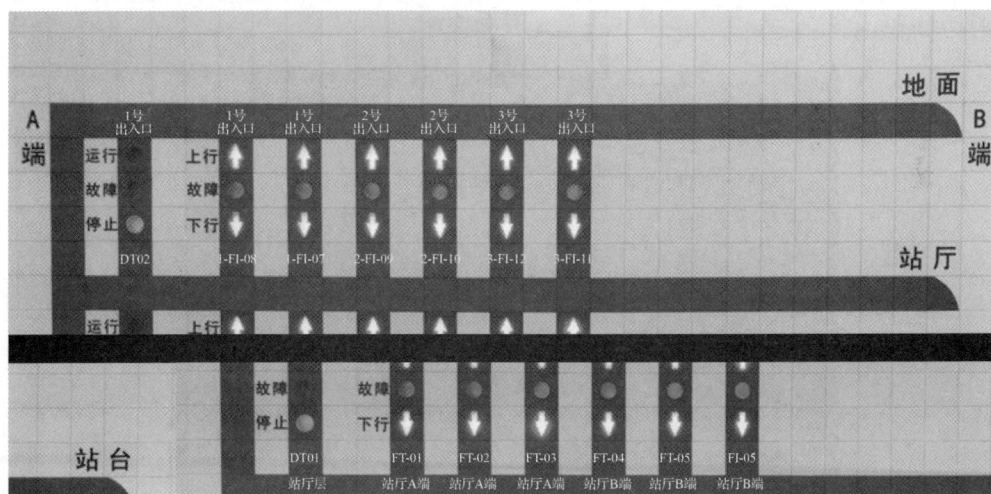

图 5-3-15 自动扶梯急停按钮

9.车站照明灯具

车站照明灯具包括白炽灯、荧光灯、灯架等,安装于车站各照明场所,用于照明、疏散指示。车站照明灯具如图 5-3-16 所示。

图 5-3-16　车站照明灯具

10. 区间照明灯具

区间照明灯具分为工作照明灯具和应急照明灯具。照明灯具布置在行车方向的左侧上部墙壁上，每隔 5～6m 布置一盏照明灯具，工作照明灯具和应急照明灯具相间布置。区间照明灯具如图 5-3-17 所示。

图 5-3-17　区间照明灯具

11. 灯塔

灯塔安装于车辆段内，用于车辆段内空旷区域的照明。灯塔如图 5-3-18 所示。

12．照明控制就地开关盒

照明控制就地开关盒安装于各设备及管理用房门口处，用于各设备及管理用房的一般照明就地控制。照明控制就地开关盒如图 5-3-19 所示。

图 5-3-18　灯塔

图 5-3-19　照明控制就地开关盒

13．照明配电箱、照明控制盘

照明配电箱、照明控制盘安装于各车站照明配电室、站控室和各部分设备房，用于集中控制相应场所的一般照明、节电照明、事故照明及广告照明，实现照明配电室集中控制和站控室集中控制操作。照明配电箱如图 5-3-20 所示，照明控制盘如图 5-3-21 所示。

图 5-3-20　照明配电箱

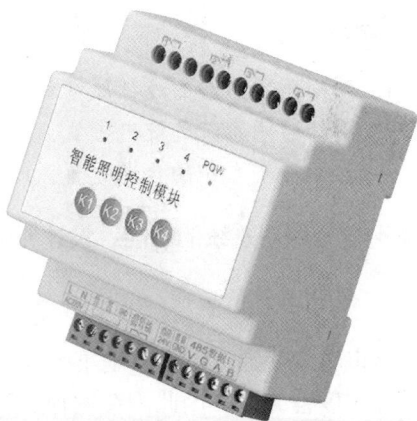

图 5-3-21　照明控制盘

14．事故照明电源装置

事故照明电源装置包括充电柜、交直流电源切换柜和蓄电池，安装于车站站台蓄电池室，实现蓄电池充电和事故照明电源交直流切换，为车站提供事故状态下的应急照明电源。事故照明电源装置如图 5-3-22 所示。

图 5-3-22　事故照明电源装置

5.4

照　明　系　统

微课：地铁照明系统

学习目标

1. 熟知照明系统的设计原则和要求。
2. 熟知照明系统的配电方式。
3. 熟知照明系统的合理设置。

5.4.1　照明系统的功能、设计原则和要求

1. 照明系统的功能

城市轨道交通车站中的地下光环境较为特别，主要表现在长期没有自然光，导致车站内外光照度差异大。因此，在进行照明设计时，地下照明须经过细致的设计，以保证乘客的舒适性和环境的明亮性。同时，照明系统应能够辅助乘客更好地完成乘车等活动，并能够保证在特殊、危险时刻的疏散活动。另外，城市轨道交通日益成为人们文化生活的一部分，车站的功能不单是输送乘客，故不同地区的车站照明系统须具备一定的艺术感染力和文化性。

总之，城市轨道交通照明系统在车站中起着至关重要的作用。

2. 照明系统的设计原则和要求

（1）照明系统的设计原则

鉴于对城市轨道交通照明系统的多方要求，在设计的过程中须遵循以下基本原则。

1）避免使出入地铁的人员感受到过大的亮度差别。

2）保障停留在地铁内人员的安全和舒适。

3）光源的光色和灯具的安装位置不能与信号图像混淆。

（2）照明系统的设计要求

1）照明方式。按照工作环境要求、照度、显色性、配光及布置方法等因素选择照明方式。

2）照明光源。按照发光的机理等因素选择照明光源。

3）照度标准。根据各类建筑的不同活动或作业类别，将照度标准规定为高、中、低三个值。设计人员应根据建筑等级、功能要求和使用条件，从中选取适当的标准值，一般应取中间值。城市轨道交通车站照度标准如表 5-4-1 所示。

表 5-4-1　城市轨道交通车站照度标准

位置	照度/lx	度量位置
车站控制室	300～500	工作面
出入口（有篷）	300	地面
站长室	300	桌面
客务中心	300	桌面
公安值班室	300	桌面
装置及设备室	300	桌面
会议室	300	桌面
站台值勤室	300	桌面

4）光源选择。城市轨道交通的车站照明以荧光灯为主，事故照明采用白炽灯，区间照明及站台下、折返线检查坑内、车辆段检查坑内的安全照明采用白炽灯。

5）灯具布置。灯具布置要求：照度充足均匀，维修方便、安全，灯泡安装容量小，布置整齐美观，与建筑空间相协调，光线射向适当、无眩光、无阴影。

实例分析

香港地铁在列车车厢内试用新的环保照明系统，该环保照明系统利用半导体和LED来发光。半导体较目前使用的光管耐用 10 倍，同时可以减少废物和更换成本，加上半导体发光时，所输出的热量较光管低，可减少空调的用电量，预计可以减省三成的耗电量。LED 一般有 10 年寿命，较传统家用光管耐用 6 倍，LED 亦较一般家用光管节省三成电力。另外，由于 LED 为冷光源，热量较低，可减少车厢空调的用电量。香港地铁照明如图 5-4-1 所示。

图 5-4-1　香港地铁照明

5.4.2　照明系统的分类

一般来说，城市轨道交通车站照明系统采用 380V 三相五线制、220V 单相三线制方式供电。

1. 按照照明位置分类

按照照明位置，可将照明系统分为以下四大部分。

1）站台、站厅公共区的一般照明、节电照明、事故照明、广告照明。

2）出入口的一般照明、事故照明、广告照明。

3）设备及管理用房的一般照明、事故照明、出入口的疏散诱导指示照明。

4）电缆廊道的一般照明及区间隧道的一般照明、事故照明。

2. 按照照明属性分类

按照照明属性，可将照明系统分为节电照明、标志照明、出入口照明、站台站厅照明、广告照明、事故照明、疏散诱导指示照明等。

不同属性的照明分别在不同的领域发挥各自的作用。例如，标志照明能保证乘客更清晰快速地获取标志信息。

3. 按照重要性分类

按照重要性，可将照明系统分为三个等级，此三个等级的分类与动力设备负荷分类一致。

一级负荷：节电照明、事故照明、疏散诱导指示照明、公共区工作照明。

二级负荷：设备区域一般照明、各类指示牌照明。

三级负荷：广告照明。

一般照明是城市轨道交通车站地道、站厅、站台内设置灯具最多的一种照明。这种照明用来保证乘客在城市轨道交通车站能安全地候车和上下车。

5.4.3　照明系统的配电方式

1．站台、站厅等一般照明的配电方式

在一般情况下，车站站台、站厅的两端各设置一个照明配电室，室内集中安装各类照明配电控制箱。站台两端各设置一个事故照明装置室。

一般照明、节电照明、设备及管理用房照明的电源，分别在降压变电所的低压开关柜两段母线上馈出一路电源，与照明配电室的两个配电箱连接，以交叉供电的方式向站台、站厅、设备及管理用房供电。

2．事故照明的配电方式

事故照明作为车站发生突发状况时的"救命灯"，保证其正常的供电尤为重要。事故照明的具体配电方式如下。

事故照明一般采用交流双电源互为备用供电，一路失电，另一路自投。当两路电源均失电后，事故照明由车站两端设备的事故照明电源装置（蓄电池）供电。电源装置由蓄电池组、充电器和逆变器组成。具体原理为：当失去交流电后，蓄电池提供 220V 直流电，经过逆变器将直流电逆变为交流电输出，一般可持续 1h 供电；当电源恢复后，又自动切换回交流 380V 供电，并利用整流器将交流电转变为直流电给蓄电池充电，保证蓄电池持续带电。

同样，疏散诱导指示照明由事故配电箱分配给单独同路供电，如此设计可保证事故照明不受到其他照明负荷的干扰，在事故发生时仍然可以正常使用。

事故照明配电方式图如图 5-4-2 所示。

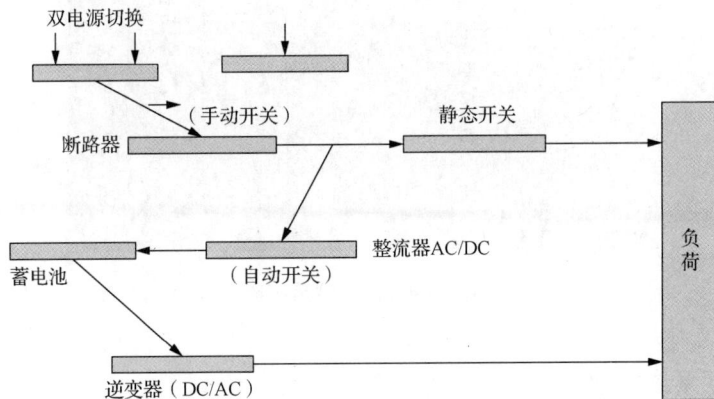

图 5-4-2　事故照明配电方式图

3．广告照明的配电方式

广告照明分布于站台、站厅公共区，采用日光灯灯箱的形式进行照明。广告照明的配电一般由照明配电室配电箱统一分配供给，而在某些地铁车站，三级负荷的广告照明的供电电源与其他照明的供电电源是分开的。广告照明如图 5-4-3 所示。

图 5-4-3　广告照明

4．区间隧道照明的配电方式

一般区间隧道照明由设在站台两端隧道入口处的一般照明配电箱配出，安装在两侧壁。每隔 20m 设置一个 70W 高压钠灯进行疏散照明，每隔 20m 设置一个 36W 荧光灯进行指示照明，出口指示牌照明每隔 50m 设置一个。区间隧道照明如图 5-4-4 所示。

图 5-4-4　区间隧道照明

5.4.4　照明系统的控制

车站照明系统的三级控制为就地控制、照明配电室集中控制和站控室集中控制。

1．就地控制

各设备及管理用房进门处设有就地开关箱或盒，可控制相应设备及管理用房的一般照明。区间隧道一般照明受设于区间隧道两端入口处的一般照明配电箱控制。照明配电箱内部示意图如图 5-4-5 所示。

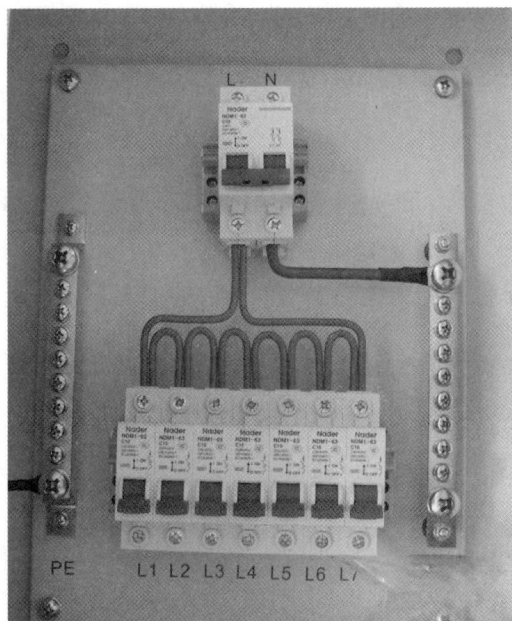

图 5-4-5　照明配电箱内部示意图

2．照明配电室集中控制

照明配电室内设有相应照明场所的照明配电箱，可在室内集中控制相应场所的一般照明、节电照明、事故照明及广告照明。

在正常情况下，照明配电箱的开关应全部合上，以便通过就地控制和站控室集中控制两种方式控制相应场所照明。

3．站控室集中控制

站控室内设有照明控制柜，通过操作柜面上的转换开关和按钮，可以实现对站台和站厅公共区的一般照明、广告照明的手动控制和自动控制转换（手动控制通过照明控制柜上的按钮或照明配电室内照明配电箱上的按钮进行开/关控制，自动控制通过机电设备监控系统实现开/关控制）。通过 BAS 可以监控站台、站厅公共区的一般照明和广告照明的工作状态（手动/停/自动）。此外，根据需要，事故照明可通过蓄电池室内的交（直）流切换柜进行控制。

站控室具备查询功能：可按站台、车次等查询照明工作情况，按通道、终端查询设备参数情况。

站控室具备检错功能：线路、接口设备、终端逻辑控制编/译码器故障均能自动显示在监视器上，可对操作人员的错误操作进行汉字提示及操作指导。

站控室具备直接发送功能：可直接向任一控制终端发送干预信息。

5.4.5　照明系统的合理设置

照明系统是城市轨道交通重要的耗能设备，在保证正常生产运营的前提下，必须合理设置照明系统，以节约能源。

1．光通量和照度

照明系统有两个基本参数，即光通量和照度。

（1）光通量

光通量是指光源在单位时间内向周围空间辐射的使人眼产生光感的辐射能，单位是流明（lm）。

（2）照度

照度是指受照物体单位面积上接受的光通量，单位是勒克斯（lx）。对于不同的工作场合，根据工作特点和保护视力的要求，国家有关标准规定了必要的最低照度值。

2．电光源

（1）电光源的种类

常用的电光源按发光原理不同可分为热辐射光源、气体放电光源和场致发光光源等。

1）热辐射光源。热辐射光源是电流流经导电物体，使之在高温下辐射光能的光源，如白炽灯和卤钨灯。

2）气体放电光源。气体放电光源是让电流流经气体或金属蒸气（如汞蒸气），使之放电而发光的光源，如荧光灯、高压汞灯、高压钠灯、金属卤化物灯及氙灯等。

3）场致发光光源。场致发光光源是把发光体（如荧光粉、砷化镓等）置于光源的电极间，对电极施加电压，由产生的电场激励发光体发光的光源，如交流场致发光光源和 LED 灯等。

（2）电光源的选择

在实际应用中，要根据照明场所的不同选择合适的电光源。

1）白炽灯。白炽灯是最早出现的光源，即第一代光源。白炽灯的发光原理是将灯丝加热到白炽的程度，利用热辐射发出可见光。白炽灯具有显色性好、结构简单、使用灵活、能瞬时点燃、无频闪现象、可调光、可在任意位置点燃、价格便宜等优点。白炽灯如图 5-4-6 所示。

2）卤钨灯。卤钨灯是一种热辐射光源。灯管多采用石英玻璃，灯头一般由陶瓷制成，灯丝常做成螺旋形或直线状，灯管内充入适量的氩气和微量卤素（碘或溴）。因此，常用的卤钨灯有碘钨灯或溴钨灯。卤钨灯的发光原理与白炽灯相同，但比普通白炽灯光效高、寿命长、光通量更稳定、光色更好。卤钨灯如图 5-4-7 所示。

图 5-4-6　白炽灯　　　　　　　　　　　　图 5-4-7　卤钨灯

3）荧光灯。荧光灯是一种低压汞蒸气放电灯，具有表面亮度低、表面温度低、光效高、寿命长、显色性好、光通量分布均匀等优点，被广泛用于需要精细作业及对照度要求高的场所。荧光灯如图 5-4-8 所示。

图 5-4-8　荧光灯

4）高压汞灯。高压汞灯的发光原理和荧光灯一样，只是在构造上增加了一个内管，它是一种功率大、发光率高的光源，常用于空间高大的建筑物。高压汞灯如图 5-4-9 所示。

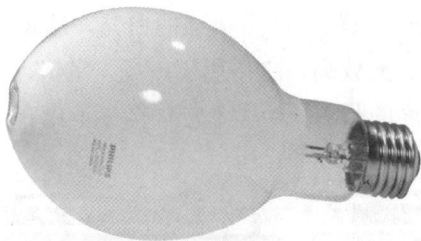

图 5-4-9　高压汞灯

5）高压钠灯。高压钠灯是利用高压钠蒸气放电来工作的，具有光效高、紫外线辐射小、透雾性能好、光通量维持性好、可在任意位置点燃、耐震等优点，但其显色性较差。高压钠灯如图 5-4-10 所示。

图 5-4-10　高压钠灯

6）金属卤化物灯。金属卤化物灯与高压汞灯类似，但其放电管中除充有汞和氢气外，还补充了发光的金属卤化物（以碘化物为主），其发光效率高，显色性好，但平均寿命短。金属卤化物灯如图 5-4-11 所示。

图 5-4-11　金属卤化物灯

7）氙灯。氙灯利用高压氙气放电产生很强的白光，这种白光和太阳光十分相似，因此，氙灯显色性好、功率大、光效高，主要用于广场、港口、机场、发电站、体育场、大型建筑工地等大面积、高亮度的照明场所。氙灯如图 5-4-12 所示。

图 5-4-12　氙灯

8）LED 灯。LED 灯利用发光二极管作为光源，具有发光效率高、光线不含红外线和紫外线、无辐射、可靠耐用、维护费用少等优点，将是未来室内照明的主流产品。LED 灯如图 5-4-13 所示。

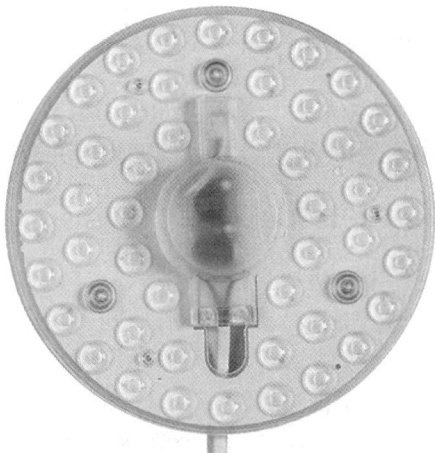

图 5-4-13　LED 灯

3．灯具

灯具是指能透光、分配和改变光源光分布的器具，包括除光源外所有用于固定和保护光源的零部件，以及与电源连接所必需的线路附件。

5.5

低压配电与照明系统的维护

学习目标

1．熟知低压配电与照明系统的维护原则与巡视方式。
2．熟知低压配电与照明系统的日常巡视项目。
3．熟知低压配电与照明系统的计划检修项目。

微课：低压配电与照明系统日常维护

5.5.1　低压配电与照明系统的维护原则

当发现设备出现故障时，为了不造成更大范围的影响，工作人员应依照"先通后复"的原则及相关规则暂做技术处理，并按程序报专业维修人员进行维修。当发生严重漏水等事故时，工作人员要立刻暂停自动扶梯等设备的运行，以防止设备漏电对乘客造成伤害。当无法确定设备是否搭铁或者带电时，切忌轻易接触设备，应做好安全防护工作，在确保设备搭铁后再进行操作。

5.5.2　低压配电与照明系统的巡视方式

低压配电与照明系统的巡视方式有"望、闻、问、切、嗅"。作为站务人员，在日常工作中应多留心设备的运行情况，多"望"以找到故障点，并及时通知维修人员。

5.5.3　低压配电与照明系统的日常巡视项目

1）巡视设备外观是否有污染或机械损伤。

2）巡视设备运行状态，即"听""看""嗅"，查抄电压电流表，观察有无故障报警指示。

3）检测设备运行温度和设备房温度。

4）巡视线路外观是否有污染或机械损伤，检测外皮的温度、电缆及电线是否有过载老化现象、接头的温度。

5）巡视灯具（包括防护外壳、光源）。如果发现灯具灯头两端变黑，则须进行更换。

6）建立设备巡视记录，记录、对比、分析每次的检查数据。

5.5.4　低压配电与照明系统的计划检修项目

购置低压配电与照明设备后应对其检修做好计划，并按照计划进行检修。计划检修项目如下。

1）定期做好设备的清洁，给设备刷防护漆，对配电房进行清洁。

2）定期更换易损元器件。

3）检查接头温度是否正常、接线是否松动、连接件是否紧固。

4）检查开关元器件的机械动作是否正常。

5）检查各电气接口，进行电交接试验，并进行接口联动测试。

6）检查设备线路的绝缘情况，严查漏电现象。

7）进行备用设备的检测，如果发现设备损坏，则应立即更换。

8）定期对蓄电池进行充放电维护，检测蓄电池的溶液位置。如果发现溶液容量不达标，则应立即更换蓄电池。

9）测量设备的三相电流、电压和相序（维修后须检测）。

知识拓展　触电急救

脱离低压电源的方法有拉闸断电、切断电源线、用绝缘物品脱离电源。

脱离高压电源的方法有拉闸停电、短路法。

作为城市轨道交通工作人员，当发生与电相关的突发事故时，切记要保持冷静，首先应用相关的劳保用具尽快使伤者脱离电源，然后根据触电人的具体情况采取相应的急救措施，保证乘客及自身的生命安全。

思考与练习

一、填空题

1. 城市轨道交通供电系统作为城市电网的一个重要用户，主要有外部供电系统、牵引供电系统和_____三大组成部分。

2. 传统上将电力系统划分为发电、输电和_____三大组成系统。

3. 从结构上划分，低压开关柜由柜体、母线、_____三大部分组成。

二、单项选择题

1. （　　）将低压电力安全、可靠、合理地配置给各个用电负荷。

    A．控制柜　　　　　B．配电箱　　　　　C．电缆　　　　　D．低压开关柜

2. 目前大多数城市轨道交通采用 1500V 或（　　）V 直流供电。

    A．220　　　　　　B．440　　　　　　C．750　　　　　　D．1000

3. 地铁车站广告照明为（　　）负荷。

    A．一级　　　　　　B．二级　　　　　　C．三级　　　　　　D．四级

4. 低压配电系统负荷按供电重要程度分为一级负荷、二级负荷、（　　）负荷。

    A．三级　　　　　　B．四级　　　　　　C．五级　　　　　　D．六级

三、多项选择题

1. 地铁车站照明负荷主要有（　　）、地下区间照明。

    A．站台站厅照明　　　　　　　　　B．附属房间照明

    C．广告照明　　　　　　　　　　　D．应急照明

2. 低压开关柜的特点有（　　）。

    A．结构紧凑、易于维护　　　　　　B．预防/避免事故发生

    C．减少设备维护和检修时间　　　　D．实现数据资源共享

3. 车站照明系统的三级控制为（　　）、（　　）和（　　）。

    A．就地控制　　　　　　　　　　　B．照明配电室集中控制

    C．站控室集中控制　　　　　　　　D．综合控制

四、判断题

1. 城市轨道交通的车站照明以荧光灯为主，事故照明采用白炽灯，区间照明及站台下、折返线检查坑内、车辆段检查坑内的安全照明采用白炽灯。　　　　　　　　（　　）

2. 设备区域一般照明属于一级负荷。　　　　　　　　　　　　　　　　　　（　　）

3. 一级负荷使用双母线供电，当其中一路电源发生故障时，自动切换为另外一路。

    （　　）

4. 城市轨道交通车站中的地下光环境较为特别，主要表现在长期没有自然光，导致车

站内外光度差异大。 （　　）

5．电缆应用于由低压开关柜馈出至配电箱、双电源箱、控制柜回路的连接，以及配电箱馈出至设备的连接，绝缘电压等级为 1000V。 （　　）

五、简答题

1．简述城市轨道交通供电系统的组成。

2．简述低压配电系统负荷的分类。

3．谈谈你对低压配电系统的看法。

6
模块

车站消防系统

>>>>

◎ **内容导读**

　　在城市轨道交通中，车站消防系统是机电设备系统的重要组成部分之一，综合监控系统将车站消防各系统集成于自身系统中，实时对车站相关区域进行火灾探测及报警。车站消防系统包括火灾报警系统和灭火系统两大部分，灭火系统又包括气体灭火系统、自动喷水灭火系统等。

◎ **学习目标**

　知识目标

　1. 了解地铁火灾的特征。
　2. 熟悉火灾报警系统的组成。
　3. 掌握火灾报警系统的运作模式。
　4. 熟悉气体灭火系统的组成。

　能力目标

　1. 能够识别常见的消防标志。
　2. 能够操作火灾报警系统。
　3. 能够进行火灾报警系统的日常维护。

　素养目标

　1. 强化安全意识、规范意识，全面提升安全素养。
　2. 培养全局思维，善于透过现象看本质。

◎ **建议学时**

　6 学时

6.1

地铁消防概述

学习目标

1. 了解地铁火灾的特征及危害性。
2. 掌握常见的消防标志。

微课：地铁消防概述

6.1.1 地铁火灾的特征

城市地铁大部分是建在地面之下的。地下建筑与地面建筑相比有许多的不同之处。例如，地下建筑是在地面之下通过挖掘获得的建筑空间，外部被厚实的岩土介质包围，只有内部空间；地面建筑通常有门、窗、墙等与大气相连，室内外气热交换容易。地下建筑因内部空间与外部空间联系孔洞少、面积小而散热慢、气热交换难、能见度低。因此，火灾对地下建筑的威胁比对地面建筑的威胁更大。

> **知识拓展　消防工作的指导方针**
>
> 消防工作的指导方针是"预防为主，防消结合"。"防"与"消"两手都要抓，两手都要硬，不能顾此失彼。地铁火灾救援演练如图 6-1-1 所示。
>
>
>
> 图 6-1-1　地铁火灾救援演练

概括来讲，地铁火灾具有以下四个方面的特征：①高温、高热全面燃烧；②排烟困难、散热慢；③安全疏散困难；④扑救困难、危害大。

1. 高温、高热全面燃烧

在地铁车站及隧道内，可燃物量通常低于 $50kg/m^2$。在地下建筑的封闭空间内，一旦发生火灾，室内温度将快速升高，从而较早地出现全面燃烧现象。根据地面建筑燃烧试验可以看出，当火灾房间的温度上升到 400℃ 以上时，起火的房间会在瞬间由局部燃烧转变为全面燃烧，房间内的一切可燃物会在瞬间燃烧起来，并伴随着较大的响声。当我们听到类似爆炸的一声响时，便会见到满屋熊熊大火，室内温度也会从 400℃ 左右迅速升到 900℃ 左右。室内瞬时的全面燃烧将释放出巨大的能量，温度将迅速上升。我国制定的标准火灾温度-时间曲线为制订防火措施和设计消防系统提供了参考依据，标准火灾温度-时间曲线值如表 6-1-1 所示。

表 6-1-1　标准火灾温度-时间曲线值

时间/min	5	10	15	30	60	90	120	180	240	360
温度/℃	535	700	750	840	925	975	1010	1050	1090	1130

发生火灾的房间内空气体积将会急剧膨胀，烟气中所含的二氧化碳、一氧化碳、二氧化硫等有害气体的浓度也将迅速升高。这种浓烟温度高且有毒，扩散到哪儿就会使哪儿的可燃物燃烧起来。这时，地下建筑内部就会像锅炉的炉膛，而地下建筑的楼梯及通道口则如烟囱一般，从而产生烟囱效应。韩国地铁火灾后的情景如图 6-1-2 所示。

图 6-1-2　韩国地铁火灾后的情景

2. 排烟困难、散热慢

根据国内外相关地铁火灾资料统计，在地铁火灾造成的人员伤亡中，绝大多数的伤亡是被烟雾中的有毒气体熏倒、中毒或窒息所致的。因此，有效地进行排烟是地铁火灾发生时进行救援的重要措施。但是地下建筑失火与地上建筑失火的情况是完全不同的。

当地上建筑失火时，我们可以开启建筑物的门窗，从而进行散热和排烟。但地下建筑被厚重的钢筋混凝土衬砌和岩土介质包围，出入口较少且面积非常有限。烟雾迅速聚集并在建筑内扩散，会使地下建筑内很快充满烟雾，有限的人员出入口将会变成"烟囱"，因此热烟运动方向与人员疏散方向一致。根据统计，通常烟雾的扩散速度比人群的疏散速度快得多，致使大量人员无法逃脱烟雾的危害，多层地下空间（如地铁）发生火灾时危害更大。地下建筑通风条件普遍不如地面建筑，因而地下建筑的排烟排热不如地面建筑。

3．安全疏散困难

在地下建筑内，人员安全疏散主要有以下几个方面的不利因素。

1）在地下建筑内可燃物很多，在燃烧时会产生大量烟气和有毒气体（如一氧化碳、二氧化碳及其他有毒气体）。这些烟气和有毒气体不仅严重遮挡视线、降低能见度，还会使人中毒窒息，危害非常大。据研究，当空气中的含氧量下降到15%时，人的肌肉活动能力就会下降；当空气中的含氧量下降到10%～14%之间时，人就会四肢无力，产生判断失误；当空气中的含氧量下降到6%～10%之间时，人就会昏倒，造成严重后果。常见的一些可燃物燃烧时产生的有毒气体如表6-1-2所示。

表6-1-2　常见的一些可燃物燃烧时产生的有毒气体

可燃物名称	有毒气体	可燃物名称	有毒气体
木材	二氧化碳、一氧化碳	聚氟乙烯	二氧化碳、一氧化碳、氧化氢
羊毛	二氧化碳、一氧化碳、硫化氢、氨气	尼龙	二氧化碳、一氧化碳、乙醛氨
棉花、人造纤维	二氧化碳、一氧化碳	酚树脂	一氧化碳、氨、氰化物
聚四氟乙烯	二氧化碳、一氧化碳	三聚氰胺-甲醛树脂	一氧化碳、氨、氰化物
聚苯乙烯	苯、甲苯	环氧树脂	二氧化碳、一氧化碳、丙酮

2）当地下建筑发生火灾时，由于正常的照明电源被切断，建筑内将会变得一片漆黑。如果地下建筑内不装设事故照明和紧急疏散标识指示灯，则人们根本无法逃离火灾现场。地下建筑内无任何自然光源，加上烟雾弥漫，使安全疏散非常困难。

3）温度迅速上升，对人体危害大。当地下建筑发生火灾时，热量不易散失，爆燃出现快，室内温度很快就可上升到800℃以上。火焰本身或火焰产生的高温将导致人员被烧伤甚至被烧死。

4）疏散距离长，路径复杂。地下建筑的逃生出口和路线比地面建筑少。地下建筑的逃生路线只有通向出口的楼梯、坡道、爬梯和自动扶梯，一般只有一两个出口。在地面建筑中，发生火灾时人员向下层逃生，只要越过火灾层就比较安全了，此时火灾产生的烟雾向上扩散。但是在地下建筑中发生火灾就不同了，人员需要向上层逃生，火灾产生的烟雾也是向上扩散的，人员逃生方向与烟雾、火的自然扩散方向一致，人员必须到达地面安全区。一般烟雾的扩散速度比人群的疏散速度要快，烟雾的水平扩散速度为0.5～1.5m/s，烟雾的垂直扩散速度比水平扩散速度快 3～4 倍。

4．扑救困难、危害大

扑救地下建筑火灾比扑救地面建筑火灾要困难很多。国外有消防专家认为，扑救地下建筑火灾的难度几乎与扑救超高层建筑（建筑高度大于 100m 的建筑）最顶层火灾的难度相当。与地面建筑相比，地下建筑火灾扑救困难体现在以下几个方面。

1）探测火情困难。当地下建筑火灾发生后，通常只能看见浓烟从出入口冒出，无法确切知道火灾究竟发生在什么区域。目前还没有能在浓烟中探测火情的消防机器人，消防人员必须冒生命危险，深入地下建筑内探测火灾情况。

2）接近火场困难。对于没有完善排烟设施的地下建筑而言，消防人员的进入口也是烟雾、热气的排出口，高温、浓烟、毒气将会使消防人员无法接近火场。如果地铁列车在隧道中间或距地铁车站较远的地点发生火灾事故，则施救工作几乎无法进行。

3）通信指挥困难。当地面建筑发生火灾时，可以使用有线和无线通信器材、高音扩音器等进行通信。但当地下建筑发生火灾时，只能依靠人传递信息，速度慢、差错多。由于指挥人员无法直接看到火灾现场，需要详细询问和研究工程图，分析可能发生火灾的部位及可能出现的危险情况，方能做出灭火方案，从而导致灭火时间长、难度大。

4）缺少地下建筑报警消防专门器材。目前，国内火灾自动报警系统大部分采用"报警"自动化，当火灾被确认后，操作人员手动操作使联动系统投入运行。采用这种运行方式的原因是火灾探测器的品质尚不能百分之百准确预报火灾，误报率较高。

6.1.2　消防标志

消防标志是表明消防设施特征的符号，用于说明建筑配备的各种消防设备、设施，标明安装的位置，并引导人们在发生事故时采取合理正确的行动，目的是保证消防安全。地下消火栓标志如图 6-1-3 所示。火警电话标志如图 6-1-4 所示。

图 6-1-3　地下消火栓标志　　　　图 6-1-4　火警电话标志

1. 消防标志的意义

在事故发生的初期，人们如果看不到消防标志、找不到消防设施，就不能采取正确的疏散和灭火措施，从而造成大量人员伤亡。因此，消防标志是消防员处理火险时的好帮手，也是群众在火灾危急关头的救命符。

2. 红色消防标志

红色消防标志用于说明各种消防设备、设施安装的具体位置，引导人们在发生火灾时采取合理、正确的行动。红色消防标志如图6-1-5所示。

图 6-1-5　红色消防标志

3. 绿色消防标志

绿色消防标志是设置在疏散走道及主要疏散路线的地面或靠近地面的墙上的标志。绿色消防标志如图6-1-6所示。

图 6-1-6　绿色消防标志

知识拓展　二氧化碳灭火器

二氧化碳灭火器是一种利用二氧化碳灭火剂自身做动力，喷射出二氧化碳灭火的一种灭火器具，瓶体通常采用优质合金经特殊工艺加工而成，质量比碳钢减少了40%。它的优点是易于保存、操作方便、安全可靠、轻便美观；缺点是灭火需要的高浓度二氧化碳会使人员受到窒息毒害，不适用于扑灭某些化工产品（如金属钾、钠等）引起的火灾。二氧化碳灭火器主要为手提式，大容量的也有推车式的。

二氧化碳灭火器瓶体内储存液态二氧化碳。工作时，压下瓶阀的压把，内部的二氧化碳灭火剂便由虹吸管经过瓶阀至喷筒喷出，覆盖在燃烧物上，使燃烧区域中氧气的浓度迅速下降。当二氧化碳达到足够浓度时，火焰因缺氧而熄灭，同时液态二氧化碳会迅速汽化，在很短的时间内吸收燃烧区域内大量的热量，对燃烧物起到一定的冷却作用，有助于灭火。

操作二氧化碳灭火器时需要注意以下几个方面。

1）二氧化碳灭火器在喷射过程中应保持直立状态，切不可平放或颠倒使用。

2）当不戴防护手套时，一定不要用手直接握住喷筒或金属筒，以防被冻伤。

3）在室外使用时应选择在上风方向喷射，在灭火时要保持一定的安全距离。

4）在狭小室内，灭火后应迅速撤离，以防窒息。

5）扑救室内火灾后应打开门窗进行通风。

6.2

火灾报警系统

学习目标

1. 了解火灾报警系统的组成。
2. 掌握火灾报警系统的运作模式。
3. 掌握火灾报警系统的日常维护。

微课：火灾报警系统的组成

6.2.1　火灾报警系统的组成

在城市轨道交通中，可能发生的灾害主要有风灾、雷击、火灾、水灾、地震、行车事故等。其中，雷击和行车事故是很难事先报警的，只能在设计时采取预防措施，以提高运行的可靠性和安全性；风灾、水灾、地震发生前，一般可直接接收有关部门的预报信息，不需要另外设置轨道交通专用的报警系统；而火灾发生的概率非常高，并且危害非常严重、损失非常大。因此，为了尽早探测到火灾的发生并发出警报，城市轨道交通中通常设有火灾报警系统，同时配备相应的灭火装置。消防水系统是实施灭火的主要设备。

火灾报警系统的设计应贯彻"预防为主，防消结合"的方针，以达到报警早、损失少、保护人身安全和财产安全的目的。火灾报警系统主要由探测器、控制器和信号线等组成。气体自动灭火系统主要由储气钢瓶组、喷头、释放装置和气体输入管道等组成。当发生火情时，火灾探测器把火灾发生的信号通过信号传输系统输送到火灾报警控制装置，由火灾报警控制装置进行分析和处理，然后发出报警的声光信号。

火灾报警控制装置包括区域火灾报警控制器和集中火灾报警控制器。区域火灾报警控制器将一个防火区的火警信号汇集到一起，进行报警显示，并输出火灾信号给集中火灾报警控制器；而集中火灾报警控制器将所监视的各个探测区的区域火灾报警控制器所输出的电信号以声光的形式显示出来，并向消防联动控制系统设备发出指令。

在大型地下车站中，站厅较多（包括地面、中间和地下三层），控制机电设备和房间布置复杂，因此需要将多台区域火灾报警控制器所警戒的区域进行集中管理，即与集中火灾报警控制器配套使用，组成集中报警系统以便于火灾发生时的集中指挥灭火。集中报警系统示意图如图 6-2-1 所示。

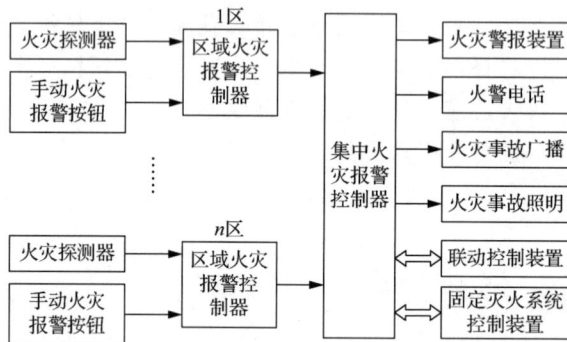

图 6-2-1　集中报警系统示意图

火灾报警系统一般由局域网、报警子系统、控制子系统、消防电源子系统、接地子系统、时钟子系统组成。

（1）局域网

火灾报警系统在各个车站、车辆段（停车场）和控制中心应分别设置一台火灾报警控制器和一台专用消防联动控制设备，全线组成局域网。

1）系统应采用独立的传输网络，网络宜采用环形网，网络传输宜采用光纤（optical fiber，OF），网络节点间的光纤宜与通信系统统一敷设。

2）控制中心应设置模拟屏，并与其他系统综合设置。

3）车站宜设置 CRT（cathode ray tube，阴极射线管）、显示器，宜选用不间断电源。

（2）报警子系统

报警可以分为手动和自动两类。手动报警指采用手动报警按钮或电话向控制室进行报警，自动报警指采用火灾探测器自动向控制室报警。

1）在控制中心楼，各种设备机房、配电室（间）、电缆竖井、电缆夹层、电缆通道、走廊、办公室、会议室、控制室及其他管理用房都应设置火灾探测器。

2）在地下车站，公共区、人行通道、电缆通道、电缆竖井、电缆夹层、各种设备机房、配电室（间）、走廊、办公室、控制室及其他管理用房都应设置火灾探测器。

3）在地面和高架车站，各种设备机房、电缆通道、电缆竖井、电缆夹层、配电室（间）、控制室及其他重要管理用房都应设置火灾探测器。

4）在车辆段（停车场），停车库、检修库、变电所、存储可燃物品的库房、信号楼、重要文件档案室都应设置火灾探测器。

5）在地铁车站、区间隧道、超过60m长的封闭行人通道，走廊、站厅层公共区、站台层公共区、控制中心的走廊等公共区都应设置火灾探测器，这些建筑物内均设有手动报警按钮。

（3）控制子系统

控制分为手动和自动两类，手动控制通过硬线、开关和继电器实现，自动控制通过模块实现。

（4）消防电源子系统

当建筑物发生火灾时，消防电源为疏散照明和其他重要的一级负荷提供集中供电。当交流市电正常时，由交流市电经过互投装置给重要负载进行供电；当交流市电断电后，互投装置将立即投切至逆变器进行供电，供电时间长短由蓄电池的容量决定。当市电电压恢复时，应急电源将恢复为市电供电。

（5）接地子系统

火灾报警系统接地宜采用共用接地方式，接地电阻值应不大于1Ω。

（6）时钟子系统

火灾报警系统的时钟应与全线其他系统的时钟一致。时钟子系统通常采取控制中心的火灾报警控制器接收全线时钟系统校时信号，并为车站的火灾报警控制器提供时钟校时方式。

6.2.2　火灾报警系统控制装置的设置要求

火灾报警系统控制装置应结合其他控制系统来综合设置。

1）车站火灾报警系统控制装置宜与建筑设备自动化系统等共同设置在车站控制值班室内。火灾报警系统的专用面积不应小于$8m^2$，在该区域内严禁其他无关的电气线路及管线穿过。

2）车辆段（停车场）火灾报警系统控制装置宜设置在信号楼的调度值班室内，其他要求同车站火灾报警系统控制装置。

3）控制中心火灾报警系统控制装置应设在全线的中央控制室内。

6.2.3　火灾报警系统的控制模式

在城市轨道交通系统中，火灾报警系统一般为两级管理、三级控制的模式。两级管理指在城市轨道交通中央运营控制中心（operation control center，OCC）设置消防指挥中心，在各车站、车辆段、主变电所等地方设置防灾控制室作为车站级消防控制中心。三级控制指主控制级消防控制、分控制级消防控制和就地级消防控制。

6.2.4　火灾报警系统的功能及运作模式

1．火灾报警系统的功能

城市轨道交通火灾报警系统的功能分为中央级功能、车站级功能和就地级功能。

2．火灾报警系统的运作模式

根据火灾报警系统的功能和职责，其运作模式分为正常情况下对系统设备的监视管理模式、发生火灾时的报警确认模式及火灾被确认后的消防联动模式。火灾报警系统的运作模式如表 6-2-1 所示。

表 6-2-1　火灾报警系统的运作模式

建筑的类别	报警的设备	确认的方式	处理的方式
车站、变电所	同一区域的两个探测器	自动确认	火灾报警系统自动向 BAS 发送模式指令
	一个感烟探测器或感温探测器、一个手动报警按钮	自动确认	火灾报警系统自动向 BAS 发送模式指令
	自动灭火系统发出确认报警信号	自动确认	火灾报警系统自动向 BAS 发送模式指令
	一个手动报警按钮	人工确认	人工向 BAS 发送模式指令
车辆段、控制中心	同一区域的两个探测器	自动确认	火灾报警系统自动联动消防水泵及其他消防设备并激活警铃
	一个感烟探测器或感温探测器、一个手动报警按钮	自动确认	
	一个消火栓起泵按钮或一个手动报警按钮	人工确认	
区间	车载通信设备	人工确认	由控制中心向相邻车站综合监控系统下达区间火灾联动模式

6.2.5　火灾报警系统的人机接口

1．主机操作盘

主机操作盘是火灾报警控制器的操作显示面板，在城市轨道交通车站控制室内均配有主机操作盘。

2．图形工作站

图形工作站与火灾报警系统相连，火灾报警系统会将数据定时发送给图形工作站。如果设备发生不正常情况，则图形工作站会自动记录并发出事件信息，通知操作人员。

因事件的紧急程度不同，图形工作站将事件分为五类，每类事件由一种颜色代表。红色表示"严重警告"，深红色表示"警报"，黄色表示"故障"，浅蓝色表示"警告"，白色表示"不正常"。图形工作站采用人机交互式操作界面，由站务人员（车站）或环控调度人员（控制中心）使用登录名及密码登录。

3．多线集中控制盘

多线集中控制盘是消防联动系统的后备保证。多线集中控制盘是当报警主机因某种原因而无法正常工作，但是又发生人为确认的火灾，需要启动某些设备时使用的控制盘。它与控制设备进行一一对应，采用硬接点方式连接，相当于设备的现场启、停按钮，主要针对排烟机、正压送风机、消防水泵等火灾联动控制设备。

6.2.6　火灾报警系统的日常维护

1．火灾报警系统的操作

（1）火灾报警系统的一般操作

火灾报警系统的维修和保养单位是城市轨道交通公司机电设备中心，它的日常作业管理由控制中心、车站控制室的相关人员进行操作，在操作时必须严格按照规程执行。例如，操作人员必须使用专用的钥匙对设备进行操作，操作完毕之后应该将钥匙交由专人保管。

火灾报警系统要求值班室（车站控制室）24h 有人值班。在正常情况下，该系统处于广播手动联动状态；在操作人员暂时离开的情况下，根据现场情况及相关要求分别将控制显示联动板的广播切换和系统切换旋钮切换到自动联动状态。

1）广播手动联动状态。多线集中控制盘上的广播手/自动切换旋钮在手动位置，系统封锁灯不闪。

2）系统手动联动状态。多线集中控制盘上的广播手/自动切换旋钮在手动位置，系统封锁灯不闪。

3）广播自动联动状态。多线集中控制盘上的广播手/自动切换旋钮在自动位置，系统封锁灯不闪。

（2）车站级火灾报警系统报火警的相关操作

在火灾报警系统正常运行期间，CS11 操作盘有声报警，报警灯长亮，红色报警灯全亮，另有长响蜂鸣声，同时确认/复位处灯闪烁，为火灾报警。

（3）火灾报警系统联动设备的手动操作

喷淋泵、消防水泵、排烟风机的手动操作：可以在控制显示联动板上远程实现手动打开、手动关闭，并显示设备的工作状态。

2．火灾报警系统的运行管理

（1）中央级调度人员职责

火灾报警系统中央级设在运行控制中心，由环控调度人员兼任消防系统中央职能进行调度。使用的消防设备包括一主一备两台图形工作站、全线车站广播、全线车站闭路电视、调度电话等。中央级调度人员的主要职责是负责管理全线的消防设备，监视全线的火灾报警。

（2）站级消防人员职责

在地铁车站中，站长是消防主要责任人，值班站长及站务人员兼任消防值班人员。对于除地铁车站外的其他建筑物，由保安人员兼任消防值班人员。

（3）相关规定

消防值班人员是消防系统设备的使用者，有责任和义务对消防系统的所有设备进行监护和管理。严禁擅自切断火灾报警系统控制盘、气体灭火系统控制盘、消防联动盘、图形工作站等消防设备的使用电源。消防值班人员是发现火灾并进行处理的第一责任人。在收到火灾报警时，消防值班人员在火灾报警控制盘或图形工作站确认后，应立即携带对讲机、插孔电话等通信工具，迅速到达报警点确认，然后根据火灾事故处理流程进行处理。

3．火灾报警系统的维护与故障处理方法

（1）火灾报警系统的维护

在生产作业过程中，火灾报警系统的维护操作人员应认真执行相应安全规章制度。在维护前未联系登记好不能动设备，对设备性能、状态不清楚不能动设备，未经行车值班人员授权不得动正在使用中的设备。在检修完成后，不复查试验好不得离开；发现异响、异声的，不查明原因不得离开。了解设备故障需要做到设备故障时间清楚、设备故障地点清楚、设备故障原因清楚。

（2）火灾报警系统的故障处理方法

火灾报警系统在出现故障时应及时上报，如果有故障或信息未上报或未及时上报，则会影响系统的正常工作并有可能造成设备的损坏。当图形工作站上出现新的故障时，桌面窗口栏会有闪光提示，在事件表中读取新的内容，做好记录并进行确认（如果所报事件与火灾报警主机是重复的，则将会按照火灾报警主机显示的信息内容进行登记）。

6.3 气体灭火系统

学习目标

1．了解气体灭火系统的组成。
2．掌握气体灭火系统的分类。
3．掌握气体灭火系统的工作原理。

微课：气体灭火系统

6.3.1 气体灭火系统概述

气体灭火系统主要用在不适于设置水灭火系统等其他灭火系统的环境中，如计算机机房、图书馆、档案馆、移动通信基站（房）、UPS室、电池室和一般的柴油发电机房等。

气体灭火系统主要包括相关消防设备的联动、火灾触发装置和固定灭火装置。

相关消防设备的联动指在火灾发生时，火灾报警系统发出火警预报，在实施自动灭火

的同时，切断所有可能有助于火灾蔓延的工作设备，如与报警区域有关的通风机、空调机等的电气线路；停止所有妨碍灭火的设备，如关闭各种管路的防火阀；同时接通消防系统专用设备的工作电路，启动有关的消防设备，如打开管道排烟阀、排烟风机等；关闭电动防火门、防火卷帘门；接通疏散标志灯、火灾事故照明灯；向电梯控制屏发出信号，强制使全部电梯下行并停于层底，停止使用除消防电梯外的所有电梯。

火灾触发装置包括手动报警和自动报警两种报警装置。手动报警装置主要是指手动报警按钮，当被监视现场发现火灾时，可以通过手动报警按钮快捷、准确地向火灾报警控制器报警，这种方式出现误报的概率小；自动报警装置通常是指火灾探测器，常用的火灾探测器有感温探测器、感烟探测器、火焰探测器等。火灾探测器和手动报警按钮如图 6-3-1 所示。

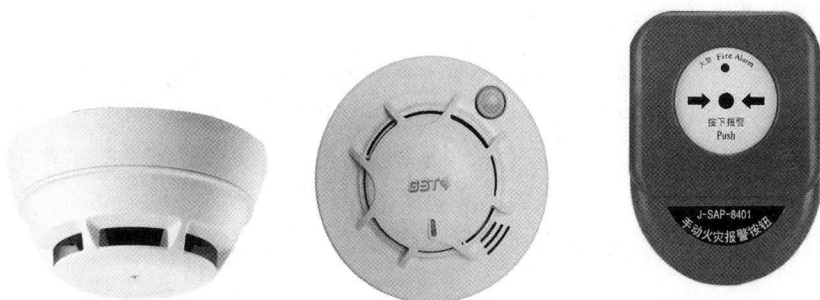

图 6-3-1　火灾探测器和手动报警按钮

固定灭火装置主要是指在实际环境中实施灭火的一些消防设备，主要有室内消火栓设备、室外消火栓设备、喷淋系统设备、气体灭火系统设备、消防水泵、消防给水管、各种阀门等。

常见的灭火方法有以下三种。

1）化学抑制法。该方法指将灭火剂施放到燃烧区域上，中断燃烧的化学连锁反应，从而达到灭火的目的。常用的灭火剂有二氧化碳、卤代烷、七氟丙烷等。

2）冷却法。该方法指将灭火剂喷洒到燃烧物上，通过吸热使可燃物的温度降低到燃点以下，燃烧物随之熄灭。常用的灭火剂是水。

3）窒息法。该方法指阻止新鲜空气流入燃烧区域，可以用泡沫灭火剂喷射到燃烧液体或固体上，隔绝氧气，从而将火窒息；也可以用不燃物质进行隔离，如用石棉布、浸水棉被覆盖在燃烧物上。

6.3.2　气体灭火系统的组成与分类

气体灭火系统是指平时灭火剂以液体、液化气体或气体状态存贮于压力容器内，在发生火灾进行灭火时灭火剂以气体（包括蒸汽、气雾）状态喷射作为灭火介质的灭火系统。气体灭火系统能够在防护区空间内形成各方向均一的气体浓度，而且至少能保持该气体浓度达到规范规定的浸渍时间，从而扑灭该防护区的空间、立体火灾。火灾报警系统与气体灭火系统联网示意图如图 6-3-2 所示。

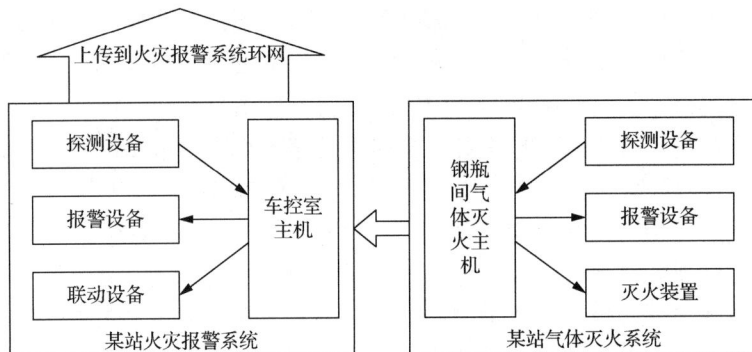

图 6-3-2　火灾报警系统与气体灭火系统联网示意图

1．气体灭火系统的组成

气体灭火系统由控制系统和灭火管网系统两个部分组成。控制系统主要由灭火控制主机、气体释放指示灯、灭火控制单元（紧急止喷按钮、紧急释放按钮、隔离/正常转换开关）、感烟探测器、感温探测器、警铃、声光报警器等部分组成。灭火管网系统主要由气体钢瓶及瓶头阀、高压软管、集流管、安全阀、单向阀（逆止阀）、就地手动启动器、电磁阀启动器、减压装置、选择阀、压力开关、喷头和气体输送管道等组成。

2．气体灭火系统的分类

气体灭火系统按使用的灭火剂可以分为二氧化碳灭火系统、七氟丙烷灭火系统、IG541灭火系统、气溶胶灭火系统等。常用的几种气体灭火系统及其特点如下。

（1）二氧化碳灭火系统

二氧化碳灭火剂具有毒性低、不污损设备、绝缘性能好、灭火能力强等特点，是目前国内外市场上颇受欢迎的气体灭火产品，也是替代卤代烷的较理想型产品。二氧化碳成本低廉，是卤代烷的三十分之一。

二氧化碳通常被高压液化后罐装、储存，喷放时体积急剧膨胀并吸收大量的热，从而降低火灾现场的温度，同时稀释被保护空间的氧气浓度达到窒息灭火的效果。二氧化碳是一种惰性气体，价格便宜，灭火时不污染火场环境，灭火后很快散逸、不留痕迹。需要特别注意的是，因为二氧化碳对人体有窒息作用，所以只能用于无人场所。如果在经常有人工作的场所安装使用，则应采取适当的防护措施以确保人员的安全。

根据储存压力的不同，二氧化碳灭火系统可分为高压二氧化碳气体灭火系统和低压二氧化碳气体灭火系统。

（2）七氟丙烷灭火系统

七氟丙烷灭火系统是一种高效能的灭火系统，其灭火剂是一种毒性弱、绝缘性好、无色、无味、无二次污染的气体，消耗臭氧潜能值（ozone depleting potential，ODP）为零，是目前 1211 灭火剂和 1301 灭火剂最理想的替代品。

（3）IG541 灭火系统

IG541 灭火剂是由氮气、氩气和二氧化碳气体按一定的比例混合而成的混合气体，这些气体都是大气层中自然存在的，对大气臭氧层没有损耗，也不会产生"温室效应"。IG541灭火剂无味、无腐蚀性、无毒、无色、不导电，既不支持燃烧，又不与大部分物质产生反应，是一种十分理想的环保型灭火剂。

IG541灭火系统具有保护环境、保护生命安全、保护财产安全等特点。

IG541灭火系统的灭火机理是通过降低防护区内的氧气浓度（由空气正常含氧量21%降至12.5%），使其不能维持燃烧而达到灭火的目的。IG541灭火系统采用全淹没方式灭火。

（4）气溶胶灭火系统

气溶胶灭火产品是有效且具有最小影响的灭火剂，其系统简单、造价低廉、无污染、无毒无害、对臭氧层无损耗、无腐蚀、残留物少、高速高效、全淹没全方位灭火、应用范围广等，已被众多专业人士认定为哈龙产品的理想替代品。

通常所说的气溶胶，是指以空气为分散介质，以固态或液态的微粒为分散质的胶体体系。气溶胶可以分为热气溶胶和冷气溶胶两种。热气溶胶又分为K型气溶胶和S型气溶胶两种。K型气溶胶的发生剂采用硝酸钾做主氧化剂，含量达到30%以上。S型气溶胶的发生剂采用硝酸锶做主氧化剂，以硝酸钾做辅氧化剂，硝酸锶的含量为35%～50%，硝酸钾的含量为10%～20%。

6.3.3　气体灭火系统的工作原理

气体灭火系统的工作原理：防护区中一旦发生火灾，首先发出火灾报警信号的是火灾探测器，火灾报警信号被传送到灭火控制主机上并进行报警，同时将火灾报警信号送到车站控制室的火灾报警主机上。值班人员对火势情况进行确认后，火灾报警系统发出联动指令，打开或关闭相应的阀门，在延时时间到后气体灭火系统发出开阀指令打开相应的阀门，灭火剂通过管道输送到保护区的喷嘴，随后喷放气体实施灭火。在气体灭火系统灭火期间，防护区门内外的警笛和灯光会一直工作，以警告所有人员不得进入，直到火灾完全扑灭。

气体灭火系统按应用方式可分为全淹没灭火系统和局部应用灭火系统。气体灭火系统有自动操作、手动操作和紧急机械手动操作三种方式。

6.3.4　气体灭火系统的操作

1．气体灭火系统控制主机

气体灭火系统控制主机是接收火警信号、控制灭火系统设备、与火灾报警系统传递信号、搜集系统状态信息的控制元件。它采用交互式操作，按下相应的功能键可以转换系统控制状态并查看火警、故障信息。

2．灭火控制单元

每处气体灭火保护区均设有一个灭火控制单元，它可以实现手动报警并隔离气体灭火系统。在气体灭火系统控制主机处于手动控制状态时，使用灭火控制单元相应的控制按钮可以启动气体灭火系统。

按下"手动释放"按钮，在气体灭火系统控制主机和火灾报警系统主机上进行火灾报警。"隔离"旋钮通常处于正常位置，当处在隔离位置时，气体灭火系统只会报警不会联动释放气体。如果在气体灭火系统启动的延时时间内发现为误报警（人为或施工原因造成），则将"隔离"旋钮切换到隔离位置，先在气体灭火系统控制主机上复位，再将隔离开关切换到自动状态。如果在气体灭火系统启动的延时时间内发现有人员未撤离保护区，则将"隔离"旋钮切换到隔离位置，等到人员撤离后将保护区门关好，进行灭火。

6.4 自动喷水灭火系统

学习目标

1. 了解自动喷水灭火系统的分类与功能。
2. 了解湿式自动喷水灭火系统的组成。

微课：自动喷水灭火系统

自动喷水灭火系统是一个专业术语，主要由洒水喷头、报警阀组、水流报警装置（水流指示器或压力开关）、末端试水装置等组件，以及消防给水管道、供水设施组成。自动喷水灭火系统应能在初期火灾阶段自动启动喷水，从而灭火或控制火势的发展蔓延。

6.4.1 自动喷水灭火系统的分类与功能

1. 自动喷水灭火系统的分类

按照洒水喷头的类型，可将自动喷水灭火系统分为闭式自动喷水灭火系统和开式自动喷水灭火系统。闭式自动喷水灭火系统按适用场所和工况不同，有湿式自动喷水灭火系统、干式自动喷水灭火系统、预作用自动喷水灭火系统、循环启闭自动喷水灭火系统等多种系统；开式自动喷水灭火系统有雨淋灭火系统、水幕灭火系统、水喷雾灭火系统。自动喷水灭火系统的分类如图 6-4-1 所示。

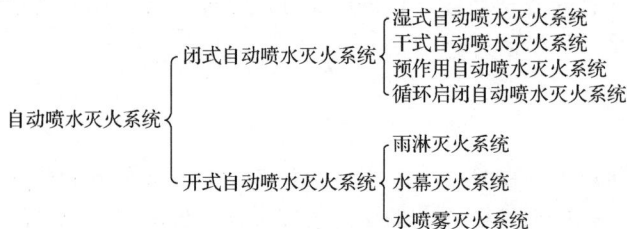

图 6-4-1 自动喷水灭火系统的分类

2．自动喷水灭火系统的功能

1）能在火灾发生后自动进行喷水灭火。

2）能在喷水灭火的同时发出警报。

6.4.2　湿式自动喷水灭火系统

湿式自动喷水灭火系统属于固定式灭火系统。它是最安全可靠的灭火装置，适用于温度不低于 4℃（低于 4℃会受冻）和不高于 70℃的场所。

湿式自动喷水灭火系统主要由水流指示器、洒水喷头、湿式报警阀、末端试水装置等组成。

1．水流指示器

水流指示器又叫水流开关。它的作用是把水的流动转换成电信号，其电接点既可直接启动消防水泵，也可接通电警铃报警。

按照叶片形状，水流指示器可分为板式和桨式两种。按照安装基座形式，水流指示器可分为管式、法兰连接式和鞍座式三种。水流指示器如图 6-4-2 所示。

（1）桨式水流指示器的工作原理

当发生火灾时，湿式报警阀自动开启后，流动的消防水使桨片摆动，带动其电接点动作。火灾报警控制器接到该信号后，发出指令启动报警系统或启动消防水泵等电气设备，并可显示火灾发生区域，通过消防控制室启动水泵供水灭火。

（2）水流指示器的接线

水流指示器应通过模块与系统总线相连，水流指示器接线图如图 6-4-3 所示。

图 6-4-2　水流指示器

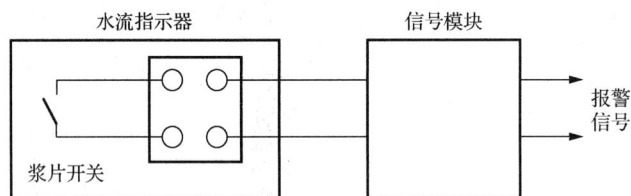

图 6-4-3　水流指示器接线图

（3）水流指示器的安装要求

1）应根据水流指示器的安装尺寸预留足够的安装调试空间。

2）水流指示器管道只有经冲洗试压完成后，才可以进行安装。

3）安装水流指示器时，应该保证其动作方向与水流方向一致，不能装反。

4）安装水流指示器时，应该避免剧烈碰撞，防止损坏工作部件，防止原调定的工作参数发生漂移。

5）安装焊接式水流指示器时，应该先将水流指示器本体及叶片从焊接座上拆下，再进行焊接。

6）安装水流指示器后，应该保证其叶片垂直于管道，并且动作灵活，不允许与管壁有任何摩擦接触。

2．洒水喷头

洒水喷头分为闭式和开式两种。闭式玻璃球洒水喷头是湿式自动喷水灭火系统最重要的部件，能起到探测火灾和灭火的双重作用。洒水喷头有双臂直立型、下垂型、边墙型和隐蔽型四种类型，如图 6-4-4 所示。洒水喷头参数如表 6-4-1 所示。

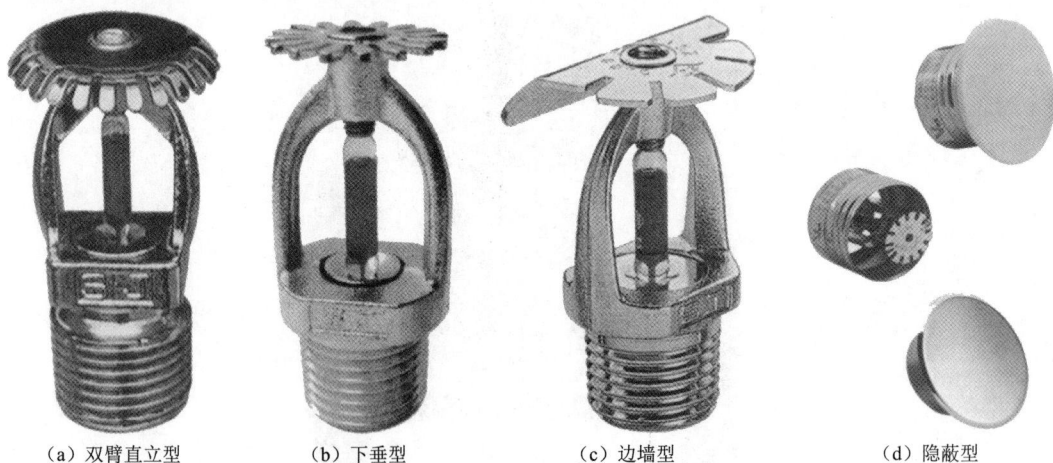

（a）双臂直立型　　　　（b）下垂型　　　　（c）边墙型　　　　（d）隐蔽型

图 6-4-4　洒水喷头

表 6-4-1　洒水喷头参数

型号	直径/mm	通水口径/mm	接口螺纹尺寸/mm	温度级别/℃	玻璃球色标	最高环境温度/℃	流量系数/%
ZST-15系列	15	11	12.7	57	橙	27	80
				68	红	38	
				79	黄	49	
				93	绿	63	

在正常情况下，洒水喷头处于封闭状态。在发生火灾时，当装有热敏液体的玻璃球达到动作温度（57℃、68℃、79℃、93℃、141℃、182℃、227℃、260℃）时，玻璃球炸裂，密封垫脱开，喷出压力水。洒水喷头喷水后，管道中水的压力降低将使压力开关动作，压力开关将水压信号变为电信号向喷淋泵控制装置发出启动喷淋泵信号，以保证洒水喷头有水喷出。同时流动的消防水使主管道分支处的水流指示器电接点动作，接通延时电路（延时 20～30s），通过继电器触点发出声光信号给控制室，以识别火灾区域。

结论：洒水喷头具有探测火情、启动水流指示器、扑灭早期火灾的重要作用。它的特点是结构新颖、耐腐蚀性强、动作灵敏、性能稳定。

3. 湿式报警阀

湿式报警阀是一种只允许水单向流入喷水系统并在规定流量下报警的一种单向阀。湿式报警阀平时阀瓣前后水压相等（水通过导向管中的水压平衡小孔，保持阀瓣前后水压平衡）。湿式报警阀主要由控制阀、报警阀、试警铃阀、防水阀、压力表、水力警铃、压力开关、延时器、警铃管阀门、滤网、软锁等组成。湿式报警阀如图 6-4-5 所示。

图 6-4-5　湿式报警阀

湿式报警阀安装在总供水干管上，连接供水管网和系统管网。配水管网中即使有一个喷头喷水，也会破坏阀门上下的静止平衡压力，此时必须立即开启湿式报警阀，任何延迟都会耽误报警的发生。湿式报警阀一般采用止回阀的形式，即只允许水流向配水管网，不允许水流回水源。

湿式报警阀的作用有两个。一是防止阀门随着供水水源压力波动而开闭，虚发报警信号；二是防止配水管网内水体因长期不流动而腐化变质，若让它流回水源，则将产生污染。当系统开启时湿式报警阀打开，接通供水管网和系统管网，使水从供水管网流向系统管网。同时部分水流通过阀座上的环形槽，经信号管道送至水力警铃，发出报警信号。

湿式报警阀的工作原理是，在火灾发生时，闭式喷头喷水，由于水压平衡小孔来不及补水，湿式报警阀上面的水压下降，此时阀下水压大于阀上水压，于是阀板开启，向洒水管网及洒水喷头供水，同时水沿着湿式报警阀的环形槽进入延迟器、压力继电器及水力警铃等设施，发出报警信号并启动消防水泵等设施。

警铃管阀门的作用：检修报警设备，应处于常开状态。

水力警铃的作用：在发生火灾时发出报警信号。

延迟器的作用：防止因水源压力突然发生变化而引起湿式报警阀短暂开启，或对因湿式报警阀局部渗漏而进入警铃管道的水流起到暂时容纳作用，从而避免虚假报警。

压力开关的作用：安装于报警管路上的延迟器的上方，当湿式报警阀阀瓣开启后，压力开关触点动作，发出电信号至报警控制箱，从而启动消防水泵。

4．末端试水装置

末端试水装置安装在系统管网最不利点喷头处，是检验系统启动、报警及联动等功能的装置。自动喷水灭火系统末端试水装置是喷洒系统的重要组成部分，起到了监测和检测作用，其重要意义不可忽视，因此喷洒设计和安装人员应对该装置给予重视。末端试水装置示意图如图 6-4-6 所示。

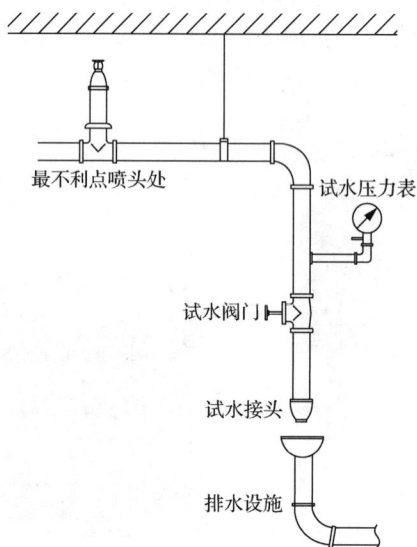

图 6-4-6 末端试水装置示意图

末端试水装置安装在系统管网的末端，宜与水流指示器一一对应。

末端试水装置的作用是对系统进行定期检查，以确定系统是否正常工作。

末端试验阀可采用电磁阀或手动阀。如果设有消防控制室，则采用电磁阀可直接从控制室启动末端试验阀，给检查带来方便。

思考与练习

一、填空题

1. 消防工作的指导方针是"_____，防消结合"。

2. 常见的灭火方法有化学抑制法、_____、窒息法。

3. 按照洒水喷头的类型可将自动喷水灭火系统分为闭式自动喷水灭火系统和_____自动喷水灭火系统。

4. 火灾触发装置包括手动报警和_____两种报警装置。

5. 城市轨道交通火灾报警系统的功能分为中央级功能、_____级功能和就地级功能。

二、单项选择题

1. 根据地面建筑燃烧试验可以得出，当火灾房间的温度上升到（　　）℃以上时，起火的房间会在瞬间由局部燃烧转变为全面燃烧。

　　A．100　　　　　　　B．200　　　　　　　C．400　　　　　　　D．1000

2. 火灾报警系统接地宜采用共用接地方式，其接地电阻值应不大于（　　）Ω。

　　A．1　　　　　　　B．5　　　　　　　C．20　　　　　　　D．100

3. 火灾报警系统的专用面积不应小于（　　）m^2，在该区域内严禁其他无关的电气线路及管线穿过。

　　A．15　　　　　　　B．10　　　　　　　C．6　　　　　　　D．8

4. 湿式自动喷水灭火系统适用于温度不低于（　　）℃和不高于70℃的场所。

　　A．4　　　　　　　B．10　　　　　　　C．30　　　　　　　D．40

5. 玻璃球的颜色代表不同的动作温度。我们常用的是红色玻璃球，即动作温度为（　　）℃。

　　A．40　　　　　　　B．50　　　　　　　C．68　　　　　　　D．90

三、多项选择题

1. 火灾报警系统一般由（　　）、消防电源子系统、接地子系统、时钟子系统组成。

　　A．局域网　　　　　　　　　　　　　　B．报警子系统
　　C．空调水系统　　　　　　　　　　　　D．控制子系统

2. 城市轨道交通中可能发生的灾害主要有火灾、水灾、（　　）等。

　　A．风灾　　　　　　　B．雷击　　　　　　　C．地震　　　　　　　D．行车事故

3. 地下建筑内的安全疏散的不利因素有（　　）。

　　A．在地下建筑内可燃物很多，在燃烧时会产生大量烟气和有毒气体

　　B．当地下建筑发生火灾时，由于正常的照明电源被切断，建筑内将会变得一片漆黑

　　C．温度迅速上升，对人体危害大

    D．疏散距离长，路径复杂

  4．与地面建筑相比，地下建筑火灾扑救的困难在于（　　　）。

    A．探测火情困难　　　　　　　　　B．接近火场困难

    C．通信指挥困难　　　　　　　　　D．缺少地下建筑报警消防专门器材

四、判断题

  1．红色消防标志用于说明各种消防设备、设施安装的具体位置，引导人们在发生火灾时采取合理、正确的行动。　　　　　　　　　　　　　　　　　　　　　　　（　　）

  2．绿色消防标志设置在疏散走道和主要疏散路线的地面或靠近地面的墙上。（　　）

  3．设备发生故障或维修时，必须在施工地点放置警示牌或护栏。爱护火灾报警系统设备，保持清洁，为设备正常运转创造良好环境。　　　　　　　　　　　　　　　（　　）

  4．火灾报警系统中央级设在运行控制中心，由环控调度人员兼任消防系统中央进行调度。　　　　　　　　　　　　　　　　　　　　　　　　　　　　　　　　　（　　）

  5．在检修完成后，不复查试验好也可以离开；发现异响、异声的，不查明原因也可以离开。　　　　　　　　　　　　　　　　　　　　　　　　　　　　　　　　　（　　）

五、简答题

  1．地铁火灾具有哪几个方面的特征？

  2．操作二氧化碳灭火器时需要注意什么？

7 模块

乘客资讯和导向标识系统

>>>>>

◎ **内容导读**

随着城市信息化建设的不断推进及城市轨道交通客流的日益增长，乘客资讯和导向标识系统的建立和功能拓展已经成为提升城市轨道交通运行安全、确保客流平稳有序、优化运营服务的重要举措。

◎ **学习目标**

知识目标

1. 了解乘客资讯系统的相关理论知识。
2. 了解导向标识系统的设置原则。
3. 掌握乘客资讯系统的组成及功能。
4. 掌握导向标识系统的分类。

能力目标

1. 能够应用乘客资讯系统。
2. 能够应用城市轨道交通车站中的导向标识系统。

素养目标

1. 强化服务意识，为乘客提供热情、周到、主动的服务。
2. 传承和发扬爱岗敬业、团结互助、吃苦耐劳的传统美德。

◎ **建议学时**

6 课时

7.1

乘客资讯系统概述

学习目标

1. 了解乘客资讯系统的产生。
2. 了解乘客资讯系统的概念。
3. 掌握乘客资讯系统的要求。

微课：乘客资讯系统概述

7.1.1 乘客资讯系统的产生

随着城市信息化进程的逐步推进，城市轨道交通文化越来越丰富，现代城市轨道交通不再仅仅是市民出行的工具，更多的是作为社会沟通与文化传播的窗口，能够展示一个城市的经济能力和文化特征，为人们的出行、购物、娱乐、广告、通信等提供一个多样化的信息空间。南京地铁 3 号线红楼主题车站如图 7-1-1 所示。

图 7-1-1　南京地铁 3 号线红楼主题车站

乘客资讯系统（passenger information system，PIS）应运而生，它的建立和功能拓展已经成为提升轨道交通服务水平的重要举措。随着社会不断发展和进步，人们对信息化的要求越来越高，这势必对乘客信息发布的数量、及时性、智能化及网络化管理提出更高的要求。2003 年，韩国大邱市轨道交通发生的震惊世界的火灾惨剧，造成重大人员伤亡，导致这种结果的其中一个因素便是信息传递不完备，乘客未能及时接收到动态紧急疏散的服务信息，让行业认识到与乘客信息密切相关的乘客资讯系统的重要性。

乘客资讯系统是一个集计算机网络技术和电子媒体技术为一体的服务型系统，是城市轨道交通行业对外发布多媒体资讯、进行播控和管理的平台。它以计算机系统为核心，利用数字电视技术与网络基础相结合，通过车站、车载显示终端向乘客提供信息服务，使乘客安全、高效地乘坐城市轨道交通，也便于城市轨道交通高效、安全地运营。

7.1.2　乘客资讯系统的概念与信息传递

城市轨道交通提供的服务本质是位移，服务对象是乘客，所以无论是国内还是国外，许多城市的轨道交通运营管理都强调"以人为本"的服务理念。因此，乘客资讯系统建设在城市轨道交通建设中处于一个非常重要的位置，是轨道运营方最直观地向乘客展示服务的窗口，为乘客提供最高效、最安全、最人性化的服务信息指引。

乘客资讯系统在城市轨道交通车站各出入口、站厅、站台、电梯和自动扶梯的上下位置、列车车厢内等乘客视线所及的显眼位置设置终端视频显示设备，如等离子显示器、液晶显示器、单行或多行 LED 显示器、彩色 LED 显示器、投影墙等，并利用这些设备向乘客进行信息传递。

1．正常运营信息

城市轨道交通正常运营时，乘客资讯系统以播放的形式向乘客提供乘车须知、服务时间、列车到发时间、列车时刻表、管理人员公告、政府公告、出行参考、股票信息、媒体新闻、赛事直播、公益信息、天气预报和广告投资等实时的多媒体信息。显示屏如图 7-1-2 所示。该显示屏位于地铁车站站台候车区域，一般悬挂在屏蔽门上方天花板处，主要功能是为乘客提供列车进站时间及运行方向，附带滚动插播的公益信息、广告、新闻等。

图 7-1-2　显示屏

2．自主查询信息

除由运营公司统一设定、设置的多媒体信息外，许多车站站厅、站台、列车上还设置了多媒体查询机，可供乘客自主查询乘车票价、线路信息、首末班车、换乘时间、气象信息、车站周边环境、美食景点等各种资讯。它为广大乘客提供了一个便利的信息平台，同时给城市轨道交通运营公司带来新的商机。乘客自主查询机如图 7-1-3 所示。

图 7-1-3　乘客自主查询机

3．应急运营信息

如果城市轨道交通发生故障、晚点、跳停、越站、停运等突发应急事件，则乘客资讯系统会发布建议乘客耐心等待、改乘其他交通方式、七日内退票、紧急疏散撤离等应急运营信息，引导乘客听从车站工作人员指引并做出相应的行为。除此之外，在紧急状态下乘客资讯系统将中断其他信息的播出，在火灾、地震、交通阻塞及恐怖袭击等非正常情况下，乘客资讯系统会为乘客提供动态紧急疏散、救援指示，如图 7-1-4 所示。

图 7-1-4　紧急情况显示

7.1.3　乘客资讯系统的要求

1．以人为本

乘客资讯系统的设计要注重科学化、合理化，从终端设备布置、软件体系开发及资讯内容发布等方面充分考虑以人为本的要求，具备为乘客服务、便于操作人员管理和使用等特点。

2．简洁合理

乘客资讯系统应考虑不同城市轨道交通车站的地理环境状况，甚至是不同的地域文化特色等，合理、有效地分布终端显示设备，规划信息显示，形成一套简洁完善的乘客资讯系统。

3．显示控制

乘客资讯系统信息的显示控制应该具有良好的优先级，并且应具备信息集中控制和分区控制的功能，满足紧急情况下的需要。

4．灵活设计

乘客资讯系统应采用模块化的整体设计，各部件尽量遵从标准化、系列化和组合化的原则，但可以根据使用需求进行灵活调整。

5．国家标准

乘客资讯系统使用的车站视频及 LED 终端显示设备的显示呈现效果应满足国家有关标准。

6．互不干扰

乘客资讯系统应充分考虑城市轨道交通系统通信、导向标识等系统的接口设计，确定显示终端数量和位置满足乘客的需求，使乘客能够及时得到所需讯息，又不与其他系统设备发生冲突和干扰。

7．容错良好

乘客资讯系统应为数据处理提供良好的容错性，当出现外部运行环境临界异常等突发情况时仍能正常工作。

8．维护便利

乘客资讯系统的系统软件应具有可扩展性、兼容性，软件界面设计应充分考虑轨道运营方使用的便捷性，维护工作人员的便利。

实践活动

1. 作为一名乘客，去地铁站观察可以获得哪些运营信息？
2. 作为一名乘客，去地铁站体验乘客自主查询机的使用。

事故案例

北京地铁 5 号线站点信息显示事故

乘客资讯系统作为面向广大地铁乘客提供各种运营信息和应急信息的手段之一，会将轨道运营方公布的信息快速扩散出去，因为传播非常迅速，所以它的信息发布要谨慎、合理，避免信息发布错误带来的安全问题及地铁运营方的形象问题。

2012 年 10 月 8 日下午 4 时许，北京地铁 5 号线站点内信息显示屏出现异常，均显示"王鹏你妹"四个字（图 7-1-5）。对此事，北京市地铁运营有限公司表示，事件发生时，公司正在对 5 号线乘客资讯系统进行调试和人员培训，出现异常是一学员对乘客资讯系统进行了误操作，将聊天记录点击发布所致。该四个字出现在人流量非常可观的北京地铁站，因此迅速被广大网友以各种方式传播、调侃，给北京地铁的形象带来了负面的影响。

图 7-1-5　显示屏出现异常信息

7.2

乘客资讯系统的组成、功能和信息

学习目标

1. 了解乘客资讯系统的组成。
2. 掌握乘客资讯系统的功能。
3. 认识乘客资讯系统的信息。

微课：乘客资讯系统组成

7.2.1　乘客资讯系统的组成

1. 乘客资讯系统的模块

城市轨道交通乘客资讯系统由信息源、车站播出设备、车载传输设备三个模块组成。

（1）信息源

乘客资讯系统根据轨道运营方的要求接收、采集乘客信息（如客流情况、拥堵状况等）、公共信息、商业广告信息、有线电视信息、移动电视信息、时钟信号等，形成 ODBC（open data base connectivity，开放数据库连接）。信息源主要由两个层级组成。

1）信息编辑中心层。信息编辑中心层可接收、存储和转发乘客资讯系统收集到的信息，并进行信息处理和分类，及时下发到各个车站和线路，监视车站及列车的乘客资讯系统运营情况。

2）车站播出控制层。车站播出控制层接收来自信息编辑中心层的运营、换乘、引导、公共、公益、广告等信息，通过播放控制器对本站或线路所有运行列车的显示终端和交互式多媒体查询机进行播放控制及管理。

（2）车站播出设备

车站播出设备即车站乘客资讯显示终端，是向乘客传递信息的窗口，一般有液晶显示屏（liquid crystal display，LCD）、LED 显示屏、数字显示屏等。

（3）车载传输设备

车载传输设备具有同一传送内容的断点续传功能，使运行列车通过无线局域网及时有序地接收信息，并且利用车地无线通信系统、有线传输网络将车上的监视图像传递到控制中心。

2. 乘客资讯系统的结构

乘客资讯系统主要由中心子系统、车站子系统、乘客资讯系统的接口三个部分组成。从控制结构上看，乘客资讯系统又可以分为四个控制层级，即线网级、线路中心级、车站级、终端设备级，如图 7-2-1 所示。

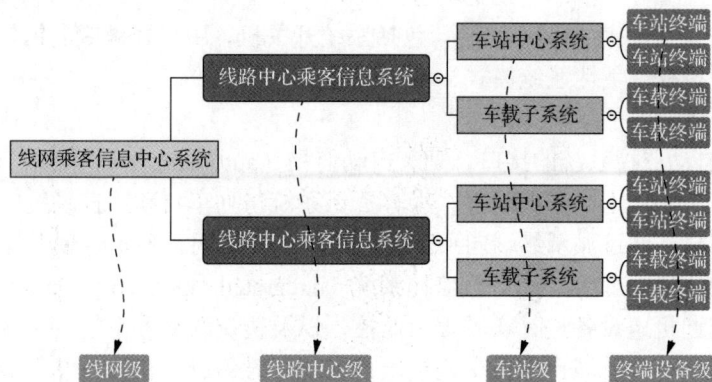

图 7-2-1　四个控制层级

（1）中心子系统

中心子系统是乘客资讯系统的核心部分，对外采集整个乘客资讯系统需要的外部信息资源，如地面交通路况、股票信息、天气预报等，对内将所需的信息及列车运行状况等进行整合、编辑以供使用。此外，它还负责视频流的转换、播出控制、网络管理、乘客资讯设备工作状态的监控等工作。

中心子系统设备主要包括中心服务器、中心操作人员工作站、视频服务器、直播服务器、播出控制工作站、数字电视设备、数据库、中心网管站等。

中心子系统的主要功能如下。

1）进行网络管理保证网络安全。对各设备的运行状态、故障信息进行集中监控，对网络设备运行状态和网络数据传输状态进行监控。

2）统计信息和输出报表。将系统采集的信息进行归类统计并输出报表。

3）后台系统的监控和维护。①对管理日志、数据库进行监控；②具有诊断、预警、报警功能；③具有备份、灾难恢复功能。

4）接口功能。实现与外部信息源的接口及轨道交通内部相关专业接口。

5）查询服务功能。向乘客提供信息交互查询服务。

（2）车站子系统

车站子系统主要负责集中管理和监控所辖车站区域内的乘客资讯相关设备，接收中心子系统的各类信息内容、系统参数，并分发至车站内的乘客资讯显示终端。除此之外，车站子系统还负责外部系统数据的导入、导出，控制站内乘客资讯显示终端的信息发布和站务信息的编辑保存。在中心子系统发生故障时，车站子系统可将已经接收的信息列表和信息内容在所辖区域内显示终端上自动播放。

车站子系统设备主要包括车站服务器、车站操作工作站、显示控制器及各类显示终端等。

车站子系统的主要功能如下。

1）备份功能。接收中心子系统下发的信息列表和信息内容，保持与中心子系统的同步。

2）监视设备。实时监视所辖车站区域内设备的运行状态，周期性保存所有接收设备的状态数据。

3）操作日志。记录用户操作信息，包括系统开关机、用户登录或注销、备份及恢复操作、参数改变及授权、下达系统模式、下达设备命令等。

（3）乘客资讯系统的接口

1）与列车自动监控系统的接口。列车自动监控（automatic train supervision，ATS）系统可自动监督、控制线上列车的运行。乘客资讯系统与列车自动监控系统的接口可以随时收集列车运行信息，通过显示终端向乘客提供列车到发时间、列车时刻表等信息。

2）与综合监控系统的接口。综合监控系统（integrated supervisory control system，ISCS）可对城市轨道交通机电设备进行实时集中监控，以及协调联动各系统。乘客资讯系统与综合监控系统的接口可收集城市轨道交通机电设备的实时信息，在设备发生故障或出现紧急事件时可以及时进行信息发布。

3）与时钟系统的接口。乘客资讯系统与时钟系统的接口可读取基准时钟，同步系统内所有设备的时钟，并在播出各类信息的同时显示多媒体时钟。

4）其他接口：①与网络系统的接口，即接入地铁骨干网系统；②与地面交通信息系统的接口；③与数字电视系统的接口；④与气象信息系统的接口；⑤与证券系统的接口等。

7.2.2 乘客资讯系统的功能

城市轨道交通运行秉承"以人为本"的设计理念，使广大乘客市民乘坐城市轨道交通时能够更加安全、方便，并且能及时获取列车到站信息、列车时刻表、地铁票务票价信息、出行提示等。这些信息需要城市轨道交通自动通过设备信息互通获取，并及时将指定的信息显示给指定的人群。乘客资讯系统的功能有以下几点。

1．实时信息显示功能

实时信息显示是乘客资讯系统的主要功能之一。乘客资讯系统采用同屏幕多区域信息并行发布形式，使不同区域屏幕信息根据数据库信息的改变实时更新。乘客资讯系统显示屏如图 7-2-2 所示，该显示屏为武汉地铁 2 号线列车车厢内置乘客资讯系统显示屏，从图中可以看出，屏幕中显示的信息有武汉地铁 logo、列车线路信息、列车开行方向、前方到站信息、实时日期和时间、公益信息、滚动新闻等。屏幕被划分成若干个画面，同时播放不同的信息，这些不同的模块都是预先设置好播放信息的，工作人员可以对每个模块进行单独预设或改动，在正常运营情况下实时信息的更新均由设备自动获取，有需要时操作人员可以进行手动更新。在特殊情况下，操作人员也可以对某一模块或整个显示屏进行编辑，并指定发布在相应的终端显示屏上。

图 7-2-2　乘客资讯系统显示屏

2．紧急灾难告警功能

乘客资讯系统在特殊情况下可以执行应急功能：紧急灾难告警。通过乘客资讯系统与消防、公安、监视系统等的紧密结合，预先设置多种紧急灾难告警模式，一旦发生紧急状况，立即中断正常信息发布，通过声音与图像的形式提醒乘客紧急避险，指示正确的疏散通道。

该类特殊情况的运营紧急信息的背景颜色通常采用蓝色或红色，通过运营公告（图7-2-3）或应急信息（图7-2-4）的模式优先发布，一般会配合广播播放、人工指引等辅助引导，方便乘客及时获取紧急信息并听从工作人员的指示行动。

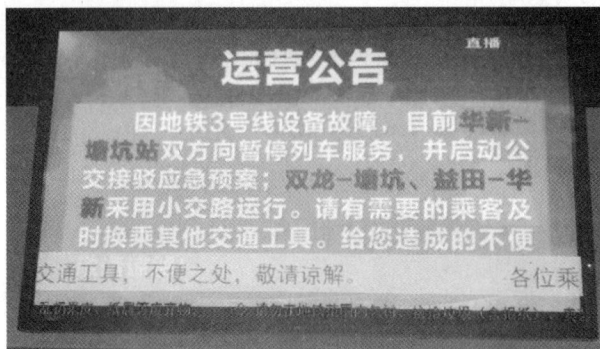

图 7-2-3　运营公告

图 7-2-4　应急信息

3. 广告发布功能

乘客资讯系统提供了广告发布平台，可以播出文字、图片、影音多媒体等多种形式的广告信息，吸引乘客的注意力，提高城市轨道交通运营公司的运营收益。在一般情况下，轨道运营方为增加运营收益，会在客流较为集中的区域设置专门用于广告发布的终端显示屏，该类显示屏在特殊情况下可以作为运营信息对外发布显示的渠道。图7-2-5所示为武汉地铁江汉路站，它位于武汉江汉路商圈中央地带，是武汉地铁2号线与6号线的换乘车站，从图中可以看出，轨道运营方在屏蔽门的固定门上设置了一面显示屏，不仅可以通过广告增加营收，还可以在客流密集时进行乘客引导，以及在特殊情况下发布运营信息公告等。

4. 信息查询功能

乘客资讯系统提供信息查询功能，乘客可通过触摸屏等终端设备，检索城市轨道交通公司宣传资料、地面交通信息、电子地图、网络广告、车船航班票价信息、旅游信息、酒店及宾馆资料等。地铁查询机如图7-2-6所示。

图 7-2-5　武汉地铁江汉路站

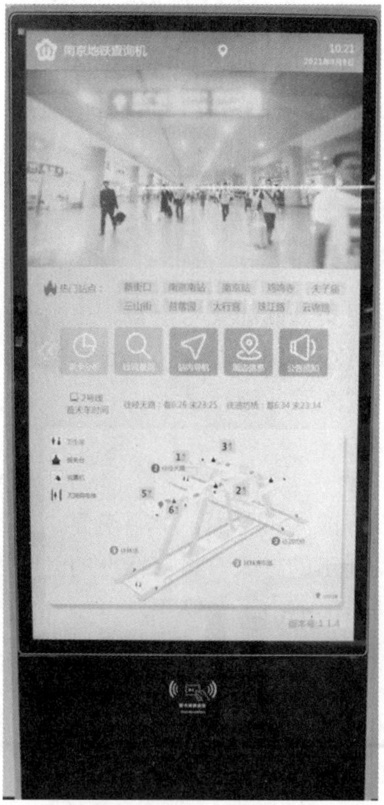

图 7-2-6　地铁查询机

5. 时钟显示功能

乘客资讯系统与时钟系统的接口能够互通，通过端口读取基准时钟，同步系统内所有设备的时钟，并在播出各类信息的同时显示多媒体时钟。时钟如图 7-2-7 所示。

图 7-2-7　时钟

6．设备兼容功能

乘客资讯系统能够良好地兼容多种终端显示设备，包括 LED 显示屏、触摸屏、等离子显示屏（plasma display panel，PDP）、投影仪、液晶显示屏、CRT 显示器等多媒体显示设备。

7．全数字传输功能

乘客资讯系统从中心信号采集开始即采用全数字传输方式，所有信息经过视频流服务器处理和 IP 网关封包，转换成 DVB-IP 数据包，通过传输网络发送至各车站，车站显示设备将数据包解码，转换成数字视频信号进行显示。

8．人机界面友好功能

乘客资讯系统软件具备友好的人机界面，上手简便、易操作。乘客资讯系统各站点信息的发布采用集中控制和自动播出的方式，设立标准的时间表播放机制，包括周、日、节假日等。系统根据时间表自动播出，不需要值守。

9．网管功能

乘客资讯系统具有网管功能，提供远程管理控制，可以实时监控各终端显示节点状态，并自动生成网络故障统计报表。

■ 7.2.3　乘客资讯系统的信息

乘客资讯系统支持的信息类型有很多种，不同类型信息的优先级有所不同，高优先级的信息会优先于其他级别显示，按照优先级高低排列，如果是相同级别的信息，则会按照"先进先出"的原则显示。不同类型信息按照优先级由高到低排列如下。

紧急灾难信息>列车服务信息>乘客引导信息>一般站务信息及公共信息>商业信息

高优先级的信息会打断低优先级的信息，但低优先级的信息不能打断高优先级的信息，后进的信息可以打断当前播放的信息。

具体的乘客资讯系统支持的信息类型有以下几种。

1. 紧急通告和避难信息

若轨道运营方因为特殊原因须发布临时通告或紧急通告，则可通过乘客资讯系统播放临时的通告和警示，引导乘客。尤其是发生火灾、地震等严重灾害需要引导乘客迅速逃离车站或车厢时，可以通过乘客资讯系统随时中断所有或部分的终端显示信息，插播需要告知乘客或引导其行为的紧急避难信息。城市轨道交通结构错综复杂，尤其是地下车站的站厅、站台面积非常大，并且通往地面的出入口路线较多且复杂，乘客所处的位置不同则逃生路线不同，本系统可针对显示终端所处的位置设置不同的逃生路线，对乘客进行针对性引导，使其迅速撤离，将影响程度和损失程度降到最低。

2. 运营服务信息

运营服务信息包括列车首末班车时刻表、换乘时刻表、列车运行方向、前方到站、进站时间、开/关站时间等公共运营信息，可以为乘客乘坐轨道交通出行提供便利，使其自动获取所需的列车运行信息，能够使轨道运营更加自动化、人性化和便利化，达到高效自动式服务、节约人力资源的效果。

3. 进出站及换乘信息

为了引导乘客安全快速地实现进站、乘车/换乘、出站，减少乘客在站内尤其是站台的停留时间，在站厅关键客流聚集位置及站台等多处通过乘客资讯系统显示实时客流疏导信息。这些信息能够提示并指导乘客快速进出站及换乘等，引导上车乘客有序地候车和乘车，引导下车乘客尽快离开车站或进行换乘，避免客流堆积，保证地铁运力的最大化。

4. 政府公告

城市轨道交通作为客流聚集场所，也是重要的信息发布平台。乘客可以快速地从乘客资讯系统获取政府希望市民知道、传播的重要信息和宣传方针等，政府可以通过乘客资讯系统进行重要公告和宣传信息的发布。

5. 生活、媒体资讯

乘客在进出站走行期间会对周围环境进行观察，停留时（尤其是在站台候车时及在车厢停留时间较长时）有大量的闲暇时间。轨道运营方可以在乘客周围发布生活资讯和出行提醒（如天气预报、空气污染指数、路面拥堵信息、公益事业等），为乘客提供便利；轨道运营方还可以进行商业信息发布，在为乘客提供优质娱乐服务和信息的同时，增加地铁营收。

6. 股市行情、外汇牌价

乘客资讯系统可以将股票、外汇、期货等实时性非常强的信息在地铁车站或车厢内播放，为乘客提供各类财经资讯。

7．铁路、航班时刻表

乘客资讯系统可以与铁路、航空等系统进行交互连接，实现信息共享和互通，尤其是在轨道与铁路、航空的交会站，可以方便乘客及时获取出行信息，为乘客外出提供便利。

8．车载视频监控

国内外的防恐形势日益严峻，恐怖袭击带来的危害和后果警示人们关注城市轨道交通的运行安全。车载视频监控可以实时地将车厢内的情况和司机的状态传送到控制中心，控制中心可以调取任意时间、空间的图像进行监控和查看，不仅能确保实时运行安全，还能在事后进行分析和调查。

实践活动

1．通过地铁车站的查询机查询车站周边的美食。
2．统计一个车站的终端显示屏的数量，并说明它们的用途。

7.3

导向标识系统

学习目标

1．认识导向标识系统的重要性。
2．了解导向标识系统的设置原则。
3．掌握导向标识系统的分类。

微课：导向标识系统

7.3.1　导向标识系统的重要性

随着城市化进程越来越快，现代化城市交通拥堵问题日益严重，大力发展城市轨道交通成为解决交通拥堵问题的重要手段。但城市轨道交通有其特殊性，地下结构的复杂性容易使人缺乏方向感，要想在封闭的环境中组织大量乘客有条不紊且安全地乘坐及换乘地铁，就需要进行现代导向设计。导向标识系统应运而生，它可以在相对封闭的空间里指引客流行走方向，同时保障乘客乘车安全。

城市轨道交通的导向标识系统可以体现出一个城市的现代都市特征和文化影响力。它的设置和设计能提高城市综合交通系统的运营效率与管理水平，可以体现地铁运营的服务理念，方便广大市民出行，能够在应急状态下快速疏散乘客。

7.3.2 导向标识系统的设置原则

城市轨道交通车站内导向标识系统的主要功能是引导乘客安全、顺利、迅速地完成整个车站的旅程，避免乘客滞留在车站内引起拥塞。在紧急疏散时，导向标识必须能清晰地引导乘客顺利离开危险区域及车站。

根据导向目的、设置位置、乘客需求、国标要求等，将导向标识系统的设置原则总结为以下十条。

1）定点引导：导向标识应设置在乘客最需要引导的位置，内容与设置位置相对应，为乘客提供在该位置需要的信息。

2）需求引导：以选择目的地、行动、确认目的地各个阶段的信息需求为依据，进行系统化的综合设计。

3）流向引导：导向标识应设置在通道及客流通行区域的中心线，并与客流方向相垂直；在导向标识的宽度范围内，禁止设置商业广告及其他与导向标识内容无关的设施。

4）位置引导：导向标识系统的设置以进站乘车、下车出站及站内换乘等行为为基础，使用车站内部设施满足不同行为（观光及过街等）、不同位置的信息需求。

5）方向引导：在客流的交叉点、分流点及转向处，必须设置相应的导向标识。

6）广告要求：辅助导向标识、提示与警告标识等宜平行于客流方向，在这些标识内，不应布置广告。

7）设施引导：在售票处、检票口、出口、站台等人群流动必须停顿处，以及卫生间等设施处，设置相应的定位标识及与此相关的地面信息标识。

8）防灾引导：城市轨道交通车站必须设置独立供电的防灾导向标识系统，由紧急出口导向标识与紧急出口定位标识组成，紧急出口导向标识应尽可能采用单向导向标识。

9）消防规定：消防标志应考虑城市轨道交通所在城市的特点，不仅应符合国家相关规程、规范要求，还应遵守所在城市的相关消防规定。

10）醒目合理：组合标识中最重要的信息应布置在标识的中央，同一标识信息的种类不宜过多。

7.3.3 导向标识系统的分类

1. 按标识体系分

1）导向标识：指引乘客进站、出站、购票、检票、换乘等的流动方向、路径等。出站标识如图 7-3-1 所示。

2）定位标识：旨在告知乘客此处或此物的功能及作用等，如地铁车站标识、地铁站名标识、票亭标识、自动售票机标识、卫生间标识、电梯标识、自动取款机标识、警务室标识等。卫生间标识如图 7-3-2 所示。

图 7-3-1　出站标识

图 7-3-2　卫生间标识

3）信息标识：旨在向乘客提供车站开/关站时间、首末班车时刻表、运营网络线路图、位置标识、运营时刻表、行程线路图等。街区图及线路图如图 7-3-3 所示。

图 7-3-3　街区图及线路图

4）提示标识：提示乘客城市轨道交通内允许和不允许的行为、需要注意的行为、禁止的行为等，如小心夹手标识、小心台阶标识、小心碰头标识、禁止攀爬标识、禁止餐饮标识、禁止携带易燃易爆等危险物品标识等。禁止标识如图 7-3-4 所示。

禁止吸烟	禁止列车内进食	禁止穿溜冰鞋
禁止乱扔杂物	禁止非机动车	禁止携带宠物
禁止爆炸性物品	禁止毒害性物品	禁止放射性物品
禁止管制刀具	禁止腐蚀性物品	禁止跨栏

图 7-3-4　禁止标识

2．按安装方式分

1）悬挂式导向标识（图 7-3-5）：一般悬挂在城市轨道交通车站天花板下方，标识底部距离地面 2500mm 左右，是城市轨道交通车站最常见的导向标识之一，其优点是设置导向的位置准确、醒目，引导效果非常显著。

图 7-3-5　悬挂式导向标识

2）贴附式导向标识（图 7-3-6）：一般张贴于城市轨道交通车站的墙面、地面、立柱、设备设施上，是城市轨道交通车站最常见的导向标识之一，其优点是大小灵活、成本较低、易于更换。

图 7-3-6 贴附式导向标识

3）镶嵌式导向标识（图 7-3-7）：一般设置在城市轨道交通车站的出入口墙面或客服中心桌面上，其优点是设置灵活、可更换镶嵌内容。

图 7-3-7 镶嵌式导向标识

4）柱立式导向标识（图 7-3-8）：一般设置在无条件设置其他导向标识但需要重点引导的位置，其优点是灵活醒目、可移动。

3．按照明方式分

1）内部照明式标识：通过配电，采用日光灯、LED 灯等光源在标识内部直接或间接照明的导向标识灯箱、消防应急标识等。导向标识灯箱如图 7-3-9 所示。

2）非照明式标识：不通过配电，采用不发光、蓄能自发光或反光形式的标识板。疏散标识如图 7-3-10 所示。

图 7-3-8　柱立式导向标识

图 7-3-9　导向标识灯箱

图 7-3-10　疏散标识

4．按设置位置分

1）站内标识（图 7-3-11）。

2）出入口标识（图 7-3-12）。

3）地面引导标识（图 7-3-13）。

| 图 7-3-11　站内标识 | 图 7-3-12　出入口标识 | 图 7-3-13　地面引导标识 |

实践活动

1．绘制一个城市轨道交通车站的悬挂式导向标识的平面位置图。

2．从某个城市轨道交通车站出入口进站、购票、过闸、候车及乘车，观察沿途导向标识有无引导中断现象。

知识拓展　导向标识的起源

1）20 世纪 20 年代，奥地利设计师奥图·纽拉特（Otto Neurath）使用富有象征意义的图形符号，建立了世界上最早、最全面的图形传达系统，向人们展示公共建筑、社会经济发展等方面的信息。

2）1933 年，英国设计家亨利·贝克（Henry Beck）设计了伦敦地铁分布图，其对色彩、图形及字体三个方面进行了变革，利用鲜艳明快的色彩标明不同的地铁线路，人们通过颜色可直观判断所要搭乘的地铁线路。在图形方面，他把地铁线路简化为直线，而在站点及线路交叉的位置使用圆圈，侧重线路的走向、交叉，以及不同线路的区分情况。在字体方面，他创造了无装饰线条的"铁路体"字体。直至今日，伦敦地铁分布图仍是全世界地铁、铁路及其他交通工具导向版面的设计基础。

3）20 世纪 60 年代，美国著名城市规划师凯文·林奇（Kevin Lynch）在其著作《城市意象》中，向人们系统地讲述了城市导向的概念及城市导向相关问题的解决方法。

4）1974 年，美国联邦政府交通部委托美国平面设计学院，在对世界各国交通标识设计的研究基础上，设计出一套国际通用的、准确的交通导向标识符号，其中 34 种符号被迅速应用到全美公共交通相关场合。

此后，导向标识设计呈现国际化发展趋势。

7.4

乘客资讯和导向标识系统的应用

学习目标

1. 了解导向标识系统的应用。
2. 了解乘客资讯系统的应用。

微课：乘客信息和导向标识的应用与实践

7.4.1　乘客资讯系统的应用

1. 乘客资讯系统的优点

乘客资讯系统是依托多媒体网络技术，以计算机系统为核心，通过车站及列车的显示终端，让乘客及时准确地了解列车运营信息和公共媒体信息的多媒体综合信息系统。它有以下优点。

（1）传输速度快

乘客资讯系统采用 1000Mbit/s 冗余环网连接方式，即使有一根网线断开，也能保证 100Mbit/s 的干线网络，传输延迟小于 3ms。

（2）信息动态化

乘客资讯系统能够以多媒体播放的形式实时向乘客提供当前线路的车站信息和换乘信息。

（3）能够进行应急处理

乘客资讯系统有报警装置，遇到紧急情况，乘客可以通过报警装置通知地铁工作人员进行处理。

（4）能够进行实时监控

乘客资讯系统能够实时监控车站公共区域及列车车厢，并且能够保存监控录像。

（5）提供广告业务

乘客资讯系统可以提供灵活的时间周期广告业务，时间周期包括周、月、年等。

2. 乘客资讯系统的显示终端布置

乘客资讯系统通过设在车站的各类显示终端，为乘客提供各类相关信息。在正常情况下，乘客资讯系统可提供列车运行时间、政府公告、出行参考、股票信息、广告等实时多媒体资讯信息；在发生火灾、阻塞等应急情况下，乘客资讯系统可提供紧急疏散客流指示。

1）出入口 LED 显示屏（图 7-4-1）。

图 7-4-1 出入口 LED 显示屏

2）连接通道 LED 显示屏（图 7-4-2）。

图 7-4-2 连接通道 LED 显示屏

3）检票处 LED 条屏（图 7-4-3）。

图 7-4-3 检票处 LED 条屏

4）站台双面等离子屏（图 7-4-4）。

图 7-4-4　站台双面等离子屏

5）车站触摸屏查询机（图 7-4-5）。

图 7-4-5　车站触摸屏查询机

3．乘客资讯系统的监控器布置

车站控制室设有乘客资讯系统监控器，可对车站内相关设备进行控制，如发布指定或临时信息、开关屏幕等。监控器如图 7-4-6 所示。

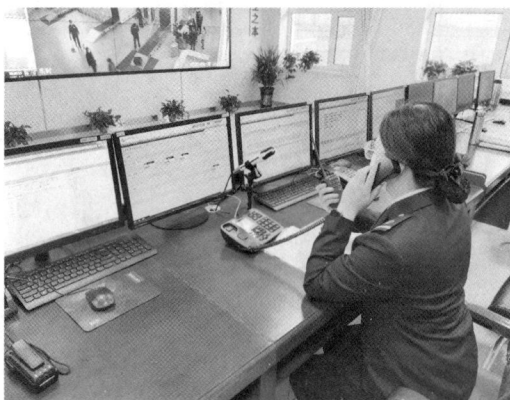

图 7-4-6　监控器

7.4.2　导向标识系统的应用

导向标识系统作为一种在城市轨道交通中具有提示功能的视觉传播系统，能与周围环境相匹配，在车站或列车空间中设置视觉识别的具体指向和标示，起到安全、快速引导人群抵达目的地的作用。导向标识系统的服务对象是多样化的，因而其功能性是一切设计的前提。地铁作为城市现代化的标志，是外来人员熟悉、认知该城市的一个直接窗口，因此地铁标识本身所具有的文化区域性和艺术美感性是地铁设计不可或缺的要素。

导向标识系统是指为引导乘客安全便捷地进站、购票、乘车、出站和换乘等而连贯设置于地铁站外、站内和列车上的一系列标识的总称，包括紧急疏散标识、日常安全提示标识等。导向标识系统的设计应遵循三大原则：便利性原则、连续性原则、统一性原则。导向标识系统应简洁、完整、美观，信息提示应按乘客的需求从一般信息到详细信息逐级设置，遵循信息适量原则，以达到"以人为本"及"服务乘客"的要求。

1．通过图案和文字显示的导向标识的应用

1）确认标识的应用。确认标识是用以标明某设施或场所的标志，如图 7-4-7 所示。

图 7-4-7　确认标识

2）导向标识的应用。导向标识是用以向乘客指示某设施、场所方向的标志，如图 7-4-8 所示。

图 7-4-8　导向标识

3）综合信息标识的应用。综合信息标识用以体现乘客需要了解的与城市轨道交通系统相关的信息，如开站时间、关站时间、换乘信息等，如图 7-4-9 所示。

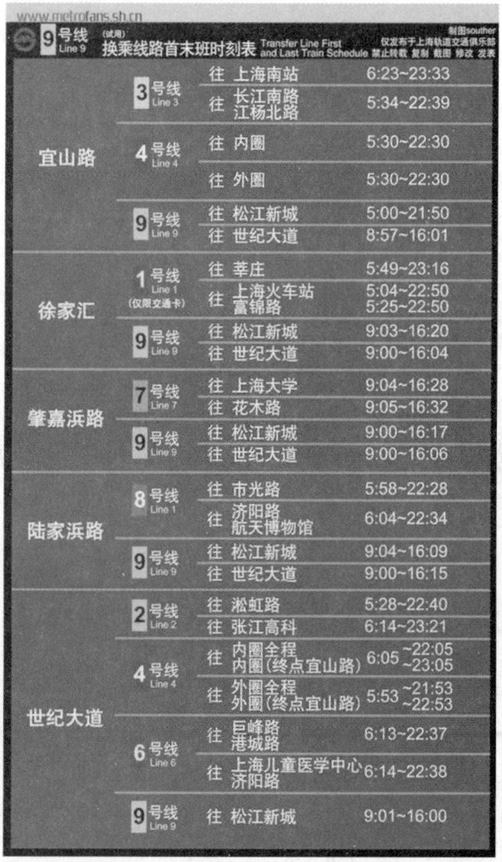

图 7-4-9　综合信息标识

4）禁止标识的应用。禁止标识是不准许乘客在城市轨道交通车站内发生相应行为的标志，一般采用简洁的图形禁止指示或附加简单的文字提示，多采用白底红边的样式，如"禁止倚靠""禁止攀爬""禁止吸烟"等。禁止标识如图 7-4-10 所示。

5）安全警告标识的应用。安全警告标识是提示乘客注意某些行为可能引发危险，要小心谨慎，避免可能发生的危险的标志，一般采用简洁的图形禁止指示或附加简单的文字提示，多采用黄底黑边的样式，如"小心夹手""当心触电"等。安全警告标识如图 7-4-11 所示。

图 7-4-10　禁止标识

图 7-4-11　安全警告标识

6）消防安全标识的应用。消防安全标识是与消防安全有关并符合消防规定的标志，提示城市轨道交通车站内消防设备设施的位置、使用方法等，如灭火器、消火栓的位置和使用办法等。消防安全标识如图 7-4-12 所示。

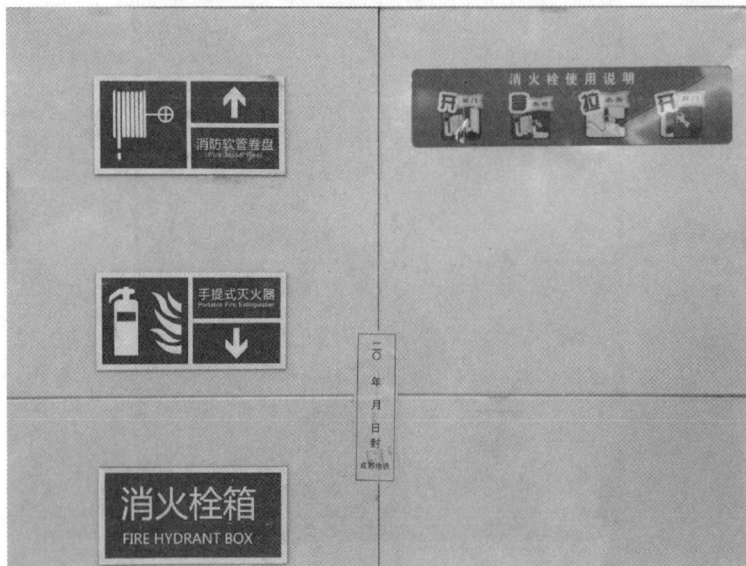

图 7-4-12　消防安全标识

2．发光与否的导向标识的应用

1）通电发光导向标识的应用。一般通电发光导向标识悬挂在天花板下，通过外接电源发光，如各出入口方向标识、乘车导向标识和自动检票机上方状态指示标识等，如图7-4-13所示。

图 7-4-13　通电发光导向标识

2）蓄能或蓄电发光导向标识的应用。蓄能或蓄电发光导向标识主要做疏散用，通过平时蓄能或蓄电，在没有照明时能自动发光，引导乘客紧急疏散到站外，如图7-4-14所示。

3）不发光导向标识的应用。不发光导向标识主要指地面信息、安全警示、公共告示和温馨提示等，如图7-4-15所示。

图 7-4-14　蓄能或蓄电发光导向标识

图 7-4-15　不发光导向标识

3．不同引导目的的导向标识的应用

1）进站导向标识的应用。进站导向标识是将乘客从地面经由出入口、通道、站厅非付费区、进站检票口、自动扶梯、站台引导至所乘目的列车的标志，主要包括站外路引（沿地铁方向 500m 范围内连续设置)、地铁站名、站内乘车导向(一般按 20～30m 的距离连续设置)、售票导向及定位、检票口定位、乘车导向、行车方向导向等标志。进站导向标识如图 7-4-16 所示。

图 7-4-16　进站导向标识

2)出站导向标识的应用。出站导向标识是将乘客从地铁列车经由站台、自动扶梯、出站检票口、站厅非付费区、通道、出入口引导至地面的标志,主要包括自动扶梯导向、出口导向、换乘导向、地面信息导向、出口导向(一般按 20～30m 的距离连续设置)等标志。出站导向标识如图 7-4-17 所示。

3)换乘导向标识的应用。换乘导向标识是将乘客从某线路的站台经由站台、自动扶梯、站厅付费区、自动扶梯引导至另一条线路的站台的标志,主要包括自动扶梯导向、换乘导向、乘车导向等标志。换乘导向标识如图 7-4-18 所示。

4)疏散导向标识的应用。疏散导向标识是自站台设备区和公共区直至出入口,车站在天花板下方或沿地面和墙壁连续设置的疏散标志(包括在隧道墙壁上连续设置的指

示车站方向的疏散标志），引导乘客在紧急情况下迅速疏散。疏散导向标识同图 7-4-14
和图 7-4-15。

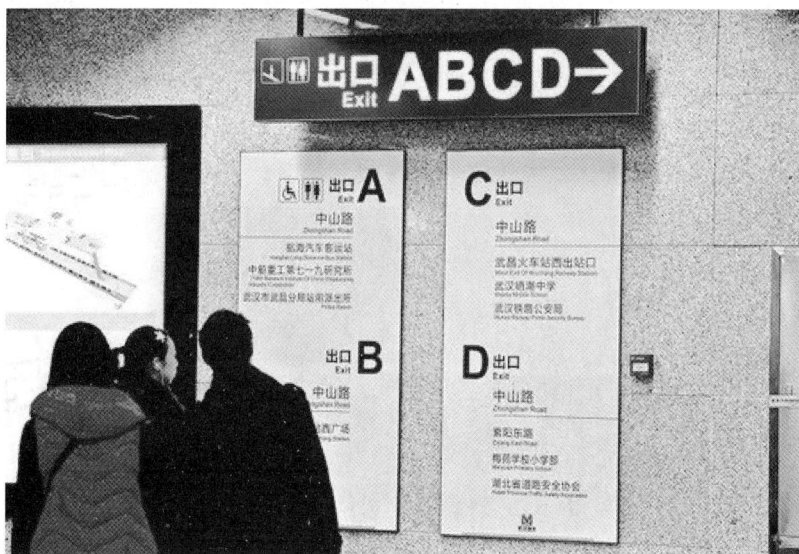

图 7-4-17　出站导向标识

图 7-4-18　换乘导向标识

实践活动

1. 设置车站站台层屏蔽门上方的乘客资讯信息内容。
2. 站在车站公共区任意位置，能否看到安全疏散标识？

知识拓展 安全色与色彩的应用

安全色是表达安全信息的颜色，是安全指示中最基本的元素，可以使人员尽快对威胁安全和健康的物体、环境做出反应，迅速发现或分辨安全标志，及时得到提醒，以防止事故、危害发生。国家规定的安全色有红色、蓝色、黄色、绿色四种颜色（图 7-4-19），其含义分别是：红色一般表示禁止、停止（也表示消防）；蓝色一般表示指令或必须遵守的规定；黄色一般表示警告、注意；绿色一般表示提示、安全状态、通行。

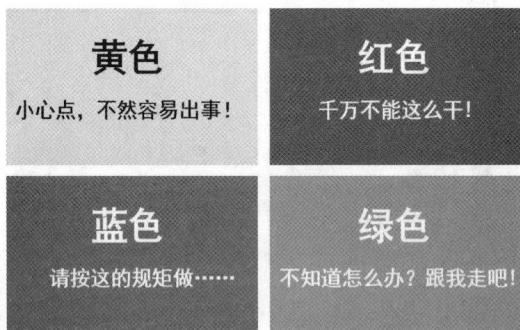

图 7-4-19　安全色

1. 色彩与消防安全

色彩在消防工作中起着十分重要的作用。例如，消防安全标识是指由安全色、边框、以图像为主要特征的图形符号或文字构成的标志，用以表达与消防有关的安全信息。在消防安全标识的主标志中，火灾报警和手动控制装置的标志的底色呈红色；疏散途径标志的底色呈蓝色或红色；具有火灾、爆炸危险的地方或物质的标志的底色呈黄色或红色；方向辅助标志的底色呈蓝色或红色；消防安全标志杆的颜色应与标志牌一致；制作消防安全标志牌时其衬底色除警告标志用黄色勾边外，其他标志用白色。

随着人们消防安全意识的逐步提高，许多单位在重要场所和部位根据需要正确而恰当地设置消防安全标志，起到教育人、警醒人，防止或减少火灾事故发生的重要作用。

2. 色彩与交通安全

交通心理学家研究发现，不同的色彩对汽车驾驶员和行人的心理所起的作用也不同。在可见光范围内，不同波长的光能使人获得不同的光感，这就形成了不同的色。在各种可见光中，红色光波最长，其次是橙色、黄色、绿色、蓝色、青色、紫色。光波越长，穿透力越强。另外，各种色彩的光亮度也不一样，若把各种色彩的光亮度按从弱到强进行排列，则顺序依次是白色、黄色、红色、青色、绿色、紫色、黑色。

因此，国际安全色通用标准一般设定红色、蓝色、黄色、绿色为安全色，黑色、白色为安全色所需要的对比色。安全色用于交通安全的范围是十分广阔的，如由黄色、蓝色、白色、黑色组成的交通标志，由黄色、白色组成的交通标线，由红色、白色组成的岗亭和护栏。

　　色彩用于交通安全，自 1918 年美国纽约采用人工操纵的三色信号灯开始，历史虽不长，但前景是广阔的，人类正在广泛地研究和应用。例如，美国根据英国科研人员比兹（Biz）的建议做了一些试验，在危险的十字路口涂上蓝色，结果发现交通事故大大减少。在生活中人们发现，行人的衣着色彩与交通安全也有很大关系。例如，让儿童和小学生外出时戴红色或黄色的帽子，穿色彩鲜艳的衣服，下雨时穿彩色的雨衣或打彩色的雨伞，中小学生上下学列队举鹅黄色小旗，交通事故的发生率就会明显下降。

思考与练习

一、填空题

　　1. 乘客资讯系统的核心部分是_____。

　　2. 服务标识应设置在乘客最需要_____的位置。

　　3. 在紧急疏散时，导向标识必须能清晰地引导乘客顺利离开_____及车站。

　　4. 蓄能或蓄电发光导向标识主要做_____用，通过平时蓄能或蓄电，在没有照明时能自动发光，引导乘客紧急疏散到站外。

二、单项选择题

　　1. 以下导向标识不是按照安装方式划分的是（　　　）。

　　　　A. 悬挂式导向标识　　　　　　　　B. 贴附式导向标识

　　　　C. 内部照明式导向标识　　　　　　D. 柱立式导向标识

　　2. 以下导向标识不是按照设置位置划分的是（　　　）。

　　　　A. 站内标识　　　　　　　　　　　B. 出入口标识

　　　　C. 地面引导标识　　　　　　　　　D. 柱立式导向标识

三、多项选择题

　　1. 以下选项属于乘客资讯系统要求的有（　　　）。

　　　　A. 注重设计的科学化、合理化

　　　　B. 采用模块化的整体设计

　　　　C. 应对数据处理提供良好的容错性

　　　　D. 系统软件应具有排他性

　　2. 乘客资讯系统可以向乘客提供的信息有（　　　）。

　　　　A. 服务时间　　　　　　　　　　　B. 列车到发时间

　　　　C. 管理人员公告　　　　　　　　　D. 列车时刻表

　　3. 乘客资讯系统的控制层级有（　　　）。

　　　　A. 运营级　　　　B. 车站级　　　　C. 终端设备级　　　　D. 中央级

4．以下选项属于乘客资讯系统车站子系统设备的有（　　　）。

    A．车站服务器　　B．车站操作工作站　C．中心服务器　　D．数据库

5．导向标识系统的设计应遵循的原则有（　　　）。

    A．便利性原则　　　B．连续性原则　　　C．排他性原则　　D．统一性原则

四、判断题

1．乘客资讯系统的系统软件应具有可扩展性、兼容性，软件界面设计应充分考虑轨道运营方使用的便捷性，维护工作人员的便利。　　　　　　　　　　　　　　　　（　　　）

2．如果发生严重安全性事件，则乘客资讯系统将中断其他信息的播出，在火灾、阻塞及恐怖袭击等非正常情况下，乘客资讯系统会为乘客提供动态紧急疏散、救援指示。

                                  （　　　）

3．中心子系统的主要设备有中心服务器、视频服务器、中心操作人员工作站、播出控制工作站、数字电视设备、中心网管站等。　　　　　　　　　　　　　　　　（　　　）

4．在客流的交叉点、分流点及转向处，必须设置相应的导向标识。　　（　　　）

5．进站导向标识将乘客从地面经由出入口、通道、站厅非付费区、进站检票口、自动扶梯、站台引导至所乘目的列车。　　　　　　　　　　　　　　　　　　　（　　　）

五、简答题

1．简述乘客资讯系统的结构。

2．乘客资讯系统的功能有哪些？

模块 8

通 信 系 统

>>>>

◎ **内容导读**

　　城市轨道交通的通信系统是指挥列车运行、进行公务联络、传递各种信息和提高运输效率的重要手段，是构成城市轨道交通各部门之间有机联系、实现运输集中统一指挥、实现行车调度自动化、实现列车运行自动化、提高运输效率的必备工具。通信系统按用途可分为地区自动通信、城市轨道交通专用通信、有线广播、闭路电视 (closed circuit television, CCTV)、无线通信，以及子母钟报时系统、会议系统、传真及计算机通信系统；按信息传输的媒介可分为有线通信系统和无线通信系统，有线通信又可分为光缆通信和电缆通信。通信系统是既能传输语言，又能传输文字、数据、图像等各种信息的综合数字通信网。

◎ **学习目标**

　　知识目标

　　1. 了解通信系统的发展前景。
　　2. 了解通信系统的分类与结构。
　　3. 了解通信系统的传输介质。
　　4. 了解通信主干传输网和电话系统的基本概况。

　　能力目标

　　1. 能够识别 CCTV 系统的组成。
　　2. 能够操作广播系统。

　　素养目标

　　1. 培养踏实认真、不怕失败、勇于探索的科学精神。
　　2. 树立规则意识、效率意识，规范操作，讲求实效。

◎ **建议学时**

　　6 学时

8.1

通信系统概述

🔍 **学习目标**

1. 了解通信系统的概念。
2. 了解通信系统的传输介质。
3. 掌握通信系统的结构。

微课：通信系统与
设备概述

8.1.1 通信系统的发展前景

随着现代化城市经济的发展，人们的生活水平不断提高，加速了城市化进程的脚步，人口的集中扩充使得地面交通拥挤、杂乱等问题日益凸显，为解决城市内部的交通拥堵问题，世界各国都在大力发展城市轨道交通等基础设施建设，将地面交通引入地下交通（地铁）、高架交通（轻轨、单轨）。与其他交通方式相比，地下交通以其快捷准时、安全可靠、占地少、运能大、能耗少、污染小等优点，受到世界上许多大中城市的欢迎，发展大容量城市轨道交通已经成为世界各大城市的共识。越来越多的人在日常出行时选用方便快捷的地铁等城市轨道交通工具，从而推动地铁的快速发展。当前地铁已经成为大中城市重要的交通工具，逐步深入市民的生活中。

城市轨道交通通信系统是保证列车安全、快速、高效运行必不可少的综合通信系统，作为地铁运营中不可缺少的重要组成部分，它是现代运输与通信高度结合的产物，是确保地铁安全有序、高密度、高效率运营的重要手段。在发生火灾、事故等应急情况下，通信系统是进行应急处理、抢险救援的主要手段。

通信系统是一个复杂的大系统，各个部分互相结合、协调，来完成运营的安全管理。城市轨道交通运营能够平稳、有序地进行，具备安全、准点、高效、快捷等优点，与一套可靠、完备的通信系统是密不可分的。我国目前城市轨道交通发展日新月异，通信系统也在朝着两个方向不断前进发展：一是宽带化趋势，为了提高各种通信、通话的质量和速率，未来势必要增加带宽；二是各种通信新系统的开发应用，城市轨道交通的设备在不断更新换代，对于通信设备的质量要求会越来越高，为了迎合城市轨道交通运营需求，通信系统需要不断更新模块和功能，不断迎合和融合进城市轨道交通运营的发展。图 8-1-1 所示为某地铁调度指挥中心大厅画面，是城市轨道交通通信系统的指挥中心。

图 8-1-1　某地铁调度指挥中心大厅

8.1.2　通信系统的分类与结构

1. 通信系统的分类

通信系统通过通信传输系统（传输承载网）在控制中心与车站、车辆段、停车场及车载系统之间进行信息传输和控制。控制中心包括调度中心、公务交换中心、CCTV 监控中心、时钟分配中心、乘客服务中心和网管中心，实时对通信电话、视频监控、广播、时钟、CCTV、乘客资讯系统等进行信息传输、调整和控制。通信系统如图 8-1-2 所示，其中 LTE 的全称为 long term evolution，即长期演进技术；AP 的全称为 access point，即无线接入点。

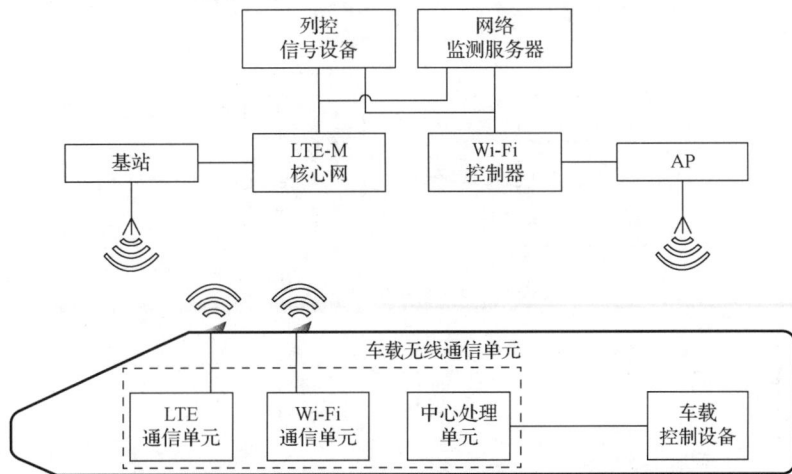

图 8-1-2　通信系统

1）按用途分类。通信系统按用途可分为通信传输系统、电话系统、调度系统、时钟系统、闭路电视系统、广播系统、商用通信系统和旅客信息系统。

2）按设备分类。通信系统按设备可分为通信传输系统、电话系统、广播系统、电视监控系统、时钟系统、无线通信系统。

2．通信系统的结构

通信系统是系统各站点与中心及站与站之间的信息传输、不同线路的信息交换的通道，因为担负着城市轨道交通大部分信息传输的重任，所以在城市轨道交通中通信系统非常重要。

通信系统具体由以下几个部分组成。

1）光纤骨干网。光纤骨干网贯穿整个传输过程，有光纤、电缆两种传输介质，短距离传输使用电缆或多模光纤和 LED 光源；长距离传输一般使用单模光纤。

2）网络节点。网络节点是用户访问网络、使用网络的直观方式，可为用户接口卡提供电源，接收用户接口卡信息并传送到光纤骨干网，同时接收光纤骨干网信息并传送到用户接口卡。

3）用户接口卡。用户接口卡是用户接入系统的硬件工具，可使自身系统无限向外延伸。它有两种形式：一是硬件，可通过板卡自身跨接线和微动开关实现；二是软件，可通过网络中心实现。

4）网络管理系统。网络管理系统基于主流且成熟的操作系统和友好的人机界面，可对传输网络进行配置、扩展、维护和管理。

通信系统的结构如图 8-1-3 所示。

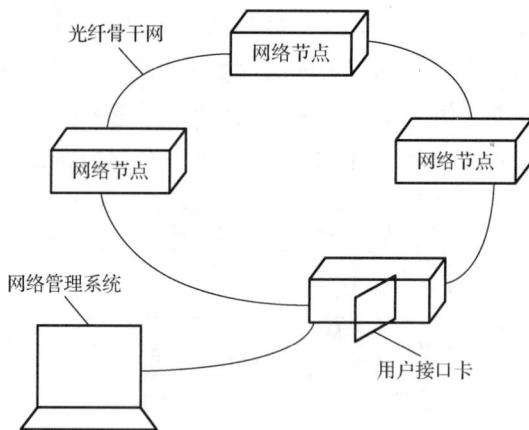

图 8-1-3　通信系统的结构

8.1.3　通信网络

1．网络要求

城市轨道交通的通信网络可应用于专用无线通信系统，通过与视频监控、广播和乘客信息系统实现网络传输，实现无线的安全接入和快速部署。专用无线通信系统面向与地铁运输有关的工作人员，如调度人员、值班人员、列车员、安全人员、维修人员等，可使他们之间的语音通信和数据信息进行交互，它具有极强的无线调度功能，对保证行车安全、提高运输效率和管理水平、改善服务质量提供了重要保证，同时，在地铁运营出现异常情况和有线通信出现故障时，亦能迅速提供防灾救援和事故处理等所需要的通信手段。城市轨道交通对通信网络的要求非常高，对无线网络的要求如图 8-1-4 所示。

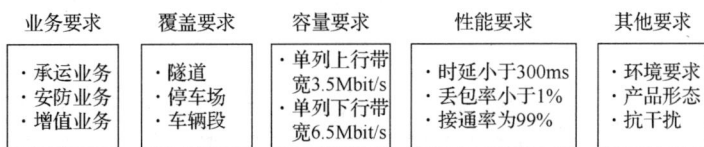

业务要求	覆盖要求	容量要求	性能要求	其他要求
·承运业务 ·安防业务 ·增值业务	·隧道 ·停车场 ·车辆段	·单列上行带宽3.5Mbit/s ·单列下行带宽6.5Mbit/s	·时延小于300ms ·丢包率小于1% ·接通率为99%	·环境要求 ·产品形态 ·抗干扰

图 8-1-4 对无线网络的要求

2．网络结构

城市轨道交通通信要实现不同系统之间的网络互通，主要有两个方面：一是视频监控系统，提供列车运行、防灾救灾、旅客疏导等方面的视觉信息；二是广播、乘客信息系统，为乘客提供列车停靠信息、进出站信息、安全提示和向导、音乐，为工作人员播发通知等语音和视频信息。因此，通信系统必须为其他系统提供可靠灵活的传输通道，确保通信能够稳定、持续进行。根据需求和业务的不同，通信系统的网络结构一般有三种：环形网络结构、星形网络结构、总线形网络结构。

（1）环形网络结构

环形网络结构如图 8-1-5 所示。

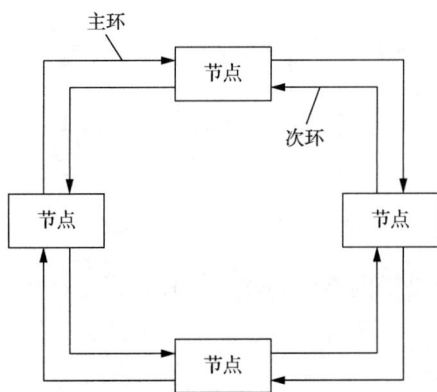

图 8-1-5 环形网络结构

环形网络结构由两个环路组成：一个环路运行，负责传送信息，一般称其为主环；另一个环路备用，一般称其为次环。两个环路相辅相成，功能完全一致，系统运行时不断运行主环、检测次环，确保主环发生故障时次环能随时投入使用。当主环停止运行时，次环立即启动。这种结构需要的电缆较少，旨在确保主环发生故障或其他原因导致其停止运行时，能够自动切换到次环上，确保整个通信系统正常运行。

（2）星形网络结构

星形网络结构如图 8-1-6 所示。

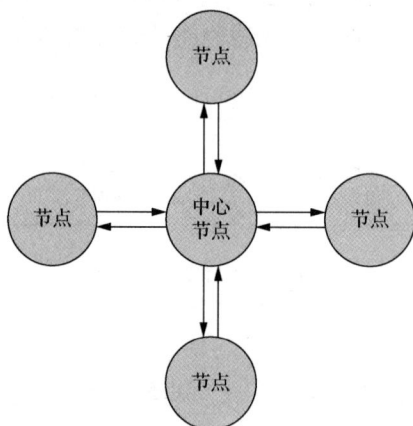

图 8-1-6　星形网络结构

星形网络结构以中心节点为中心，外形连接呈发散状。这种结构需要更多的设备、电缆，并且受地理环境的影响大。

（3）总线形网络结构

总线形网络结构如图 8-1-7 所示。

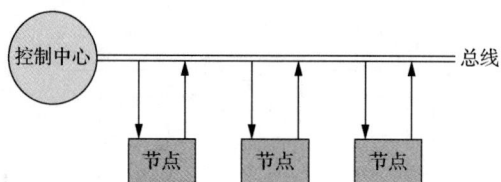

图 8-1-7　总线形网络结构

总线形网络结构的优点是当网络结构发生故障时，可将故障节点从网络中去除；缺点是受地理条件限制，成本高。

3．节点连接

通信网络的节点连接方式有两种，即环路连接和链路连接。与环路连接相比，链路连接可以在同一个节点针对不同连接距离采用不同的波长或收发器（光或电）。例如，短距离传输使用的是 850nm 的光收发器，但长距离传输使用的是 1300nm 的光收发器；如果长距离传输使用光收发器，那么短距离传输使用电收发器。

（1）环路连接

环路连接指每个光/电收发器分别与前一节点和后一节点通信，如图 8-1-8 所示，其中 λ 为波长。

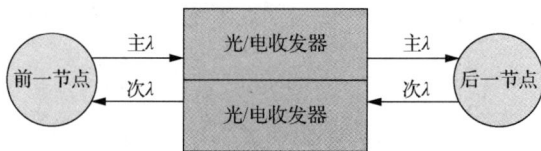

图 8-1-8 环路连接

（2）链路连接

链路连接指一个光/电收发器负责与前一节点的通信，而另一个光/电收发器负责与后一节点的通信，如图 8-1-9 所示。

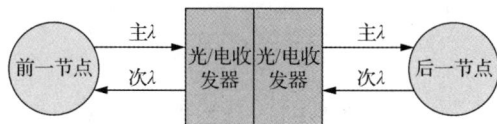

图 8-1-9 链路连接

4．网络运行故障处理

城市轨道交通通信系统的主干网一般采用环形网络结构。

1）当主环故障时，系统自动将信息传输通道切换到次环，如图 8-1-10 所示，其中 PP 为通信系统网络结构中的节点，SP 为通信系统网络结构中切换到备用次环时的节点，后续其他均类同。

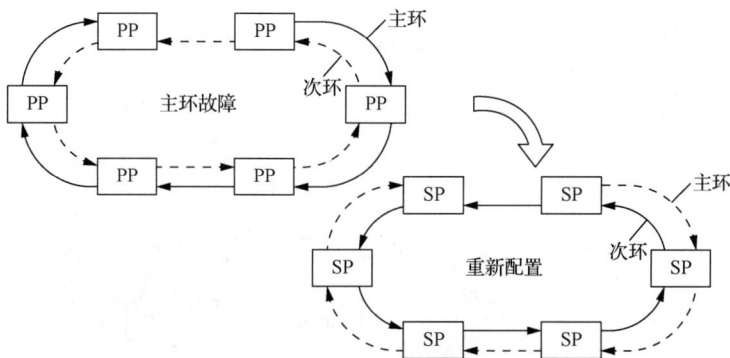

图 8-1-10 主环故障

2）当发生次环故障时，系统不采取网络重组动作，但是会将次环状况信息报给控制中心，如图 8-1-11 所示。

3）当发生双环路故障（同点）时，采用回环措施，即一节点将输出的主环信息接入次环，另一节点将次环信息接入主环，如图 8-1-12 所示。

4）当发生节点故障时，也可采用回环措施，如图 8-1-13 所示。

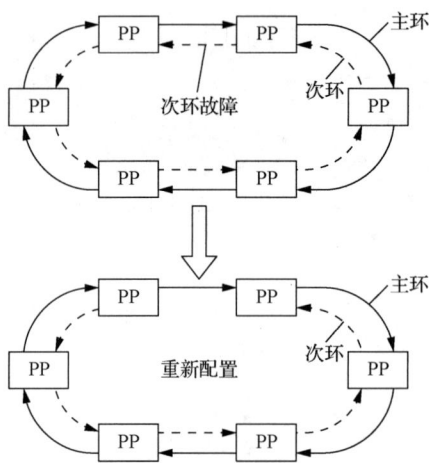

图 8-1-11　次环故障

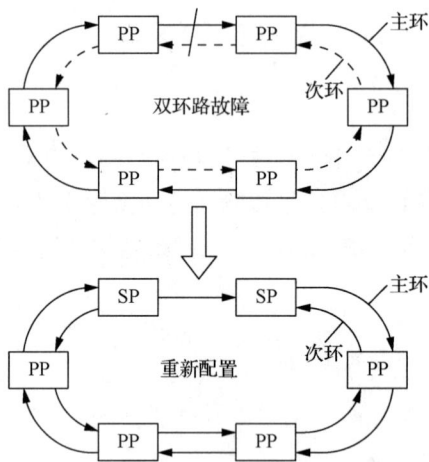

图 8-1-12　双环路故障

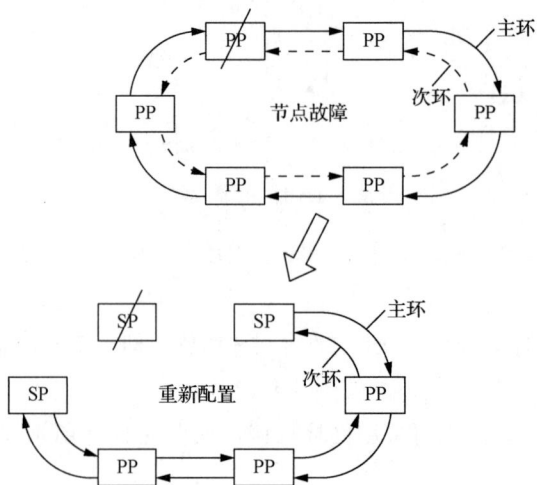

图 8-1-13　节点故障

5）当多故障同时发生时，自动恢复机制执行，将系统分隔成独立的子系统，各子系统进行正常操作，如图 8-1-14 所示。

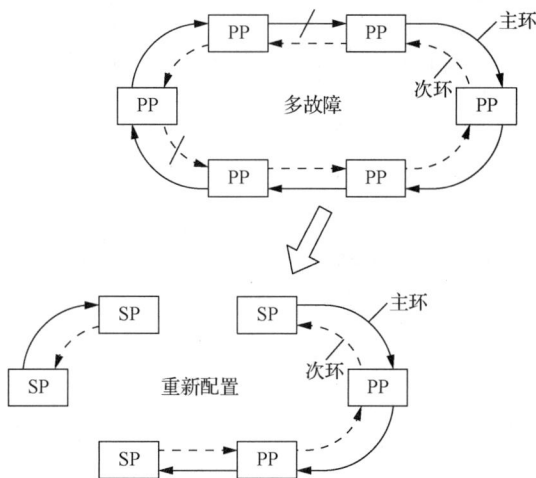

图 8-1-14　多故障

8.1.4　通信系统的传输介质

通信系统的传输介质主要有双绞线（twisted pair，TP）、同轴电缆、光纤等。

1．双绞线

（1）双绞线的概念

双绞线（图 8-1-15）是综合布线工程中最常用的传输介质，由两根具有绝缘保护层的铜导线按一定密度互相绞在一起组成，一根导线在传输中辐射出来的电波会被另一根导线上发出的电波抵消，有效降低信号干扰的程度。这种组合方式不仅可以抵御一部分来自外界的电磁波干扰，还可以降低多对双绞线之间的相互干扰。把两根绝缘的导线互相绞在一起，作用在这两根相互绞缠在一起的导线上的干扰信号是一致的，这个干扰信号叫作共模信号；在接收信号的差分电路中可以将共模信号消除，从而提取有用信号（也称差模信号）。双绞线的作用是使外部干扰在两根导线上产生的无用信号（即噪声）相同，以便后续的差分电路提取有用信号。

图 8-1-15　双绞线

双绞线一般由两根 22～26 号绝缘铜导线相互缠绕而成，"双绞线"的名字也是由此而来的。在实际使用时，多对双绞线被包在一个绝缘电缆套管里形成双绞线电缆，但在日常生活中，人们一般把双绞线电缆直接称为双绞线。与其他传输介质相比，双绞线在传输距离、信道宽度和数据传输速度等方面受到一定限制，但价格较为低廉。在一个绝缘电缆套管里，不同线对具有不同的扭绞长度。一般来说，扭绞长度在 38.1～140mm 内，按逆时针方向扭绞，相邻线对的扭绞长度在 12.7mm 以内。双绞线一个扭绞周期的长度叫作节距，节距越小，则扭线越密，抗干扰能力越强。

（2）双绞线的分类

1）按照有无屏蔽层分类。双绞线是目前局域网中最常用的一种布线材料，按照有无屏蔽层可分为屏蔽双绞线（shielded twisted pair，STP）和非屏蔽双绞线（unshielded twisted pair，UTP）两大类，如图 8-1-16 所示。

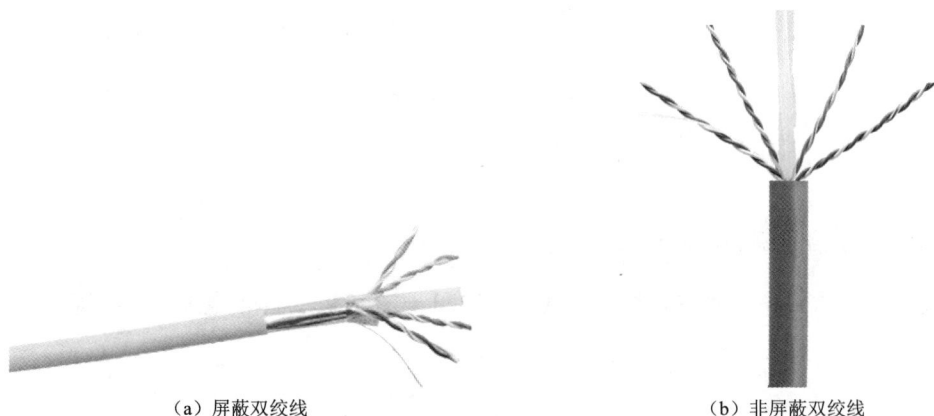

（a）屏蔽双绞线　　　　　　　　　　　　　　　　　（b）非屏蔽双绞线

图 8-1-16　屏蔽双绞线和非屏蔽双绞线

① 屏蔽双绞线。屏蔽双绞线在双绞线与外层绝缘封套之间有一个金属屏蔽层。屏蔽双绞线分为 SFTP（shielded foil twisted-pair，双屏蔽双绞线）和 FTP（foil twisted-pair，整体屏蔽的屏蔽双绞线），SFTP 指每条线都有各自的屏蔽层，而 FTP 只在整个电缆中有屏蔽装置，并且只有在两端都正确接地时才起作用。屏蔽双绞线要求整个系统都是屏蔽器件，包括电缆、信息点、水晶头和配线架等，同时建筑物需要有良好的接地系统。屏蔽层可减少辐射，防止信息被窃听，也可阻止外部电磁干扰的进入，因此屏蔽双绞线比同类的非屏蔽双绞线具有更高的传输速率。但是在实际施工时，很难全部完美接地，从而使屏蔽层本身成为最大的干扰源，导致性能远不如非屏蔽双绞线。因此，除非有特殊需要，在综合布线系统中只采用非屏蔽双绞线。

② 非屏蔽双绞线。非屏蔽双绞线是一种数据传输线，由四对不同颜色的传输线组成，广泛用于以太网和电话线中。非屏蔽双绞线具有以下优点：一是无屏蔽外套，直径小，占用的空间小，成本低；二是重量轻，易弯曲，易安装；三是将串扰减至最小或消除；四是具有阻燃性；五是具有独立性和灵活性，适用于结构化综合布线。因此，在综合布线系统中，非屏蔽双绞线得到广泛应用。

2）按照频率和信噪比分类。双绞线常见的有三类线、五类线和超五类线，以及最新的六类线，具体型号如下。

①　一类线（CAT1）。此类线主要用于语音传输（用于 20 世纪 80 年代初之前的电话线缆），不用于数据传输，最高传输频率为 750kHz，可以用于报警系统。

②　二类线（CAT2）。此类线的传输频率为 1MHz，用于语音传输和最高传输速率为 4Mbit/s 的数据传输，常见于使用 4Mbit/s 规范令牌传递协议的旧的令牌网。

③　三类线（CAT3）。此类线是 ANSI（American National Standards Institute，美国国家标准协会）确认的和 EIA/TIA568 标准中指定的双绞线，传输频率为 16MHz，最高传输速率为 10Mbit/s，主要应用于语音传输、10Mbit/s 以太网（10BASE-T）和 4Mbit/s 令牌环，最大网段长度为 100m，采用 RJ 形式的连接器，已淡出市场。

④　四类线（CAT4）。此类线的传输频率为 20MHz，用于语音传输和最高传输速率为 16Mbit/s 的数据传输。

⑤　五类线（CAT5）。此类线增加了绕线密度，外套一种高质量的绝缘材料，传输频率为 100MHz，用于语音传输和最高传输速率为 100Mbit/s 的数据传输，这是最常用的以太网双绞线。

⑥　超五类线（CAT5e）。此类线具有衰减小、串扰少的特点，并且具有更高的衰减与串扰的比值和信噪比，更小的时延误差，性能得到很大提高。此类线主要用于千兆位以太网（1000Mbit/s）。

⑦　六类线（CAT6）。此类线的传输频率为 1～250MHz，六类布线系统在 200MHz 时综合衰减串扰比（PS-ACR）应该有较大的余量，它提供两倍于超五类线的带宽。六类线的传输性能远远高于超五类线，适用于传输速率高于 1Gbit/s 的应用。六类线与超五类线的一个重要的不同点在于：改善了串扰及回波损耗方面的性能，对于新一代全双工的高速网络应用而言，优良的回波损耗性能是极重要的。六类线取消了基本链路模型，布线标准采用星形的拓扑结构，要求的布线距离为：永久链路的长度不能超过 90m，信道的长度不能超过 100m。

⑧　超六类线（CAT6A）。此类线的传输带宽介于六类线和七类线之间，传输频率为 500MHz，传输速率为 10Gbit/s，标准外径为 6mm。对于超六类线和七类线，国家还没有出台正式的检测标准，只是行业中有此类产品，各厂家会宣布一个测试值。

⑨　七类线（CAT7）。此类线的传输频率为 600MHz，传输速率为 10Gbit/s，单线标准外径为 8mm，多芯线标准外径为 6mm。

双绞线类型数字越大、版本越新，技术越先进、带宽越宽，当然价格也越贵。不同类型双绞线的标注方法：如果是标准类型，则按 CATx 的方式标注，如常用的五类线和六类线，在线的外皮上标注为 CAT5、CAT6；如果是改进版，则按 CATxe 的方式标注，如超五类线标注为 CAT5e。无论是哪种线，衰减都随频率的升高而增大。在设计布线时，要使受到衰减的信号有足够大的振幅，以便在有噪声干扰的条件下能够在接收端正确地被检测出来。除此之外，双绞线能够传送高速率的数据与数字信号的编码方法有很大的关系。

2. 同轴电缆

（1）同轴电缆的概念

同轴电缆（图 8-1-17）是由相互绝缘的同轴心导体构成的电缆，内导体为铜线，外导体为铜管或网。电磁场封闭在内外导体之间，故辐射损耗小，受外界干扰影响小，是局域网中最常见的传输介质之一。同轴电缆可用于模拟信号和数字信号的传输，适用于各种各样的应用，其中最重要的有电视传播、长途电话传输、计算机系统之间的短距离连接及局域网应用等。同轴电缆作为将电视信号传播到千家万户的一种手段发展迅速，在此过程中发挥作用的是有线电视。一个有线电视系统可以负载几十个甚至上百个电视频道，其传播范围可以达几十千米。长期以来，同轴电缆都是长途电话网的重要组成部分。今天，它面临着来自光纤、地面微波和卫星的日益激烈的竞争。

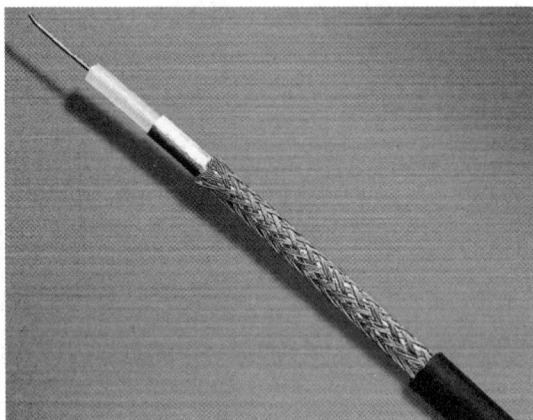

图 8-1-17　同轴电缆

同轴电缆由里到外分为四层：中心铜线（单股实心线或多股绞合线）、塑料绝缘体、网状导电层和电线外皮。同轴电缆的得名与它的结构相关，它用来传递信息的一对导体是按照一层圆筒式的外导体套在内导体（一根细芯）外面，两个导体间用绝缘材料互相隔离的结构制造的，外导体和中心轴芯线的圆心在同一个轴心上，因而叫作同轴电缆。同轴电缆设计成这样，是为了防止外部电磁波干扰信号的传递。同轴电缆结构如图 8-1-18 所示。

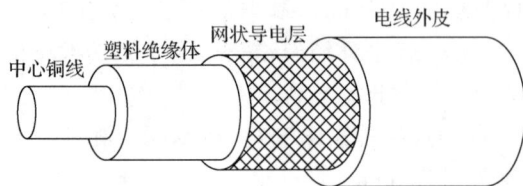

图 8-1-18　同轴电缆结构

（2）同轴电缆的分类

由于全球电子产业在 2000 年进入高峰期，作为电子产业的一部分，同轴电缆市场规模达到历史的高峰。在随后的三年内，随着全球经济增长率进入低谷，同轴电缆产业随着下游需求的萎缩而进入低迷期，直到 2003 年下半年才出现复苏迹象。从 2004 年开始，全球同轴电缆行业进入新一轮的增长期。随着移动通信信号覆盖面的不断扩大，基站数增加，以及交通、能源、医疗等领域对移动信号要求的不断提高，全球射频同轴电缆行业的市场发展前景良好。随着中国电力工业、数据通信业、城市轨道交通业、汽车业及造船业等行业规模的不断扩大，同轴电缆的需求将迅速增长，未来同轴电缆业有巨大的发展潜力。

同轴电缆可分为两种基本类型：基带同轴电缆和宽带同轴电缆。

1）基带同轴电缆。基带同轴电缆的屏蔽层通常是用铜做成的网状结构，其特征阻抗为50Ω。这种电缆用于传输数字信号，常用的型号一般有粗缆（RG-8）和细缆（RG-58），粗缆与细缆最直观的区别在于电缆直径不同。

① 粗缆。粗缆适用于比较大型的局部网络，它的标准距离长，可靠性高，但是粗缆网络必须安装收发器和收发器电缆，安装难度大，因此总体造价高。

② 细缆。与粗缆相反，细缆安装较为简单，造价较低，但其在安装过程中要切断电缆，因而当接头较多时容易产生接触不良。

使用粗缆或细缆连接的网络，其故障点往往会影响整根电缆上的所有机器，故障的诊断和修复都很麻烦。因此，基带同轴电缆已逐渐被非屏蔽双绞线或光缆取代。

2）宽带同轴电缆。宽带同轴电缆的屏蔽层通常是用铝冲压而成的，其特征阻抗为75Ω。这种电缆通常用于传输模拟信号，常用型号为 RG-59，是有线电视网中使用的标准传输电缆，一根电缆可以同时传输多路电视信号。宽带同轴电缆也可用作某些计算机网络的传输介质。

3．光纤

（1）光纤的概念

1870 年的一天，英国物理学家丁达尔（Tyndall）到皇家学会的演讲厅讲述光的全反射原理，他做了一个简单的实验：首先在装满水的木桶上钻个孔，然后用灯从桶上边把水照亮。结果使观众们大吃一惊。人们看到，放光的水从木桶的小孔里流了出来，水流弯曲，光线也跟着弯曲，光居然被弯弯曲曲的水"俘获"了。后来人们制造出一种透明度很高、粗细像蜘蛛丝一样的玻璃丝——玻璃纤维，当光线以合适的角度射入玻璃纤维时，光就沿着弯弯曲曲的玻璃纤维前进。这种纤维能够用来传输光线，因此称它为光纤，如图 8-1-19 所示。

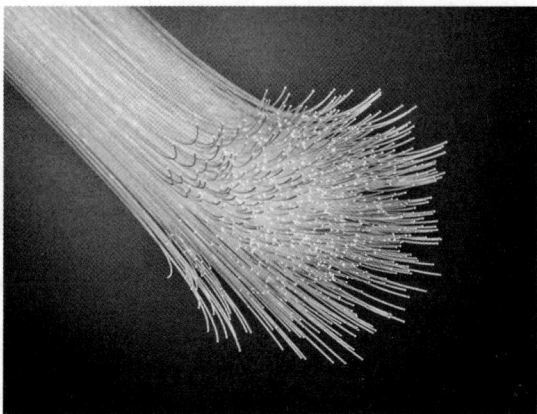

图 8-1-19　光纤

光纤是一种利用光在玻璃或塑料制成的纤维中的全反射原理而制成的光传导工具。微细的光纤被封装在塑料护套中，使得它能够弯曲而不至于断裂，它的传导损耗比电在电线中传导的损耗低得多，因此光纤被用作长距离的信息传递。

通常，光纤一端的发射装置使用发光二极管或一束激光将光脉冲传送至光纤，光纤另一端的接收装置使用光敏元件检测脉冲。高锟和乔治·霍克汉姆（George Hockham）首先提出光纤可以用于通信传输的设想，高锟因此获得 2009 年诺贝尔物理学奖。

（2）光纤的分类

因为光在不同物质中的传播速度是不同的，所以光从一种物质射向另一种物质时，在两种物质的交界面处会产生折射和反射，而且折射光的角度会随入射光的角度变化而变化。当入射光的角度达到或超过某一角度时，折射光会消失，入射光全部被反射回来，这就是光的全反射。不同的物质对相同波长光的折射角度是不同的（即不同的物质有不同的光折射率），相同的物质对不同波长光的折射角度也是不同。光纤通信就是基于这些原理形成的。

1）按照材料不同，可将光纤分为石英光纤、塑料光纤、红外光纤、塑包光纤。

① 石英光纤。石英光纤是以二氧化硅为主要原料，并用不同的掺杂量控制纤芯和包层的折射率分布的光纤。石英光纤具有低耗、带宽的特点，已被广泛应用于有线电视和通信系统。石英光纤的优点是损耗低。当光波长约为 1.4μm 时，损耗只有 1dB/km（分贝/千米）；当光波长为 1.55μm 时，损耗最低，只有 0.2dB/km。

② 塑料光纤。塑料光纤是纤芯和包层都用塑料做成的光纤，原料主要是有机玻璃、聚苯乙烯和聚碳酸酯。塑料光纤的纤芯直径为 1000μm，比单模石英光纤大 100 倍，接续简单，而且易于弯曲，施工容易。近年来，塑料光纤的发展受到了社会的重视。

③ 红外光纤。红外光纤能在红外波长领域工作，主要用于光能传送，如温度计量、热图像传输、激光手术刀医疗、热能加工等，目前相较于其他种类，其普及率尚低。

④ 塑包光纤。塑包光纤是将高纯度的石英做成纤芯，而将折射率比石英稍低的塑料做成包层的阶跃型光纤。与石英光纤相比较，它具有纤芯粗、数值孔径高的特点，因此，易与 LED 光源结合，损耗较小，非常适用于局域网和近距离通信。

2）按照传输模式不同，可将光纤分为多模光纤、单模光纤。

① 多模光纤。多模光纤中心玻璃芯较粗（芯径一般为 50μm 或 62.5μm），可传输多种模式的光，但其模间色散较大，限制了传输数字信号的频率，而且这种影响会随距离的增加变得更加严重。例如，600Mb/km 的光纤在 2km 时就只有 300Mbit/s 的带宽。因此，多模光纤传输的距离较近，一般只有几千米。

② 单模光纤。单模光纤中心玻璃芯较细（芯径一般为 9μm 或 10μm），只能传输一种模式的光，因此，其模间色散很小，适用于远程通信，但其色度色散起主要作用。单模光纤对光源的谱宽和稳定性有较高的要求，即谱宽要窄，稳定性要好。

（3）光纤的优点

1960 年，美国科学家梅曼（Maiman）发明了世界上第一台激光器，为光通信提供了良好的光源。随后二十多年，人们对光传输介质进行了攻关，终于制成了低损耗光纤，从而奠定了光通信的基石。从此，光通信进入了飞速发展的阶段。光纤的优点如下。

1）频带宽。频带的宽窄代表传输容量的大小，载波的频率越高，可以传输信号的频带就越宽。

2）损耗低。相比同轴电缆，光纤的损耗要小得多，传输距离也就远得多。若传输 1.31μm 的光，则每千米损耗在 0.35dB 以下；若传输 1.55μm 的光，则每千米损耗更小，可达 0.2dB

以下。此外，光纤传输损耗还有两个特点：一是全部有线电视频道具有相同的损耗，不需要像电缆干线那样必须引入均衡器进行均衡；二是其损耗几乎不随温度而变，不用担心因环境温度变化而造成干线电平的波动。

3）重量轻。光纤非常细，单模光纤芯径一般为 4～10μm，外径也只有 125μm，加上防水层、加强筋、护套等，用 4～48 根光纤组成的光缆直径还不到 13mm，比标准同轴电缆的直径 47mm 要小得多。另外，光纤是玻璃纤维，比重小，具有直径小、重量轻的特点，安装十分方便。

4）抗干扰能力强。因为光纤的基本成分是石英，只传光、不导电，不受电磁场的作用，在其中传输的光信号不受电磁场的影响，故光纤传输对电磁干扰、工业干扰有很强的抵御能力。正因为如此，在光纤中传输的信号不易被窃听，利于保密。

5）保真度高。光纤传输一般不需要中继放大，不会因放大需求而引入新的非线性失真。只要激光器的线性好，就可高保真地传输电视信号。实际测试表明，好的调幅光纤系统的非线性失真指标远高于一般电缆干线系统的非线性失真指标。

6）工作性能可靠。一个系统的可靠性与组成该系统的设备数量有关，设备越多，发生故障的机会越大。因为光纤系统包含的设备数量少（不像电缆系统那样需要几十个放大器），所以可靠性较高，加上光纤设备的寿命都很长，无故障工作时间达 50 万～75 万 h，其中寿命最短的是光发射机中的激光器，最低寿命也在 10 万 h 以上。因此，一个设计良好、正确安装调试的光纤系统的工作性能是非常可靠的。

7）成本不断下降。新摩尔定律（也称光学定律，optical law）指出，光纤传输信息的带宽，每 6 个月增加一倍，而价格降低一半。光通信技术的发展，为 Internet 宽带技术的发展奠定了非常好的基础，为大型有线电视系统采用光纤传输方式扫清了最后一个障碍。由于制作光纤的材料（主要是石英）来源十分丰富，随着技术的进步，成本还会进一步降低，而电缆所需的铜原料有限，价格会越来越高。显然，今后光纤传输将占绝对优势，成为建立有线电视网的最主要传输手段。

▍实践活动

> 1. 剥开一根双绞线，观察其结构。
> 2. 剥开一根同轴电缆，观察其结构。

知识拓展 | 光纤之父——高锟

高锟（1933 年 11 月 4 日—2018 年 9 月 23 日）生于江苏省金山县（今上海市金山区），华裔物理学家、教育家，光纤通信、电机工程专家，曾担任香港中文大学校长。他是 2009 年诺贝尔物理学奖的获得者，从理论上分析证明了用光纤作为传输媒体以实现光通信的可能性，并预言了制造通信用的超低耗光纤的可能性，被誉为"光纤之父""光纤通信之父""宽带教父"。

从 1957 年开始，高锟便从事光纤在通信领域运用的研究。1964 年，他提出在电话网络中以光代替电流，以玻璃纤维代替导线。1965 年，高锟与霍克汉姆共同得出结论，玻璃光衰减的基本限制在 20dB/km 以下，这是光通信的关键阈值。在此之前，光纤通常表现出高达 1000dB/km 甚至更多的光损耗，这一结论开启了寻找低损耗材料和合适纤维以达到这一标准的里程。

1966 年，高锟发表了一篇题为《光频率介质纤维表面波导》的论文，开创性地提出光纤在通信上应用的基本原理，描述了长程及高信息量光通信所需绝缘性纤维的结构和材料特性。简单地说，只要解决好玻璃纯度和成分等问题，就能够利用玻璃制作光学纤维，从而高效传输信息。这一设想被提出之后，有人认为这是匪夷所思的，也有人对此大加褒扬。但在争论中，光纤变成了学术热点，工业界投入了大量人力、财力，科学家、工程师全力以赴验证高锟理论的可行性。四年后美国康宁公司制造出了第一根光衰减 20dB/km 的光纤，证明了光纤作为通信介质的可行性。从此光纤通信走上时代舞台，全世界掀起了一场光纤通信的革命，1966 年也因此被称为光纤通信的诞生年。43 年后，高锟因该论文获得 2009 年诺贝尔物理学奖。

20 世纪 70 年代中期，高锟对玻璃纤维疲劳强度进行了开创性的研究。在被任命为国际电话电报公司首位执行科学家时，高锟启动了 "Terabit 技术" 计划（Terabit 即兆兆位：量度信息的单位），以解决信号处理的高频限制，因此高锟也被称为 "Terabit 技术理念之父"。

高锟还开发了实现光纤通信所需的辅助性子系统。他在单模纤维的构造、纤维的强度和耐久性、纤维连接器和耦合器及扩散均衡特性等多个领域做了大量的研究。

8.2

通信主干传输网和电话系统

学习目标

1. 了解通信主干传输网的种类。
2. 掌握电话系统的分类。

微课：通信主干传输网和
电话系统

8.2.1　通信主干传输网

城市轨道交通的专用通信网是一个能传输语言、图像、数据等各种类型信息的综合业务数字通信网。为了使各子系统能够相互联系、协同工作，一个可靠、合理、先进的通信主干传输网是必不可少的。通信主干传输网的优劣直接关系到各个通信子系统的运行效能。目前广泛使用的通信主干传输网有以下几种。

1．同步数字体系传输网

同步数字体系（synchronous digital hierarchy，SDH）传输网是由一些网元（net element，NE）组成的，在光纤上进行信息同步传输、复用和交叉连接的网络。

2．异步传输模式传输网

异步传输模式（asynchronous transfer mode，ATM）技术是未来宽带综合业务数字网的基本传送方式，它是在同步传输模式（synchronous transfer mode，STM）技术基础上发展起来的。异步传输模式传输网进一步改进了同步数字体系传输网和业务连接方面的弱点，融传输、交换、复接及有效支持各种业务接入为一体。

3．开放式传输网

西门子公司的开放式传输网（open transport network，OTN）是一种灵活、支持多协议的开放式网络。它根据语音、数据、LAN 及视频等业务的相关标准设计了接口卡，从而使符合这些标准的设备可以通过 OTN 节点机毫无限制地直接互联。

4．一体化同步数字体系传输网

一体化同步数字体系传输网基于 TDM（time division multiplexing，时分多路复用）技术，吸收了同步数字体系标准传输机制、自愈环保护盒 OTN 的丰富通信协议接口类型的优点，克服了传统同步数字体系设备在城市轨道交通应用中的不足，可在光纤网络上直接传输语音、宽带音频、数据、视频。

城市轨道交通通信主干传输网的不同业务对系统的带宽、时延、可靠性等的要求各不相同，这就要求传输系统有足够的灵活性和可靠性以保证各种业务的顺利完成。通信业务按不同的类型可分为车站-控制中心业务和邻站业务两种，如图 8-2-1 所示。

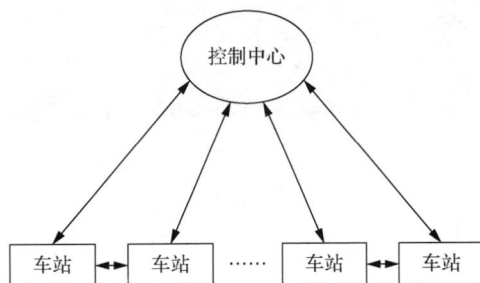

图 8-2-1　通信业务

8.2.2　电话系统

电话系统为城市轨道交通的管理、运营提供语音服务。电话系统主要分为公务电话系统和专用电话系统，并配备录音系统。目前，部分城市轨道交通线路采用公务、专用电话系统合并设计的方案，即公务、专用电话系统软、硬件分别设置，具有功能独立、运营独立、管理维护独立等系统隔离特性。但两系统又处在同一个交换平台上，共享电话交换机公共部件，共享中继链路和网络管理系统。

1. 公务电话系统

公务电话系统是城市轨道交通运营控制的重要通信工具，一般公务电话系统根据城市轨道交通的规模具有不同的容量。在通常情况下，一个车站基本上为一个 2Mbit 通路（一般在 30 个电话以内）。公务电话系统可设 1～2 个交换机，通常交换机置于控制中心，各个车站通过远端模块实现电话的接入。

公务电话系统相当于企业的内部电话网，其核心是程控数字交换机，通过中继线路与城市市话网相连，实现城市轨道交通内部对外通话。程控数字交换机的分机分布在城市轨道交通的各办公管理部门、运行控制中心、车站、设备室等需要通话的区域。

程控数字交换机（图 8-2-2）的全称为存储程序控制交换机，也被称为程控交换机或数字程控交换机。它是电话交换网的交换设备，以计算机程序通过数字交换网络来控制各用户模块的电话接续，是利用现代计算机技术，完成控制、接续等工作的电话交换机。

图 8-2-2　程控数字交换机

2. 专用电话系统

专用电话系统分为四类：调度电话、站内电话、站间电话和轨旁电话。专用电话系统由枢纽主系统和车站分系统两级结构组成，枢纽主系统和车站分系统通过数字传输设备提供 2Mbit 数字通道，将调度电话、站内电话、站间电话和轨旁电话等业务综合起来，便于安装、调试、使用、维护和管理。

（1）调度电话

调度电话由调度总机、调度台和调度分机组成，并通过传输系统电缆相连，为城市轨道交通的调度（如行车调度、维修调度、环控调度、电力调度等）提供专用的直达通话，具有单呼、组呼、全呼、紧急呼叫等功能，并配备维护终端和数字录音等设备。

调度台有两种，一种是按键式调度台（图 8-2-3），具备单呼、固定组呼、全呼功能，并有会议功能，能对分机进行任意的编组呼叫；另一种是基于 PC（personal computer，个人计算机）屏幕的软调度台（图 8-2-4），可提供可视调度电话。

图 8-2-3 按键式调度台

图 8-2-4 软调度台

（2）站内电话

在车站内的站厅、站台、售票厅、客服中心和站控室等不同的工作地点的工作人员通常有频繁的通信联系，若这些车站内通信通过公务电话，那么不但会加重公务电话交换机和传输系统的负荷，而且拨号连接的方式不适合站内通信，因此车站内部配有相对独立的电话交换系统。

站内电话由车站电话交换机、车站值班台和电话分机组成，站内电话可提供车站内部人员的直接通话，同时能使乘客或工作人员在紧急情况下使用紧急电话。图 8-2-5 是电梯内的紧急召援按钮，乘客可通过该按钮电话联系车站工作人员。

图 8-2-5 紧急召援按钮

（3）站间电话

站间电话（图 8-2-6）设置在车站控制室内的行车值班人员操作台上，是供相邻车站值班人员联系的直通电话，行车电话机双方无须拨号，摘机即可与对方通话。站间电话的通话范围限于相邻两个车站值班人员之间，无法越站通话。

图 8-2-6　站间电话

（4）轨旁电话

轨旁电话（图 8-2-7）是安装在隧道里的电话，它是为系统运营和维护及应急需要而设置的，由轨旁电缆连接站内交换机，供列车司机和维修人员在紧急情况下及时联系车站及相关部门。轨旁电话具有抗冲击和防潮等特性，在隧道内每 150～200m 安装一部电话，3～4 部轨旁电话并接使用同一号码，并且多部电话交叉配置，以增加可靠性。轨旁电话可同时接站内电话和公务电话，通过插座或开关实现号码转换。

图 8-2-7　轨旁电话

3．录音系统

为确保城市轨道交通控制中心调度人员与车站运营人员之间调度指令和安全指令的正确保存，使用录音系统对每个话路进行录音、监听、回放，还可识别来电号码。

实践活动

1. 使用电梯内的紧急召援按钮联系车站工作人员。
2. 使用站间电话联系相邻车站。

8.3

广 播 系 统

学习目标

1. 了解广播系统的作用。
2. 掌握广播系统的组成。
3. 掌握广播系统的功能。

微课：广播系统

8.3.1　广播系统的作用

广播系统是城市轨道交通运营及进行行车组织的必要手段，能为乘客及工作人员提供语音信息播报服务。广播播放器如图 8-3-1 所示。广播是将各种语音信息传递给用户的一种通信方式，它具有快速响应的能力，城市轨道交通系统需要更多、更便捷的广播系统为乘客提供服务。

图 8-3-1　广播播放器

广播系统是通信系统中的一个专用子系统，在行车组织、客运服务、防灾救险、设备维护等方面具有十分重要的影响。广播系统为城市轨道交通的客运、行车、防灾、设备维护等部门提供了功能完善的先进作业工具，提高了城市轨道交通客运服务质量和处理突发事件的能力。广播系统的作用主要体现在以下两个方面。

1. 对乘客广播

1）平时在城市轨道交通车站的不同区域为售票、检票、进站、候车、乘降、出站、换乘等播报不同的服务用语和有关注意事项，提供各项告知服务。

2）维持城市轨道交通车站秩序，有效疏导乘客乘车先下后上，为缩短列车站点停留时间、确保列车正点创造了条件。

3）当有重大活动、节日等引起地铁客流激增时，广播系统可作为实施应急客运组织的重要手段，为大客流运营组织提供保障。

4）当遇到事故灾害等突发事件时，广播系统可作为紧急疏导、指挥救灾的重要工具。

2. 对运营人员广播

广播系统针对运营人员的广播内容较为简单，旨在快速发布与运营相关的通知信息，要求运营人员协同配合工作。

8.3.2　广播系统的组成与控制

1. 广播系统的组成

广播系统主要由控制中心广播系统、车站广播系统及停车场广播系统三个部分组成。

（1）控制中心广播系统

控制中心广播系统设置在运行控制中心调度大厅，具有语音和信号等控制功能，供行车调度、环控调度、维修调度使用，在紧急情况下，调度人员可通过该系统对任何区域广播。控制中心广播系统包括中心广播控制终端、中心广播控制台、中心广播机柜设备、中心网络管理服务器。

中央控制室配有三个广播播音台，即列车调度播音台、电力调度播音台、环境控制调度播音台。控制中心广播系统可以实现以下播音功能。

1）对所有车站的所有区域通过键盘选择后进行播音。

2）对每个运行方向的站台通过键盘选择后进行播音。

3）对每个车站的所有广播区域通过键盘选择后进行播音。

（2）车站广播系统

车站广播系统设置在车站控制室内，具有语音、信号及各种控制功能，包括人工广播、线路广播、预存广播等，车站值班人员可根据需要对站台、站厅、办公区进行广播播放。车站广播系统包括车站广播控制终端及车站广播控制台、站台监察亭控制终端及站台监察亭广播控制台、广播机柜设备（含车站广播控制单元、功率放大器、电源时序控制器）、噪声传感器、扬声器及线缆等。

车站广播系统可对车站内的所有播音区进行广播，常见的四个播音分区分别是站台1（上行）、站台2（下行）、站厅和办公区域（设备区域）。

各车站的车站控制室内配备带有麦克风和选择键盘的播音台，车站的通信和机电室内设有前置放大器、功能控制与接口单元等车站广播设备，这套广播设备可以供本站行车值班人员向本站各广播区域进行播音，如图8-3-2所示，还可以转接控制中心发来的调度人员播音并对其播音进行监听。

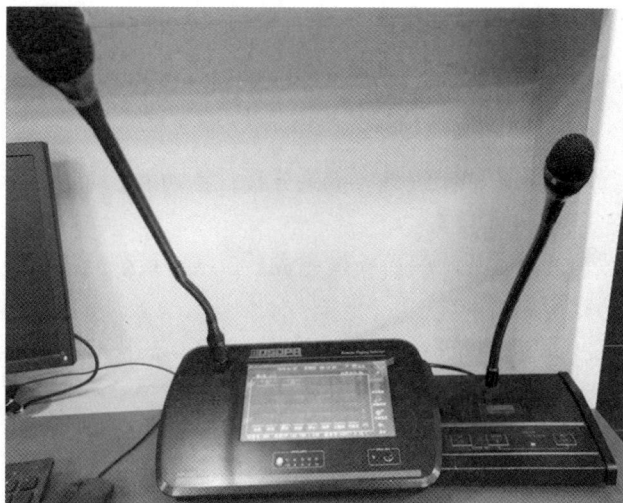

图 8-3-2　广播播音

（3）停车场广播系统

停车场广播系统设置在车辆段或停车场范围内的运转综合楼、检修车间、调车及工程车库等地方，对车辆段或停车场道岔群、检修主厂房、运用库等进行定向广播。停车场广播系统的结构与车站广播系统的结构相同，由于广播分区较少，相应的设备数量也随之减少。控制中心广播系统对车辆段、停车场只进行网管操作，不进行广播操作。

2．广播系统的控制

广播系统主要由控制中心广播系统、车站广播系统和停车场广播系统三个部分组成，为了满足运营防灾的需要，控制中心环控调度人员有最高优先权。控制中心播音控制台上输出的语音信号和控制信息，经过光传输系统传到各个车站，由车站广播控制设备接收。车站设备根据中心发来的指令，控制启动车站广播执行装置，语音经放大均衡后播送到指定的广播区域。

8.3.3　广播系统的功能

1）中心广播功能。控制中心操作人员可以在权限内对所辖各个车站、车辆段、停车场进行广播操作。

2）中心监听功能。控制中心操作人员可以在权限内监听所辖各个车站、车辆段、停车场广播区的广播内容。

3）应急广播功能。广播系统中配有应急广播控制模块，当系统设备出现故障情况时，可按下防灾广播控制盒的应急广播按键进行应急广播。

4）自动播放广播功能。广播系统接收信号系统发送的信息，在列车即将到站、离站时，启动数字语音合成模块内的预存储语音内容，进行自动广播。

5）实况广播功能。广播系统通过话筒实时拾取操作人员的口播音频，并将其实时地播放到目标广播区。

6）预录制广播功能。广播系统中配有数字语音合成模块，可存储、播放数字格式的音频。

7）平行广播功能。广播系统中设有音频矩阵模块，可以同时将不同的音源输入连接到不同的广播终端，互不干扰，实现平行广播功能。

8）优先分级广播功能。广播系统具有优先分级广播功能，可对目标广播叠加、冲突的操作按照设定的优先级进行协调。

9）广播自动释放功能。当某种广播操作完成后，广播系统会按照程序预设的方式自动释放广播区，避免区域无效占用。

10）循环广播功能。广播系统默认将数字语音合成模块中特定编号的语音段循环播放。

8.3.4　广播系统的操作

广播系统的语音包括列车进出站信息、安全提示信息、发生灾害险情的报警信息等，同时广播系统可以向运行中列车上的乘客进行广播，因此其语音包括报站信息和换乘信息，以及紧急情况下的广播信息等。另外，在运营和非运营期间，广播系统应能向车站范围内的地铁维护人员和站务人员进行广播。广播系统通过广播有效地传播本站的信息，从而提高地铁运营的可靠性。本节将简单介绍广播系统的操作。

1. 操作功能模块

广播系统主要有五大操作功能模块，它们分别是显示操作功能模块、广播选区管理操作功能模块、广播选区占用操作功能模块、背景音乐操作功能模块、后备模式操作功能模块，如图 8-3-3 所示。

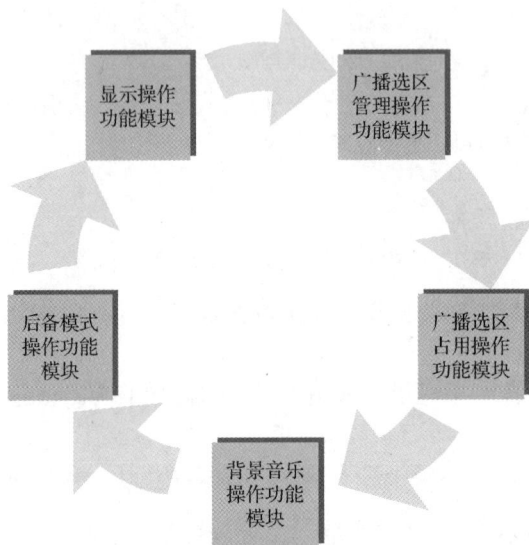

图 8-3-3　操作功能模块

广播系统的各功能模块能够实现以下操作。

1）监听操作。操作人员可以对权限内的管辖广播选区进行选择监听，并且可以调整监听音量。

2）外部音源接入操作。操作人员可以通过接入外部音源设备，将外部音源（如背景音乐）导入广播系统，在广播空闲时进行播放。通常城市轨道交通车站的背景音乐为操作人员自行导入的纯音乐（一般不采用有人声的音乐），当其他音源播放时，背景音乐会自动停止。

3）紧急广播操作。当车站广播控制单元内的广播模块发生故障时，按下紧急广播键，将车站广播控制台的音频通过应急通道直接送出，此时打开全部广播，进行全区播放。

4）后备操作。当车站广播控制终端失效时，利用广播控制台可以进行广播操作，实现广播系统的功能。

5）一键取消操作。当车站广播发生误播、错播、漏播等情况时，按下一键取消播放键，可立即切断正在进行的广播，避免扩大错误广播的影响。

2．车站区域代码

广播系统具有分区管理功能，可进行选区操作，城市轨道交通车站的广播区域通常为五个（换乘站是六个），可通过广播操作台（图 8-3-4）进行换区操作。以换乘站为例，在车站广播操作台上，"1"代表上行站台区域，"2"代表下行站台区域，"3"代表站厅区域，"4"代表出入口区域，"5"代表办公区域（或设备区域），"6"代表换乘通道区域。

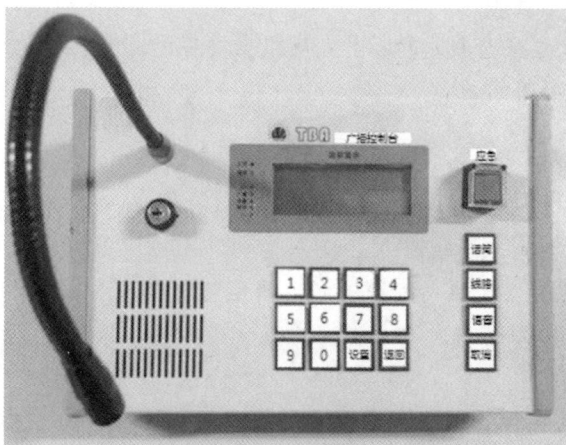

图 8-3-4 广播操作台

3．不同形式广播的操作方式

1）人工广播。选择区域→按"话筒"键→进行人工广播；直接按"取消"键取消人工广播。

2）线路广播。选择区域→按"线路"键→进行线路广播；直接按"取消"键取消线路广播。

3）语音广播。选择区域→按"语音"键→选择 1～10 条语音代码（广播操作台一般能提前预设 10 条语音广播）→按"设置"键确认播放；直接按"取消"键取消语音广播。

通过广播操作台的钥匙插孔可进行键盘锁定。锁定后不能对广播操作台上的按键进行操作（对"应急"键无效）。

■ 实践活动

> 1. 在设备区监听站台播放的广播内容。
> 2. 通过人工广播寻找一名走丢的儿童。

知识拓展 地铁车站广播

1．地铁车站广播的组成及播放原则

地铁车站广播包含列车进站广播、末班车广播、服务指引广播、大客流广播、故障及应急广播等。它的播放原则如下。

1）地铁车站预录广播原则上采用女声播报。

2）地铁车站预录广播应按核定的广播格式录制。

3）地铁车站专用通信广播的音量原则上控制在 75～80dB（A）之间，乘梯安全提示广播的音量原则上控制在 65～70dB（A）之间，如果因设备原因或现场环境无法设置在音量范围内，则可适当调整。

4）运营线的延长线在空载运行阶段，应根据设备测试需求编制过渡期列车进站广播词，避免出现误导乘客的信息。

2．地铁车站广播的编制

1）列车进站广播应包含途径本站所有交路的进站广播，分交路编制，其中小交路列车终点站进站广播应增加换乘信息。

2）末班车广播应包含本站所在线路的末班车预报广播、末班车进站预报广播、末班车终止广播、邻线末班车预报广播及线网部分线路停止服务广播。末班车广播应分线路及方向编制。

3）服务指引广播应包含乘梯安全提示广播、文明乘车广播、违禁物品广播、购票须知广播、移动支付广播、一级安检广播、临时票亭引导广播、排队候车广播、运营结束清客广播、雨天提示广播，站台为屏蔽门的车站应增加安全提示广播。

4）大客流广播应包含安全提示广播、候车引导广播、出站引导广播、客流控制（站控、线控、网控、甩站）广播。

5）故障及应急广播应包含列车晚点广播、清客广播、甩站（故障）广播、公交接驳广播、停运广播、单线运行广播、设备故障广播及险情疏散广播。

8.4

CCTV 系统

学习目标

1. 了解 CCTV 系统的概念和组成。
2. 掌握 CCTV 系统的操作。

微课：系统的应用与实践

8.4.1　CCTV 系统的概念

　　CCTV 系统是一种图像通信系统，是在特定的区域进行视频传输，并只在固定回路设备里播放的电视系统，如录像机、大楼内的监视器等。CCTV 系统的信号从源点发出后只传给预先安排好的与源点相通的特定电视机。该系统被广泛用于大量不同类型的监视工作、教育工作、电视会议等。CCTV 系统如图 8-4-1 所示。

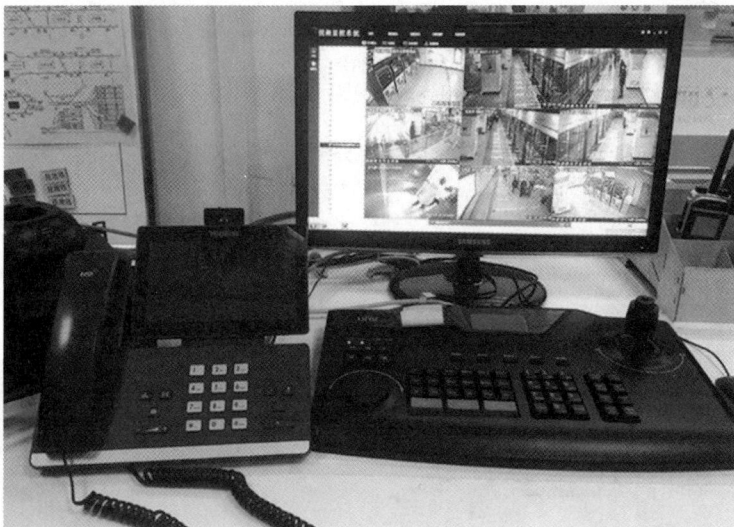

图 8-4-1　CCTV 系统

　　CCTV 系统是城市轨道交通安全技术防范体系中的一个重要组成部分，是一种先进的、防范能力极强的综合系统，它可以通过遥控摄像机、镜头、云台等直接观看被监视场所的一切情况。工作人员通过 CCTV 系统实时监控车站客流、列车出入站、乘客上下车等情况，以提高运营组织管理效率，确保列车运行安全、正点有序地运送乘客。该系统借助录像可以进行安全事故取证。

8.4.2 CCTV 系统的组成

1. 系统前端

系统前端主要用于获取被监控区域的图像，一般由摄像机、镜头、云台、解码器和防尘罩组成。

（1）摄像机

在 CCTV 系统中，摄像机处于最前端，它可以将所摄场景的影像图转变成电信号，为 CCTV 视频系统提供获取的影像和声音信息，为 CCTV 系统提供信号来源，因此它是 CCTV 系统中最重要的设备之一。

（2）镜头

镜头的作用是把摄像目标的光像聚焦于传感器上，在传感器上产生的图像是物体的倒像。它是利用凸透镜成像原理并附加若干透镜原件组合成的复合透镜，通过镜头能够得到中心和边缘都清晰的图像。

（3）云台

云台是对摄像机进行上下左右转动的设备，它能够扩大摄像机的拍摄范围，并且能够实时跟踪摄取对象的活动范围，提高摄像机的追踪能力。

（4）解码器

解码器是一种能将数字视音频数据流解码还原成模拟视音频信号的硬件/软件设备，只有装了解码器的计算机才能播放摄取的图像和声音。

（5）防尘罩

防尘罩的作用是保护摄像机和镜头不受外界有害物质的侵害（如灰尘遮挡摄像机的拍摄镜头、人为破坏摄像机等）。

2. 传输部分

传输部分的作用是将摄像机输出的视频（有些还包含音频）信号馈送到中心机房或其他监视点。传输部分一般由馈线、视频电缆补偿器、视频放大器等组成。当监控现场与控制中心距离较近时，采用视频图像、控制信号直接传输的方式；当监控现场与控制中心距离较远时，采用射频、微波或光纤传输的方式。信号传输的常用设备有同轴电缆、双绞线、光纤，三者的传输距离依次递增。

3. 系统终端

系统终端用于显示和记录、视频处理、输出控制信号、接收前端传来的信号，一般包括监视器、各种控制设备和记录设备等。监视器是 CCTV 系统的终端显示设备，整个系统的状态最终都要体现在监视器的屏幕上，监视器的优劣直接影响整个 CCTV 系统的应用效果。

8.4.3 CCTV 系统的操作

1. CCTV 系统的操作界面

CCTV 系统的操作界面有很多种，常见的简易操作界面如图 8-4-2 所示，一般常用的操作键如下。

1）"monitor"（屏幕显示键，简称 mon）：选择显示监视器屏幕上的画面。

2）"next"：意为"下一个"，进行不同画面之间的切换及菜单按钮的切换。

3）"Prev"：意为"上一个"或"返回"，返回上一个画面或回到上一个操作页面等。

4）操作杆：上下左右摇动，可以对摄像机的镜头进行方位调整，也可以对菜单栏的选择进行上下左右移动等。

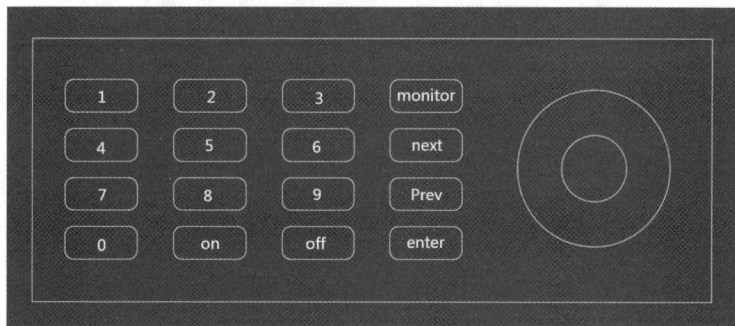

图 8-4-2　简易操作界面

2．CCTV 系统的操作说明

CCTV 系统的操作方式有很多种，各城市轨道交通车站的 CCTV 系统虽有不同，但大同小异。监控画面常见的设置一般有四宫格（图 8-4-3）和九宫格（图 8-4-4），分格画面可以是监控范围内任一摄像机摄取的影像图（分格画面可以是相同的，如图 8-4-3 所示的监控四宫格，四格画面均为同一摄像机所摄取的影像图）。常见的监控操作台有两种，一种是实体操作键盘，另一种是虚拟操作键盘。CCTV 系统的监视覆盖全站，确保车站范围内无明显监控死角，但其监视重点为站台上下行候车区域、自动扶梯附近、自动检票机处等行车安全重点区域和票务安全重点区域。大部分城市轨道交通车站的 CCTV 系统操作大同小异，本节将简单地介绍最基础的简易型九宫格监控界面的操作（这里使用说明的为图 8-4-2 所示的简易操作界面）。

图 8-4-3　四宫格

图 8-4-4　九宫格

1）九宫格监控界面指的是一个监视器屏幕被分成九个显示区域，如图 8-4-5 所示，每个区域可显示一个摄像机画面，并附带摄像机位置、编号、当前日期、当前时间等信息。

图 8-4-5　监控显示区域

2）每个显示区域由一个数字代表，由左至右、由上至下分别为 1、2、3、4、5、6、7、8、9。

3）通过操作杆前后左右移动，进行菜单浏览选择。当选中某一功能时，可按下"enter"键进行确认。如果选择错误，则可通过"Prev"键进行操作返回。

4）"mon"键为选择九个显示区域的功能键。当选择 mon+1+enter 时，代表将选中的某一摄像机所拍摄的图像显示在屏幕区域 1 上；当选择 mon+2+enter 时，代表将选中的某一摄像机所拍摄的图像显示在屏幕区域 2 上；当选择 mon+n+enter 时，代表将选中的某一摄像机所拍摄的图像显示在屏幕区域 n 上。

3．监控摄像机

CCTV 系统操作界面上的遥感控制着现场监控摄像机镜头的转动，但并非所有的摄像机镜头均能进行上下左右转动。

常见的监控摄像机有枪机摄像机（图 8-4-6）和球机摄像机（图 8-4-7）。

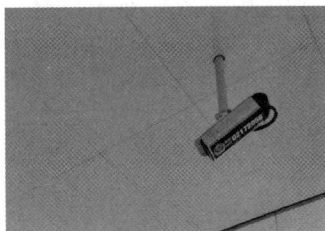

图 8-4-6　枪机摄像机

图 8-4-7　球机摄像机

1）枪机摄像机：固定位置后镜头不能转动，只能监控特定区域范围，如果想要改变监视区域，则需要对枪机摄像机机身进行方向的转变，一般可以通过远程遥控转动机身和现场手动转动机身。城市轨道交通车站内的枪机摄像机一般未设置远程遥控转动功能，原则上枪机摄像机固定位置后不再进行转动，如果需要改变监视区域，则须到现场对其机身进行手动调整。

2）球机摄像机：固定位置后可以对监视区域进行调整。调整方法有两种：一是摇动操作杆上下左右移动，通过改变球机摄像机镜头的方向来转换拍摄角度，可进行 360° 的角度调整（图 8-4-8）；二是对球机摄像机镜头进行焦距调整，抓住操作杆头部左右旋转，可对景物进行焦距调整（图 8-4-9）。两者结合可以灵活监控车站、列车等多个区域。

图 8-4-8　角度调整

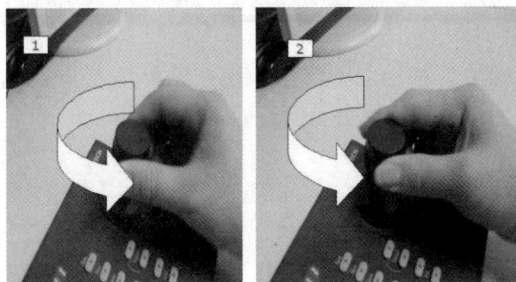

图 8-4-9　焦距调整

8.5

广播系统和CCTV系统的应用

学习目标

1. 了解广播系统的应用。
2. 了解CCTV系统应用设备。
3. 掌握CCTV系统应用特点。

8.5.1 广播系统的应用

广播系统的应用在城市轨道交通运营中的地位非常重要，它能通过广播有效地传播城市轨道交通车站及列车的实时运营信息，及时将乘客所需信息及运营重要信息传递给相关人员，从而提高地铁运营的可靠性。

1. 广播系统基础应用

1）实况广播：车站值班人员可向本站的各广播区进行广播，具有编组广播、单选广播等操作模式。

2）监听广播：通过操作中心和车站播音控制台，可选择监听各广播区的播音内容，监听音量可调。

3）编程：可人工设定站内广播区的编组、语音合成信息键位与内容、广播优先级别等。

2. 广播系统扩展应用

1）一次性广播预先录制的信息：完整的录音信息被提前存储在广播系统里，需要时选择性播放。

2）周期广播预先录制的信息：广播系统可以设置好时间循环播放录音信息。

3）终止周期广播：广播系统可以终止设置好的时间，从而终止周期广播。

4）广播时间表功能：广播系统可以自行制定播放录音信息的时间。

5）列车到站自动广播：广播系统可以设置在列车进入该站时自动触发并播放列车到站的广播信息。

6）自动在车站广播应急广播信息：广播系统在特殊情况下自动播放乘客疏散引导、进出站分流引导、火灾应急提示、出站引导等应急广播信息。

8.5.2 CCTV系统的应用

1. CCTV系统应用设备

CCTV系统应用设备供车站站务人员使用，通过这些设备，站务人员可以监视到本车站的客流和列车运行情况，确保本车站的运营安全。

CCTV 系统应用设备包括主控系统控制部分设备和外部设备。

1）主控系统控制部分设备。主控系统控制部分设备用来显示从外部设备上传过来的视频信号，并在控制键盘的控制下将相应的图像传送和显示到不同的监视器上，实现监视功能。

2）外部设备。外部设备分为摄像部分和监视部分，具体包括分布于整个车站的摄像机、提供给使用者的监视器和控制键盘等。

2．CCTV 系统应用特点

1）实时性。CCTV 系统具有实时性，这点尤为重要。CCTV 系统能够实时采集信息，帮助工作人员做出更加准确、快速的决策。

2）安全性。CCTV 系统具有安全防范和保密措施，防止非法侵入系统及非法操作。

3）可扩展性。CCTV 系统采用模块化结构，能够在监控规模、监控对象或监控要求等发生变更时方便灵活地在硬件和软件上进行扩展，即不需要改变网络的结构和主要的软硬件设备。

4）开放性。CCTV 系统遵循开放性原则，提供符合国际标准的软件、硬件、通信、网络、操作系统和数据库管理系统等诸方面的接口与工具，具备良好的灵活性、兼容性、扩展性和可移植性。整个网络是一个开放系统，能兼容多个监控厂家的产品，并能支持二次开发。

5）标准性。CCTV 系统所采用的设备及技术符合国际通用标准。

6）灵活性。CCTV 系统组网方式和功能配置灵活，能够充分利用现有视频监控子系统网络资源。CCTV 系统包括多个子系统，能满足不同监控单元的业务需求，软件功能全面，配置方便。

7）先进性。CCTV 系统是在满足可靠性和实用性的前提下尽可能先进的系统。整个系统在建成后的十年内保持先进，系统所采用的设备与技术能适应以后发展，并能够方便地进行升级。它将成为一个先进、适应未来发展、可靠性高、保密性好、网络扩展简便、连接数据处理能力强、系统运行操纵简便的安防系统。

8）实用性：CCTV 系统具备完成工程要求功能的能力和水准，符合本工程实际需要的国内外有关规范的要求，并且实现容易、操作方便。CCTV 系统从用户角度出发，充分利用现有资源，尽量降低系统成本，具有较高的性能价格比。

3．CCTV 系统应用范围

1）CCTV 系统可为车站值班人员提供对车站的站厅、站台等主要区域的监视。

2）CCTV 系统可为列车司机提供相对应站台乘客上下车及车门、屏蔽门状态等情况的监视。

3）CCTV 系统为中心调度人员提供对各车站的监视。

三方监视人员是相互独立的，其中车站值班人员、中心调度人员可进行人工和自动选择，中心调度人员还可进行录像。

4．CCTV 系统应用功能

CCTV 系统应能够满足车站值班人员和列车司机的使用要求，具体需要实现以下应用功能。

（1）图像显示功能

1）车站值班人员应可以对本车站的所有图像进行选择显示。

2）CCTV 系统可以采用自动循环的方式显示已设置的固定分组的图像。

3）CCTV 系统可以人工单选本车站的任一图像画面显示在任一监视器上。

（2）图像汉字叠加功能

CCTV 系统可以在各幅图像上叠加显示一些必要的信息，包括车站名称、摄像机位置及编号、日期和时间等，并且用户可以随意更改这些信息。

（3）摄像机的遥控功能

按照工作人员使用的需求，站厅内应设置可改变光圈、焦距和角度的摄像机，通过控制台的操作，车站值班人员应可遥控设置这些摄像机的光圈、焦距和角度，以达到使用要求。

（4）列车司机监视功能

为了确保乘客上下列车的安全，CCTV 系统必须为列车司机提供当前站台的监视图像，以便列车司机能够随时查看车门及屏蔽门开启和关闭的状态，防止夹人、夹物事件发生，造成乘客人身伤害或财产损失。

实践活动

1. 通过 CCTV 系统对车站进行巡视。

2. 通过监控检查客服中心的作业纪律。

知识拓展　视频监控系统的发展历程

视频监控系统虽然发展了短短二十几年时间，但发生了翻天覆地的变化。在 IP 技术逐步发展的今天，我们有必要重新认识视频监控系统的发展历程。从技术角度出发，视频监控系统发展划分为第一代、第二代、第三代。

1）第一代视频监控：模拟闭路式监控系统。该系统依赖摄像机、电缆、录像机和监视器等专用设备。

2）第二代视频监控："模拟-数字"监控系统。该系统以数字录像设备（digital video recorder，DVR）为核心，从摄像机到数字录像设备采用同轴电缆输出视频信号，支持录像和回放，并可支持有限 IP 网络访问。

3）第三代视频监控：全 IP 视频监控系统。该系统与模拟闭路式监控系统和"模拟-数字"监控系统存在显著区别。该系统的优势是摄像机内置 Web 服务器，并直接提供以太网端口。这些摄像机生成 JPEG 或 MPEG4 数据文件，可供任何经授权客户机从网络中任何位置访问、监视、记录并打印，而不是生成连续模拟视频信号形式图像。

思考与练习

一、填空题

1. 通信系统由光纤骨干网、_____、用户接口卡、网络管理系统组成。
2. 公务电话系统相当于企业的内部电话网，其核心是_____。
3. "mon"为_____。
4. 广播系统为城市轨道交通的客运、行车、防灾、设备维护等部门提供了功能完善的先进作业工具，提高了城市轨道交通客运服务质量和处理_____的能力。

二、单项选择题

1. （　　）的衰减系数最小，最适合做长距离传输。
   - A．双绞线
   - B．同轴电缆
   - C．微波传输
   - D．光纤
2. 广播操作台上的键盘数字是区域代码，通常"3"代表（　　）。
   - A．办公区域
   - B．换乘通道区域
   - C．下行站台区域
   - D．站厅区域

三、多项选择题

1. 通信系统按用途可分为（　　）。
   - A．通信传输系统
   - B．电话系统
   - C．调度系统
   - D．自动售检票系统
2. 目前广泛使用的通信主干传输网有（　　）。
   - A．同步数字体系传输网
   - B．异步传输模式传输网
   - C．开放式传输网
   - D．一体化同步数字体系传输网
3. 专用电话系统分为（　　）。
   - A．调度电话
   - B．区间电话
   - C．轨旁电话
   - D．站内电话
4. 控制中心广播系统包括（　　）。
   - A．中心广播控制终端
   - B．中心广播控制台
   - C．中心广播机柜设备
   - D．中心网络管理服务器

四、判断题

1. 通信系统采用环形网络结构，两个环路功能一致，系统运行时不断监测次环，确保次环能随时启动，若主环出现故障，则次环立即启动。　　　　　　　　　　（　　）
2. 广播系统可作为实施应急客运组织的重要手段，为大客流运营组织提供保障。
　　　　　　　　　　　　　　　　　　　　　　　　　　　　　　　　（　　）
3. CCTV 系统是城市轨道交通安全技术防范体系中的一个重要组成部分，是一种先进

的、防范能力极强的综合系统。 （　　）

4. CCTV 系统可以在各幅图像上叠加显示一些必要的信息，包括车站名称、摄像机位置及编号、日期和时间等，并且用户可以随意更改这些信息。 （　　）

五、简答题

1. 绘制星形网络结构。

2. 简述枪机摄像机和球机摄像机的区别。

模块 9

给排水系统

>>>>>

◎ **内容导读**

给排水系统是城市轨道交通中非常重要的组成部分，包括给水系统和排水系统，这两个系统是地铁监控系统的重要监控对象。

◎ **学习目标**

知识目标

1. 了解车站生活给水系统、车站生产给水系统和车站消防给水系统的组成。
2. 熟悉污水排放系统的组成及功能。
3. 掌握车站排水系统的设置要求。

能力目标

1. 能够正确使用潜水泵。
2. 能够对消防水系统进行管理与维护。

素养目标

1. 树立环保意识，坚定绿色发展理念。
2. 培养全局思维、辩证思维，客观辩证地看待事物发展。

◎ **建议学时**

6 学时

9.1

给排水系统的组成及功能

学习目标

1. 掌握车站给排水系统的组成及功能。
2. 掌握车辆段给排水系统的组成及功能。

微课：给排水系统的
组成及功能

在城市轨道交通车站和车辆段中，给排水系统由给水系统和排水系统两个部分组成。给水系统按其供水对象可分为生活给水系统、生产给水系统、消防给水系统及组合给水系统，给水系统必须满足生活、生产和消防用水对水量、水质和水压的要求。排水系统包括污水排放系统、废水排放系统和雨水排放系统，排水系统必须保证车站、车辆段排水畅通，为城市轨道交通的安全运营提供服务。

9.1.1　车站给水系统

车站给水系统主要采用城市自来水作为供水水源，包括车站生活给水系统、车站生产给水系统、车站消防给水系统及车站组合给水系统。

1. 车站生活给水系统的组成及功能

车站生活给水系统由水源、水池、阀门、水龙头、水泵、气压罐、管道、水塔（水箱）等组成。它的功能是满足人们饮用、烹调、盥洗、洗涤、沐浴等生活用水的需求。车站生活给水系统的水质必须严格符合国家规定的生活饮用水水质标准，满足地铁车站生活用水对水量、水质和水压的要求。

2. 车站生产给水系统的组成及功能

车站生产给水系统也由水源、水池、阀门、水龙头、水泵、气压罐、管道、水塔（水箱）等组成。它的功能是满足生产过程中设备冷却用水、原料和产品的洗涤用水、锅炉用水及某些工业原料用水的需求。车站生产给水系统必须满足生产工艺对水质、水量、水压及安全方面的要求。

3. 车站消防给水系统的组成及功能

车站消防给水系统由水源、消火栓、消防水泵、管道、阀门、消火栓（喷头）、水泵接合器、水流指示器等组成。它的功能是满足各类民用建筑、大型公共建筑、某些生产车间、地铁车站的消防设备用水的需求。消防用水对水质的要求不高，但必须符合建筑防火规范标准，必须保证有足够的水量和水压。车站消防给水系统设置的相关要求如下。

1）消火栓箱的选择。根据车站的建筑特点和不同的设置部位来选用不同的消火栓箱。通常站厅层和连通通道选用单阀单出口消火栓箱，站台层选用双阀双出口消火栓箱。弯曲隧道内的消火栓箱应设置在与轨道距离较远的内侧，隧道内消火栓箱上应有电话插孔。在车站及折返线上，消火栓箱内应设消防水泵启动按钮，旁边应设手动报警按钮。

2）消火栓箱的间距。消火栓箱按照两股消防水柱同时到达任一着火点的要求布置。在地铁车站内消火栓箱最大间距为50m，在地铁折返线内消火栓箱最大间距为50m，在区间内消火栓箱最大间距为100m。

3）水泵接合器的设置。水泵接合器应设置在城市轨道交通车站出入口或通风亭旁，并在出入口40m范围内设置室外消火栓。

4）自动巡检功能。消防水泵平时很少运行，因此为了加强消防水泵给水的可靠性，要求其具有自动巡检功能。在设定的时间周期内自动启动消防水泵，并检查消防水泵的运行情况，这有利于及时掌握消防水泵的实际性能，解决消防水泵的锈蚀问题，保持消防水泵的良好工况。

4. 车站组合给水系统

车站生活给水系统、车站生产给水系统和车站消防给水系统在实际工程中不一定需要单独设置，通常根据建筑物内用水设备对水质、水压、水温的要求及室外给水系统的情况进行设置。考虑技术、经济和安全条件，三者可组合成同时供应不同水量的共用系统。主要组合形式有：车站生活与生产共用的给水系统，车站生产与消防共用的给水系统，车站生活与消防共用的给水系统，车站生活、生产和消防共用的给水系统。

9.1.2　车站排水系统

车站的污水、废水及雨水均应就近排入城市排水系统，污水应按规定处理达标后排放。地下车站及地下区间应设置污水泵房、废水泵房和雨水泵房。

1. 车站污水排放系统的组成及功能

车站污水主要指车站内卫生间的生活污水。车站污水排放流程如图9-1-1所示。车站污水排放系统主要由集水井、压力井、化粪池等部分组成。该系统可通过排水管道将车站内厕所、盥洗室、茶水间等的生活污水汇集到集水井，经潜水泵提升、压力井消能、地面化粪池简单处理后，排入城市排水系统。

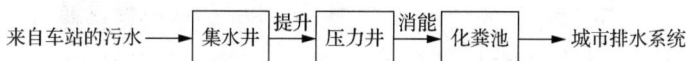

来自车站的污水 → 集水井 →（提升）压力井 →（消能）化粪池 → 城市排水系统

图9-1-1　车站污水排放流程

2．车站废水排放系统的组成及功能

车站废水排放系统主要由集水井、压力井等部分组成。车站废水排放流程如图 9-1-2 所示。该系统可通过排水管道将车站内的生产废水、消防废水、结构渗漏水汇集到集水井，经潜水泵提升、压力井消能后，排入城市排水系统。

来自车站的废水 →｜集水井｜ —提升→ ｜压力井｜ —消能→ 城市排水系统

图 9-1-2　车站废水排放流程

3．车站雨水排放系统的组成及功能

车站雨水排放系统主要由排水沟、排水管、排水检查井管等组成。车站雨水排放流程如图 9-1-3 所示。车站出入口附近的雨水汇集到排水沟，先经排水管流入排水检查井管，再排入城市排水系统。

来自车站的雨水 →｜排水沟｜ → ｜排水管｜ → ｜排水检查井管｜ → 城市排水系统

图 9-1-3　车站雨水排放流程

4．车站排水系统的设置要求

1）排水量标准。地铁车站工作人员生活排水量按生活用水量的 90% 计，地铁消防废水量与消防用水量相同。冲洗排水量为每次 $3L/m^2$，结构渗漏水量为每天 $1L/m^2$。

2）排水点设置。地铁车站属于地下建筑，污水、废水通常不能自流排出，只有用水泵提升后才能排出，因此排水点在设计时要考虑周到。除各排水点要汇流集中到污水泵房、废水泵房，用污废水泵提升后排入城市排水系统外，还需要考虑出入口处的电梯基坑排水和站台底板下的结构渗漏水。为了排除站台底板下的结构渗漏水，需要在站台层端部设置集水坑，集水坑内设置潜污泵将集水定期提升后排至地铁线路排水沟内，集水由该沟流至废水泵房的集水池内。在地铁折返线车辆检修坑端部、出入口和局部自流排水有困难的场合均须设置局部排水泵房。

3）排水泵房与雨水泵站设置。当地铁车站露天出入口的雨水不能自流排除时，应该单独设置排水泵房。地下隧道洞口雨水应该采用自流排水，当不能自流排水时必须在洞口设置雨水泵站。如果雨水涌进地铁车站，则会影响地铁安全运营，甚至造成严重事故。为保证地铁安全运营，地下雨水泵站暴雨重现期取 30 年。

4）排水地漏、排水横截沟设置。车站站厅、站台层地面和设备用房应根据需要设置排水地漏，出入口通道与站厅接合处需要设置排水横截沟。排水地漏和排水横截沟的排水立管应接至道床排水沟。

5）废水泵房、污水泵房设置。在废水泵房、污水泵房内应设置通气管道，与环控系统空气管道连通，避免臭气污染到其他房间。

6）排水泵设置。地铁内的排水泵应设计成自灌式，采用水位自动控制、就地控制和远距离控制三种控制方式，并在车站控制室显示排水泵的工作状态和水位信号。

7）确定集水池的有效容积。在确定集水池的有效容积时，既要防止有效容积过大而增加工程造价，又要防止有效容积过小而频繁开启水泵。废水泵房集水池有效容积可按不小于 10min 的渗水量与消防废水量之和来确定，但不得小于 30m³。污水泵房集水池有效容积不应小于最大一台泵 5min 的流量，但不得大于 6h 的污水量，防止污水停留时间过长而沉淀、腐化。

9.1.3　车辆段给水系统

车辆段供水水源为城市自来水，两条公称直径为 200mm 的进水管分别接在城市自来水管网的不同干管上，互为备用以保证供水安全。根据设计工艺不同，车辆段给水系统可采用水泵-水塔联合供水方式和变频恒压供水方式，如图 9-1-4 和图 9-1-5 所示。前一种是城市自来水进入蓄水池后，先经水泵提升至水塔，再由水塔向车辆段内的室外给水管网供水，室内各用水点从室外环状管网引入水。后一种是城市自来水进入蓄水池后，经变频恒压供水设备向车辆段内的室外给水管网供水，室内各用水点从室外环状管网引入水。

城市自来水 ⟶ 蓄水池 ⟶ 加压泵站 ⟶ 水塔 ⟶ 管网 ⟶ 用水点

图 9-1-4　水泵-水塔联合供水方式

城市自来水 ⟶ 蓄水池 ⟶ 加压泵站 ⟶ 管网 ⟶ 用水点

图 9-1-5　变频恒压供水方式

1．车辆段生活、生产给水系统的组成及功能

车辆段生活、生产给水系统主要由水源、蓄水池、阀门、气压罐、水泵、水塔、管道及水龙头等设备或构筑物组成，一般采用枝状管网。它的功能是满足车辆段生活、生产用水需求。

2．车辆段消防给水系统的组成及功能

车辆段消防给水系统主要由水源、蓄水池、消防水箱、水泵、水塔、管道、阀门、气压罐及消火栓等设备或构筑物组成，一般采用环状管网。它的功能是当车辆段内发生火灾时，提供满足消防要求的水量、水压。

9.1.4　车辆段排水系统

车辆段排水系统包含车辆段污水排放系统、废水排放系统和雨水排放系统，采用分流制的排水方式。

1．车辆段污水排放系统的组成及功能

车辆段污水排放系统主要由化粪池、污水处理站、污水泵等组成。车辆段的污水包括厕所冲洗水和生活污水，先进行化粪池简单处理，排入车辆段内污水处理站的调节沉淀池，再通过潜水泵提升至污水处理一体化设备,只有经过厌氧、好氧、缺氧和消毒处理达标后,才能排入附近河流。

2.车辆段废水排放系统的组成及功能

车辆段废水排放系统主要由隔油池、沉淀池、气浮处理装置、加压泵、过滤设备等组成。车辆段的废水包含淋浴产生的废水,餐厅、食堂、汽车维修及洗车等含油污水。淋浴产生的废水排入毛发聚集井;餐厅、食堂、汽车维修及洗车等含油废水就近排入隔油池或油水分离设备,先经简单处理统一排入沉淀池,再经潜水泵提升至气浮处理装置,处理达标后排入附近河流。

3.车辆段雨水排放系统的组成及功能

车辆段雨水排放系统主要由室外排水明沟(或埋地雨水沟)、PVC(polyvinyl chloride,聚氯乙烯)排水管、排水检查井等组成,它的功能是将车辆段的雨水排出。雨水不需要进行处理,汇集后直接排入附近河流。

知识拓展 **污水、废水及车站给排水系统**

1.污水

污水是指受一定污染的来自生活和生产的排出水,即丧失了原来使用功能的水,其含有机物较多,处理较易。

2021年1月,经国务院同意,国家发展和改革委员会等十部门印发《关于推进污水资源化利用的指导意见》,全面推进污水资源化利用。

2.废水

废水是指居民活动过程中排出的水及径流雨水的总称。它包括生活污水、工业废水和径流雨水等无用水,一般指经过一定技术处理后不能循环利用或者一级污染后制纯处理难度达到一定标准的水。

3.车站给排水系统

车站给水系统的主要作用是保障城市轨道交通内的供水,包括水表、水阀、输出管网等设备。因此,在设计车站给水系统时,需要综合实际运行线路做出合理的规划。车站排水系统的主要作用是把车站内的污水、废水排到地铁站之外,主要由雨水排放系统、废水排放系统及污水排放系统三个部分构成,三者之间相互补充、相互协调,一起保障城市轨道交通安全运行。车站给排水系统是城市轨道交通中非常重要的系统,不仅可以在火灾发生时发挥重要作用,还可以作为城市排水系统的补充,从而满足城市的排水要求。它在一定程度上分担了城市排水系统的压力,为城市可持续发展做出了重要的贡献。

9.2

给排水系统的运行管理

🔍 **学习目标**

1. 掌握潜水泵的使用。
2. 掌握消防水系统的运行管理。
3. 了解给排水系统运行管理的作用及重要性。

微课：给排水系统
运行管理

给排水系统负责城市轨道交通所属范围内所有建筑物的给水系统、排水系统、消防水系统、污水处理系统设备和设施的运行与管理。设备管理单位对设备和设施进行巡视、操作、日常保养、月检、季检、年检，以及小、中、大修等预防性维修，使之能持续、高效地运行，以保证不因给排水系统设备和设施出现故障而使城市轨道交通受到影响。

▌9.2.1　给排水系统的运行与维护

给排水系统的维护管理应遵循"坚持预防为主，实行全面养护，重点整治病害，逐步改善条件，确保使用安全"的基本原则，并根据给排水系统专业管理的标准和要求，按规程进行操作、维修和保养。具体内容如下。

1）给排水系统应该由专业人员进行管理。

2）给排水系统操作人员必须持有卫生防疫站颁发的健康证，并每年复审一次。

3）给排水系统操作人员必须熟悉所管辖区域内给排水系统的设备、管道、阀门，以便有效、准确地进行维修工作，以确保无跑、冒、滴、漏现象。

4）坚持每日查表，严格控制用水，随时关注用水量，做到每日定时查表、每月汇总并存档备案，对用水量心中有数。

5）防止二次供水污染，必须按规定定期清洗水箱（供水箱、中水箱）、水池，清洗水箱单位必须具备卫生局颁发的卫生许可证，操作人员应持有疾病控制中心颁发的体检合格证。清洗水箱、水池的药品必须符合国家规定，清洁工具必须经过消毒，二次供水卫生许可证、水质化验单应齐全。水箱、水池应半年清洗一次，若遇特殊情况，则可以增加清洗次数。

6）保持水箱间与机房卫生，划分责任区，防止水质二次污染，定期（每周）进行卫生检查，并填写记录。

▌9.2.2　消防水系统的运行管理

1）消防水泵要定期试泵，至少每季度一次，要保证电气系统正常运行。

2）消火栓箱要每月进行检查，每年养护一次，其检查和养护内容如下。

① 检查消火栓箱的门或玻璃、门锁、栓头、水龙带、阀门是否齐全。

② 检查水龙带是否破损、发黑，插接头是否松动。

③ 检查密封胶圈是否变形、老化。

④ 为阀门杆加油防锈，并抽取总数的 5% 进行试水。

⑤ 清扫箱内灰尘，将消火栓箱的门擦净，最后贴上检查标示，标示内容应有检查人、检查部门及检查时间。

3）自动喷水灭火系统运行管理的具体内容如下。

① 每日巡视系统的总供水控制阀门、报警控制阀及其附属配件，以确保其处于无故障状态。

② 每日检查警铃一次，观察其启动是否正常。打开试铃阀，水力警铃应发出报警信号，如果水力警铃不动作，则应检查整个警铃管道。

③ 每季度对喷头进行一次外观检查，将不正常的喷头换掉。

④ 每日检查系统控制阀是否处于开启状态，以保证阀门不会误关闭。

⑤ 每季度对系统进行一次综合试验，按分区逐一打开末端试验装置放水阀门，以检验系统灵活性。

⑥ 当系统因试验或火灾启动后，应在事后尽快使系统重新恢复到正常状态。

⑦ 每季度对管网及管道焊接口（压接口）进行一次检查，查看有无漏水现象，若有则立即处理。

9.2.3 污水处理系统的运行管理

1）每天检查污水处理系统各设备运行是否正常，外观是否锈蚀，紧固件是否松脱。

2）每天检查各设备上的安全阀和压力表是否正常。

3）定期进行水质化验，根据化验结果调整投药量，以保证出水达到最佳状态。

4）水泵不能断水空载运行，流量计在冬天运行时，应将水放尽，以免冻裂。

5）定期检查 COD（chemical oxygen demand，化学需氧量）污水在线检测仪试剂是否用完或过期，及时进行添加和更换。

6）定期检查二氧化氯发生器中的盐酸和氯化钠等原料是否用完。

7）定期检查碱式氯化铝等原料是否用完。

8）每天检查污水处理系统布气是否均匀。

知识拓展 潜水泵及消火栓的使用

1. 潜水泵的使用

潜水泵是深井提水的重要设备，使用时将整个机组潜入水中，可把地下水提取到地表，可用于获取生活用水、矿山抢险、工业冷却、农田灌溉、海水提升、轮船调载，还可用于制造喷泉景观。

热水潜水泵既可用于温泉洗浴，又可用于从深井中提取地下水，还可用于河流、水库、水渠等的提水工程。

2. 消火栓的使用

首先打开消火栓的门，因为消火栓在一般情况下是镶嵌在墙上的玻璃中的；然后一个人接好枪头和水带奔向起火点，另一个人接好水带和阀门口；最后把消火栓手轮逆时针旋开，就可以喷水灭火了。

9.3

给排水系统的设置和应用

学习目标

1. 掌握给排水系统的设置。
2. 掌握给排水系统的应用。

9.3.1　给排水系统的设置

1. 消防水泵的设置

1）给排水系统设有两台消防水泵，一用一备，一级负荷，由火灾报警系统监控，当工作水泵发生故障时，能自动切换开启备用水泵。

2）控制方式：就地控制、车站控制室集中手动控制、火灾报警系统自动控制。消火栓箱内设消防水泵启动按钮控制，设稳压装置时由管道压力开关自动控制。

3）车站控制室显示消防水泵的启、停、故障状态信号，管网吸水管的压力信号，管网扬水管的压力信号。吸水管、扬水管上应安装电接点压力表。消防水泵房应设电话或电话插孔。

4）消防水泵控制柜能对消防主水泵进行定期自动巡检（按消防要求），并能将巡检结果反馈给电控柜、车站控制室和控制中心。

5）在一般情况下，设置消防水泵应考虑本站及相邻两侧的各半个区间，当本站发生火灾时，通过本站消防按钮或消防控制室启动本站消防加压设备，不考虑车站之间的备用。

2. 废水泵房的设置

废水泵房内设两台排水泵，一用一备，定期轮换工作，必要时两台同时工作。废水泵为一级负荷，由 BAS 进行监控。集水池设投入式液位变送器。废水池内设五个水位，分别是超低报警水位、停泵水位、第一台水泵启泵水位、第二台水泵启泵水位、超高报警水位。废水泵的控制要求如下。

1）超低水位报警，同时控制回路应保证水泵均处于停泵状态。

2）当水位上升到达第一台水泵启泵水位时，第一台水泵开启。

3）当水位上升到达第二台水泵启泵水位时，控制回路应保证两台水泵都处于运行状态。

4）当水位上升到达超高报警水位时，发出超高报警信号。

5）液位传感器输出液位信号给本站车站控制室的 BAS，提供水位信号，实现本站车站控制室远程控制水泵的启、停，以及紧急启、停。车站控制室 BAS 显示排水泵的启、停、故障状态信号。

6）紧急启动、紧急停止控制不受转换开关的制约。主排水泵房设电话或电话插孔。

3. 污水泵房的设置

污水池内设潜污水泵两台，平时一用一备，依次轮换工作。污水泵为二级负荷，由 BAS 进行监控。污水池内设四个水位，分别是超低报警水位、停泵水位、启泵水位、超高报警水位。污水泵的控制要求如下。

1）超低水位报警，同时控制回路应保证水泵均处于停泵状态。

2）当水位上升到达停泵水位时，水泵停止工作。

3）当水位上升到达启泵水位时，一台水泵开启。

4）当水位上升到达超高报警水位时，发出超高报警信号。

5）液位传感器输出液位信号给本站车站控制室的 BAS，提供水位信号，实现本站车站控制室远程控制水泵的启、停，以及紧急启、停。车站控制室 BAS 显示排水泵的启、停、故障状态信号。

6）紧急启动、紧急停止控制不受转换开关的制约。污水泵房设电话或电话插孔。

4. 局部排水泵房的设置

集水池内设潜污水泵两台，平时互为备用，依次轮换工作。局部排水泵为二级负荷，由 BAS 进行监控。集水池内设三个水位，分别是停泵水位、第一台水泵启泵水位、第二台水泵启泵水位（同时为超高报警水位）。局部排水泵的控制要求如下。

1）当水位处于停泵水位时，控制回路应保证水泵均处于停泵状态。

2）当水位上升到达第一台水泵启泵水位时，第一台水泵开启。

3）当水位上升到达第二台水泵启泵水位时，控制回路应保证两台水泵都处于运行状态，同时发出超高报警信号。

4）车站控制室 BAS 显示排水泵的启、停、故障状态信号。

5. 雨水泵房的设置

雨水泵房内设三台排水泵，互为备用，定期轮换工作，必要时三台同时工作。雨水泵为一级负荷，由 BAS 进行监控。集水池设投入式液位变送器。废水池内设六个水位，分别是超低报警水位、停泵水位、第一台水泵启泵水位、第二台水泵启泵水位、第三台水泵启泵水位、超高报警水位。雨水泵的控制要求如下。

1）超低水位报警，同时控制回路应保证水泵均处于停泵状态。

2）当水位上升到达第一台水泵启泵水位时，第一台水泵开启。

3）当水位上升到达第二、三台水泵启泵水位时，控制回路应保证三台水泵都处于运行状态。

4）当水位上升到达超高报警水位时，发出超高报警信号。

5）液位传感器输出液位信号给本站车站控制室的 BAS，提供水位信号，实现本站车站控制室远程控制水泵的启、停，以及紧急启、停。车站控制室 BAS 显示排水泵的启、停、故障状态信号。

6）紧急启动、紧急停止控制不受转换开关的制约。雨水泵房设电话或电话插孔。

9.3.2　给排水系统的应用

给排水系统为城市轨道交通运营提供必需的生活、生产、消防用水；收集生产、生活、消防废水及雨水等，通过车站排水泵站提升后排出车站。

1．给水系统的应用

车站给水系统包括生活、生产给水系统和消防给水系统，其水源均来自城市自来水供水管网。

（1）生活、生产给水系统的应用

生活、生产用水由城市自来水管接入车站，送至站内卫生间、冲洗栓、空调系统等用水点，生活给水系统在车站内以枝状形式分布。冲洗栓位于车站两端，供车站冲洗用；卫生间在站台层和站厅层各设置一处。

（2）消防给水系统的应用

地铁内的车站和区间消防给水系统主要为消火栓灭火系统，在车站和区间均设有消火栓。消防给水系统由城市自来水管引入两路公称直径为 150mm 的给水管接入车站，因为市政自来水管网为低压运行，不能满足消防水压要求，所以这两路自来水管经过消防水泵加压后，引出一路水管在车站内连通成独立的消防环状管网。车站消防水泵房设两台消防水泵，一台工作，一台备用。区间的消防水管由车站消防环状管网上接出，并由站台层两端进入区间，每个车站的消防水泵的服务范围为该车站和与其相邻隧道内的消火栓系统。车站和区间消防管连接处设手动电动阀门。

2．排水系统的应用

（1）污水排水系统的应用

污水排水系统将车站生活污水集中到污水泵房，经水泵排入城市排水系统。污水泵房设有两台潜污水泵，一用一备。

（2）废水排水系统的应用

1）车站废水泵房的应用。每个车站的线路坡度低点的一端设有废水泵房，排除结构渗水、冲洗水和消防废水。废水经线路排水沟汇至废水泵房内的废水池，由排水泵排入城市排水系统。一般车站内设置一至两座废水泵房，废水泵房内设有两台排水泵，一用一备。

2）主排水泵房的应用。在区间线路纵坡最低点设主排水泵房，一般设在线路前进方向隧道洞体左侧。区间主排水泵房设两台排水泵，平时一用一备，消防时同时开启。

（3）局部排水系统的应用

1）在出入口自动扶梯基坑下设集水坑，内设两台排水泵，一用一备。集水坑一般设在步行梯一侧，上设检修孔，便于维修。

2）在车站电梯基坑下设集水坑，考虑临时排水，在集水坑附近预留电源插座，由手提式潜水泵临时将积水排至站外。

3）为排出从风井进入车站敞开风道处的雨水，在车站风道处设集水坑，集水坑内设置两台潜水泵，一用一备。

思考与练习

一、填空题

1．城市轨道交通的车站和车辆段给排水系统分别由给水系统和_____系统两个部分组成。

2．车站的污水、废水及雨水均应就近排入城市排水系统，污水应按规定_____后排放。

3．给排水系统的维护管理应遵循"坚持_____，实行全面养护，重点整治病害，逐步改善条件，确保使用安全"的基本原则。

二、单项选择题

1．城市轨道交通车站出入口或通风亭旁应设水泵接合器，并在出入口（　　）m范围内设置室外消火栓。

A．20　　　　　　B．30　　　　　　C．40　　　　　　D．50

2．消火栓箱的间距按两股水柱同时到达任一着火点的要求布置。在车站内消火栓箱最大间距为（　　）m，在折返线内消火栓箱最大间距为 50m，在区间内消火栓箱最大间距为100m。

A．20　　　　　　B．30　　　　　　C．40　　　　　　D．50

3．消防水泵要定期试泵，至少每季度（　　）次，要保证电气系统正常运行。

A．一　　　　　　B．二　　　　　　C．三　　　　　　D．四

4．在自动喷水灭火系统中，每（　　）对喷头进行一次外观检查，将不正常的喷头换掉。

A．日　　　　　　B．周　　　　　　C．季度　　　　　　D．年

三、多项选择题

1．车站消防给水系统的设备组成包括（　　）。

A．消火栓　　　　B．水泵接合器　　　C．消防水泵　　　D．管道和阀门

2．排水系统包括（　　）。

A．污水排放系统　　　　　　　　　　B．废水排放系统

　　C．给水系统　　　　　　　　　　　　D．消防系统

3．城市轨道交通给排水系统包括（　　）。

　　A．给水系统　　　　　　　　　　　　B．排水系统

　　C．消防系统　　　　　　　　　　　　D．喷淋系统

4．车站给水系统主要采用城市自来水作为供水水源，包括（　　）。

　　A．车站生活给水系统　　　　　　　　B．车站生产给水系统

　　C．车站消防给水系统　　　　　　　　D．车站组合给水系统

四、判断题

　　1．车辆段消防给水系统主要由水源、蓄水池、消防水箱、水泵、水塔、管道、阀门、气压罐及消火栓等设备或构筑物组成，一般采用环状管网。　　　　　　　　　　（　　）

　　2．车站给水系统主要采用城市自来水作为供水水源，在车站两端的风亭处，分别用两条进水管将城市自来水引进车站，公称直径为150～200mm。　　　　　　　（　　）

　　3．因为消防水泵平时很少运行，所以为了加强消防水泵给水的可靠性，要求其具有自动巡检功能。　　　　　　　　　　　　　　　　　　　　　　　　　　　　（　　）

　　4．车辆段排水系统包括车辆段污水排放系统、车辆段废水排放系统和车辆段雨水排放系统。　　　　　　　　　　　　　　　　　　　　　　　　　　　　　　　　（　　）

五、简答题

　　1．简述车站排水系统的设置要求。

　　2．简述车站废水排放系统的组成及功能。

　　3．给排水系统的维护管理应遵循什么原则？

模块 10

门禁系统

>>>>>

◎ **内容导读**

城市轨道交通车站通过设置门禁系统，有效控制房门或门锁具的开闭，保证被授权人员正常通行，限制未授权人员进入，对强行闯入行为予以报警，分类记录和管理出入人员、出入区域、出入时间等信息。

◎ **学习目标**

知识目标

1. 了解门禁系统的定义。
2. 熟悉门禁系统的通信网络。
3. 掌握门禁系统的功能。

能力目标

1. 能够在城市轨道交通中应用门禁系统。
2. 能够对门禁系统进行管理和维护。

素养目标

1. 强化法治意识，自觉践行行业道德规范。
2. 培养凝神聚力、精益求精、追求极致的职业品质。

◎ **建议学时**

6 学时

门禁系统概述

学习目标

1. 了解门禁系统的定义。
2. 掌握门禁系统的特点及作用。

微课：门禁系统概述

　　门禁系统（access control system，ACS）又称出入口控制系统，是在人进出重要通道的时候，进行适当级别的权限鉴别，以区分是否能通过的一种管理系统。

　　门禁系统一般可以通过卡片、指纹、虹膜（眼睛）、密码来识别来人的身份，也代表来人的权限。

　　城市轨道交通门禁系统属于大型门禁系统，它具有控制点数多、数据通信量大、数据传输距离远、联动设备多、安全性能要求高等特点。

　　门禁系统可对车站设备管理区通道门和设备及管理用房进行统一监控、管理，同时可用于工作人员的考勤自动化管理，提高运营管理水平。

　　随着网络技术的发展和广泛应用，门禁系统由传统的主从式智能门禁系统模式转换为基于 Internet 的远程、网络控制模式，由单一的门禁控制管理系统发展到集计算机技术、通信技术、自动识别技术、机械工程和安全管理于一身的大型门禁综合管理系统。

　　车站设备管理区通道门和设备及管理用房门禁系统如图 10-1-1 所示。车站设备管理区通道门和设备及管理用房门禁系统各部分名称如图 10-1-2 所示。

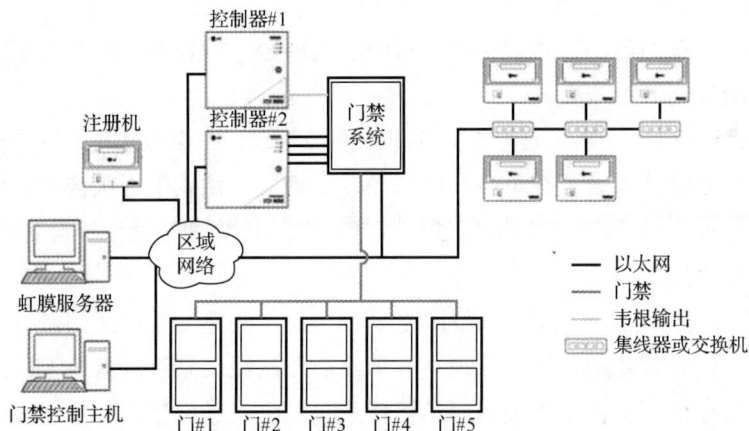

图 10-1-1　车站设备管理区通道门和设备及管理用房门禁系统

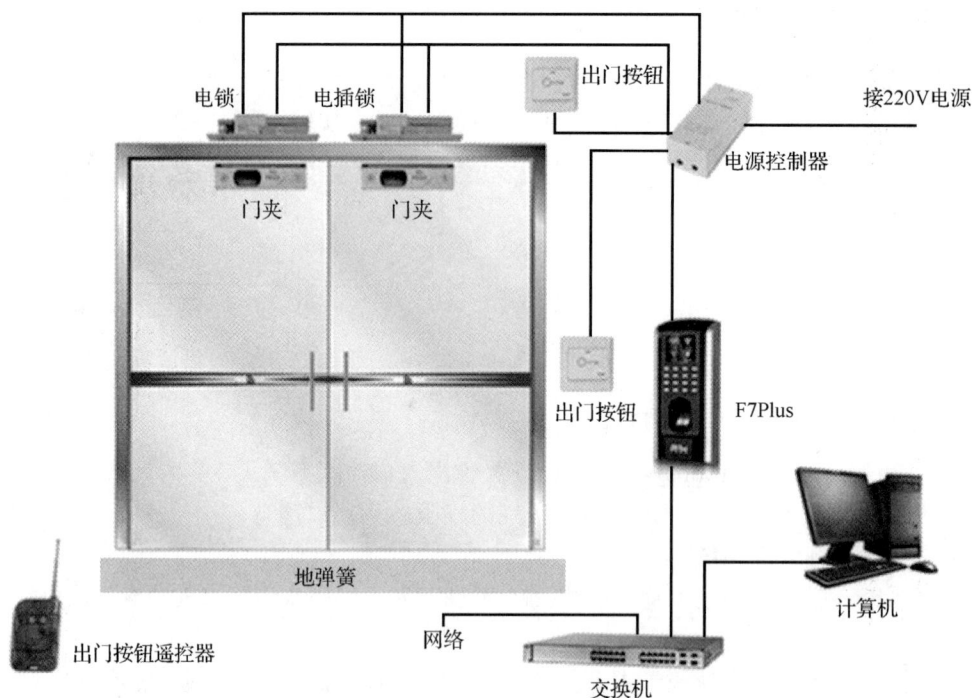

图 10-1-2　车站设备管理区通道门和设备及管理用房门禁系统各部分名称

10.1.1　门禁系统的特点

1）城市轨道交通建筑物与普通建筑物不同，具有站点多、分布广、管理人员流动的特点，因而须采用联网型门禁系统，以便对这条线甚至这个网络中的各个点进行统一的管理。

2）城市轨道交通门禁系统由四大部分构成：第一，系统通信网络；第二，中央级门禁管理系统；第三，车站级门禁管理系统；第四，就地级门禁设备。门禁系统在运营中形成了两级管理三级控制的管理模式。

3）城市轨道交通门禁系统采用中央和车站两级管理，中央级管理、发卡授权中心设置在控制中心，车站级管理设置在车站、停车场、车辆段、控制中心大楼等防护区。中央级管理与车站级管理通过 TCP/IP 以太网通道连接，车站级管理与就地级设备间通过 TCP/IP 或现场总线方式连接。

4）城市轨道交通门禁系统以车站为单位，由车站控制室的车站级门禁管理系统工作站对车站内设备房门禁设备进行统一管理。各车站的车站级门禁管理系统工作站通过光纤网络将各站点的数据信息上传至中央级门禁管理系统。中央级门禁管理系统统一管理全线门禁系统。

10.1.2 门禁系统的通信网络

门禁系统的通信网络由两个部分构成：第一，全线骨干网络，即各站点门禁系统工作站由光纤网络连接进行全线通信；第二，车站级网络，它采用现场总线方式连接车站内各就地级设备。城市轨道交通门禁系统的通信网络示意图如图 10-1-3 所示。

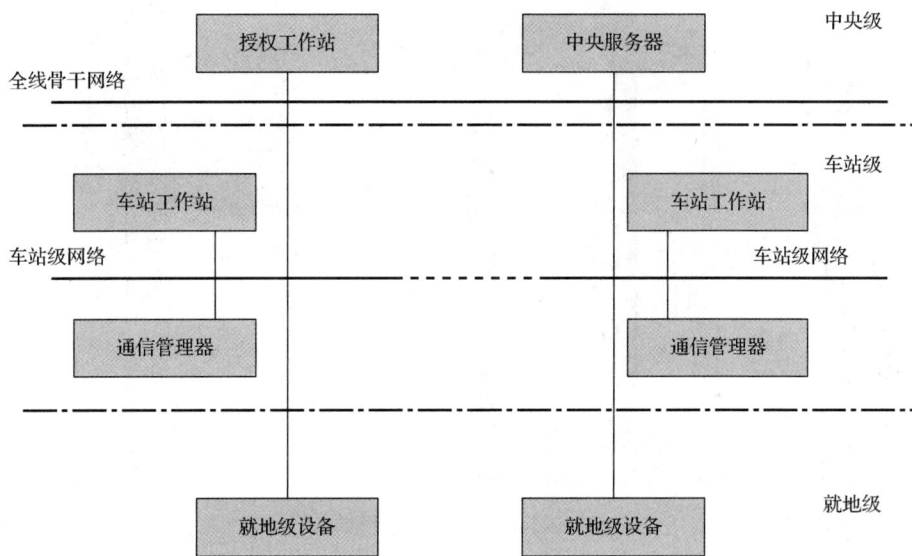

图 10-1-3　城市轨道交通门禁系统的通信网络示意图

10.1.3 门禁系统的管理方式

1. 中央级门禁管理系统

中央级门禁管理系统集中处理下级门禁系统的数据信息，即对控制中心大楼、各车站级门禁系统的下一级进行操作管理。

2. 车站级门禁管理系统

车站级门禁管理系统通过车站级门禁管理系统工作站对本站门禁进行数据管理、处理，监视现场设备状态、故障等。车站级门禁管理系统由车站级门禁管理系统工作站、门禁网络控制器、车站门禁系统管理软件构成。

门禁系统示意图如图 10-1-4 所示。RVV 指多股铜芯软线，4*0.5 的意思是 4 芯电缆，每根电缆芯线的横截面积为 0.5mm^2。RVV4*0.5 是电缆常用的表示方法，通过字母和数字就可以了解电缆的材料和尺寸等参数。因此，在电气图或其他图里直接用这种方式表示。

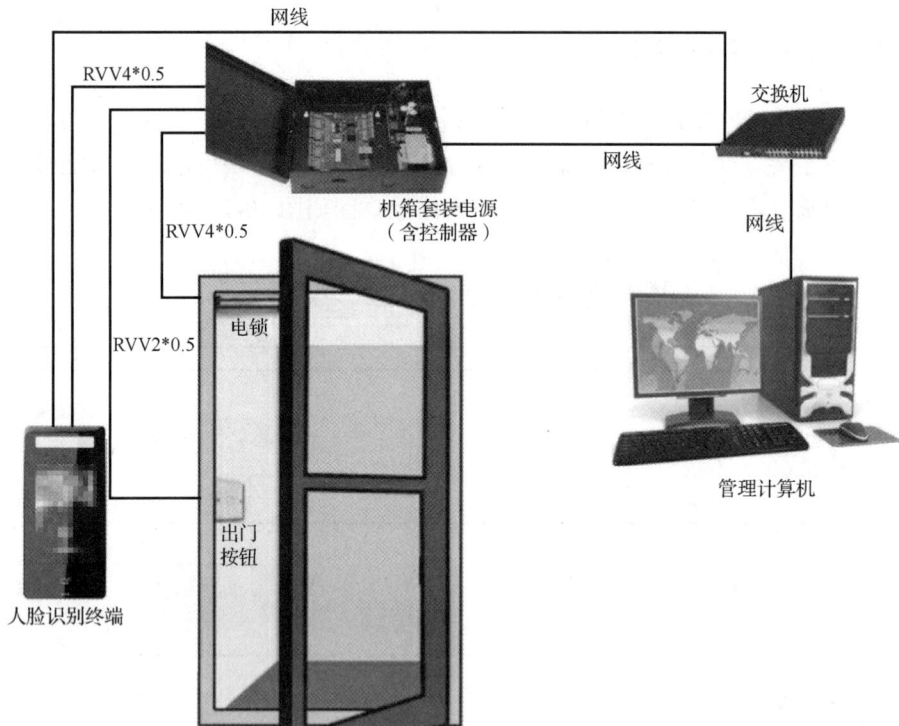

图 10-1-4　门禁系统示意图

10.1.4　门禁系统的功能

　　门禁系统可保证授权人员在受控情况下方便地进入设备及管理区域，防止非授权人员进入限制区域，同时通过对进出人员信息的采集实现考勤、巡更、人员定位等管理，并且可以与自动售检票系统、公交卡系统、监控系统、火灾报警系统等联动，实现智能化管理与防护。

10.1.5　门禁系统的组成

　　门禁系统由门禁控制器、读卡器、出门按钮、锁具、网络设备、智能卡、电源管理软件等组成。

　　就地级设备设于现场各处，包括现场控制器、电控锁具、读卡器、出门按钮、紧急破玻按钮等。

　　知识拓展｜门禁系统的应用

　　门禁系统被广泛应用于智能建筑领域。从广义上来说这里的"门"包括能够通行的各种通道，包括人通行的门、车辆通行的门等。因此，门禁就包括了车辆门禁。在车场管理应用中，车辆门禁是车辆管理的一种重要手段，不以收取停车费为目的，主要是管理车辆的进出权限。

　　门禁系统是新型现代化安全管理系统，它集微机自动识别技术和现代安全管理措施为一体，涉及电子、机械、光学、计算机技术、通信技术、生物技术等诸多新技术。它是解决重要部门出入口安全防范管理的有效措施，适用于各种机要部门，如银行、宾馆、车场管理、机房、军械库、机要室、办公间、智能化小区、工厂等。

　　门禁系统早已超越了单纯的门道及钥匙管理，正逐渐发展成为一套完整的出入管理系统。它在工作环境安全、人事考勤管理等行政管理工作中发挥着较大的作用。

10.2

门禁控制器的组成及工作原理

学习目标

1. 了解门禁控制器的组成。
2. 掌握门禁控制器的工作原理。

微课：门禁设备原理及运行模式

　　门禁控制器是门禁系统的重要组成部分，本节主要介绍门禁控制器的组成及工作原理。

　　工作人员使用自身的员工卡作为门禁卡，通行时由发卡工作站读取该卡的序列号，并对该序列号的使用权限进行授权，通过网络下载到各控制器。这样员工卡就可以作为门禁卡使用了。

10.2.1　门禁控制器的组成

　　门禁控制器一般由输入模块、输出模块、读卡器模块、通信模块、电源转换模块、中央处理器模块、存储模块等组成。门禁控制器如图 10-2-1 所示。

图 10-2-1　门禁控制器

首先通过电源转换模块把不间断电源提供的 220V 交流电转换成 12/24V 直流电，然后分别提供给门禁控制器与电锁。

电锁占门禁控制器的一个输出点，门禁控制器输出模块两个接线端子串入电锁的供电回路，断电开门。电锁如图 10-2-2 所示。

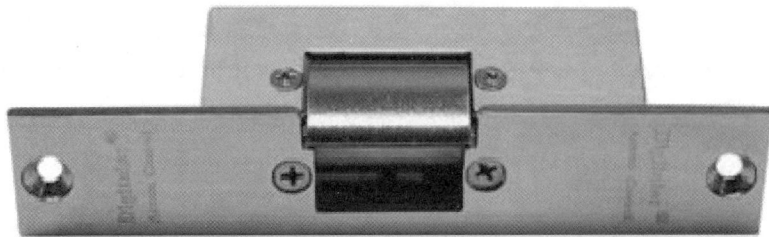

图 10-2-2　电锁

出门按钮占门禁控制器的一个输入点，当按下出门按钮的时候，门禁控制器可以打开电锁。密码键盘如图 10-2-3 所示。普通读卡器如图 10-2-4 所示。虹膜识别设备如图 10-2-5 所示。

图 10-2-3　密码键盘　　　　图 10-2-4　普通读卡器　　图 10-2-5　虹膜识别设备

读卡器模块的接口有四条线，两条电源线、两条数据线，都与门禁控制器相连。一般还有两条线，可以用来控制读卡器的声音和灯光。

其他的输入输出点可接报警的输入输出等。另外，紧急破玻按钮串入电锁的供电回路，于紧急时刻可断电开门。

10.2.2　门禁控制器的工作原理

工作人员刷卡时，读卡器把读到的卡信息上传到门禁控制器，与门禁控制器中的信息进行比对。如果是已授权的卡，就控制电锁打开，并反馈给读卡器正确刷卡信息，可通过读卡器的声光来显示。如果是非权限卡，则不打开电锁，并通过读卡器的声光进行反馈。工作人员从门内向门外走，只须按出门按钮，通过门禁控制器打开电锁开门。通过门磁可监视门的状态。

门禁控制器的每个动作都会产生相应的记录。

10.3

门禁系统中央级、车站级、就地级的功能

🔍 **学习目标**

1. 掌握中央级的功能。
2. 掌握车站级功能。
3. 掌握就地级的功能。

10.3.1　中央级的功能

中央级管理工作站实现对各车站（区域）内的所有门禁终端的监控。

1）监视、控制车站级设备的运行。

2）进行门禁卡授权管理及发卡。

3）利用不同的操作密码，实现不同级别的操作权限。

4）生成系统报表。

5）实现维修管理。

6）与中央主时钟同步。

10.3.2　车站级的功能

1）每个车站设置一台门禁工作站，对本站范围内的门禁设备进行实时监控管理。

2）能模拟门禁终端的布置，图形化地监控各门禁终端的通信状态、运行状态及故障情况。

3）当进行非法操作及发生故障时，车站级应能及时给出报警信息。

10.3.3　就地级的功能

1）就地控制器读取授权信息，向电锁发出动作信号，由电锁执行门的开启和锁闭操作。同时就地级应具有本地存储功能。

2）检测电锁及门的开启状态，就地级设备应能接受时钟信息。

3）具有通信口的就地级设备通过现场总线和就地控制器相连接，实现数据的通信。

4）当就地控制器不工作时，门的状态必须为开启，以避免因发生火灾或不可避免的控制器损坏而使门无法开启。

知识拓展　**城市轨道交通门禁系统现场设备运作模式**

1）在线模式。在线模式指全线各车站处于正常的运行状态，门禁系统的所有设备都处于正常的工作状态。门禁控制器将信息上传到车站级设备，收到车站级设备的指令。

2）离线模式。离线模式指根据所保存的安全参数进行分析判断，使门的正常开启不受影响。在与车站级设备通信中断的情况下，设备自动转为离线模式工作；离线后重新在线时，离线的信息可以重新上传到车站级设备。

3）灾害模式。当发生火灾时，设备自动转为灾害模式，此时须保证所有设备房电锁处于开门状态，与此同时，自动售检票系统的闸机门也处于打开状态。

■ 实践活动

在课余时间去到所在城市轨道交通车站参观学习，了解城市轨道交通门禁系统的组成。

思考与练习

一、填空题

1. 门禁系统的通信网络由两部分构成，即全线骨干网络和_____。

2. 门禁系统又称出入口控制系统，是在人进出重要通道的时候，进行适当级别的权限鉴别，以区分是否能通过的一种_____系统。

3. 门禁控制器一般由输入模块、_____、读卡器模块、通信模块、电源转换模块、中央处理器模块、存储模块等组成。

4. 工作人员刷卡时，读卡器把读到的卡信息上传到_____。

5. 当就地控制器不工作时，门的状态必须为_____，以避免因发生火灾或不可避免的控制器损坏而使门无法开启。

二、单项选择题

1. 城市轨道交通门禁系统由系统通信网络、中央级门禁管理系统、车站级门禁管理系统和（　　）四大部分构成。

    A. 就地级门禁设备　　　　　　　　　B. 电锁

    C. ID卡　　　　　　　　　　　　　　D. 电源

2. 各车站的车站级门禁管理系统工作站通过光纤网络将各站点的数据信息上传至（　　）。

    A. 中央级门禁管理系统　　　　　　　B. 车站级门禁管理系统

    C. 就地级门禁设备　　　　　　　　　D. 系统通信网络

3. 每个车站设置（　　）门禁工作站，对本站范围内的门禁设备进行实时监控管理。

    A. 一台　　　　B. 二台　　　　C. 三台　　　　D. 四台

三、多项选择题

1．门禁系统一般可以通过（　　）来识别来人的身份，也代表来人的权限。
　　A．卡片　　　　　　B．指纹　　　　　　C．虹膜　　　　　　D．密码
2．城市轨道交通建筑物与普通建筑物不同，具有（　　）的特点，因而须采用联网型门禁系统。
　　A．站点多　　　　　　　　　　　　B．分布广
　　C．管理人员流动　　　　　　　　　D．分布窄

四、判断题

1．城市轨道交通门禁系统属于大型门禁系统，它具有控制点数多、数据通信量大、数据传输距离远、联动设备多、安全性能要求高等特点。　　　　　　　　　　　（　　）
2．中央级门禁管理系统集中处理下级门禁系统的数据信息，即对控制中心大楼、各车站级门禁系统的下一级进行操作管理。　　　　　　　　　　　　　　　　　　　（　　）
3．门禁系统由门禁控制器、读卡器、出门按钮、锁具、网络设备、智能卡、电源管理软件等组成。　　　　　　　　　　　　　　　　　　　　　　　　　　　　　　（　　）

五、简答题

1．简述门禁系统的功能。
2．简述城市轨道交通门禁系统现场设备运作模式。

参 考 答 案

课 程 准 备

一、填空题

1. 自动检票机　　2. 半高式　　3. 侧式站台车站　　4. 非付费区　　5. 气体

二、单项选择题

1. A　　2. B　　3. D　　4. B

三、多项选择题

1. ABC　　2. ABCD

四、判断题

1. √　　2. √　　3. ×　　4. √　　5. √

模块 1

一、填空题

1. 电梯　　　自动扶梯
2. 电动机　　　制动器　　　松闸装置　　　减速器
3. 输送带
4. 减速器　　　双靴制动器
5. 驱动链

二、单项选择题

1. A　　2. B

三、多项选择题

1. ABCD　　2. ABCD　　3. ABCD

四、判断题

1. ×　　2. √　　3. ×　　4. √　　5. √　　6. √　　7. ×　　8. ×　　9. √

五、简答题

1. 说明开启自动扶梯的操作步骤。

答：①在梯头或梯尾的启动开关处用钥匙向所需运行方向旋转，启动自动扶梯。②在达到额定转速前，检查自动扶梯是否启动自如，若有异常，则按急停按钮停止。③自动扶梯运行平稳后取出钥匙，待自动扶梯运转 2～3 圈无异常后方可离开。

2. 电梯的八大系统有哪些？

答：电梯按系统功能可划分为八大系统，分别是曳引系统、导向系统、轿厢系统、门系统、重量平衡系统、电力拖动系统、电气控制系统、安全保护系统。

模块 2

一、填空题

1. 半高　　2. 直流　　3. 电气　　4. 控制　　5. 信号系统

二、单项选择题

1. C　　2. D

三、多项选择题

1. ABCD　　2. ABCD　　3. ABCD

四、判断题

1. √　　2. √　　3. √　　4. ×

五、简答题

1. 简述屏蔽门的优点。

答：①设置屏蔽门后，可实现列车司机一人全程操作，站台上不必再设站务人员接发列车。②一般在屏蔽门上装有各类障碍物传感器。一旦有障碍物存在，传感器发出的信息将使屏蔽门再次打开，避免车门夹人、夹物事故的发生。③实现了站台与轨道、列车行进区间的完全隔离，乘客候车时不会与列车进出站发生任何关系，保证乘客的乘车安全。④设置屏蔽门后，站台布局更加合理。⑤屏蔽门能够减轻地下车站的空调负荷，降低能耗，同时降低车站噪声，减少粉尘污染。⑥屏蔽门可用于展示平面广告，增加运营部门的广告收益。

2. 屏蔽门有哪些类型？分别适用于哪些场合？

答：按照应用场合的封闭形式，可以将屏蔽门分为全高封闭式屏蔽门和半高敞开式屏蔽门。全高封闭式屏蔽门的门体结构高度为 2450mm 左右，安装于地下车站。半高敞开式屏蔽门的门体结构高度为 1500mm 左右，主要安装在地面车站及高架车站。

3．屏蔽门系统的机械部分主要由哪些部分组成？

答：屏蔽门系统的机械部分包括门体结构和门机系统。门体结构主要由钢架结构、顶盒、门体单元、下部支承结构组成。门机系统主要由门控单元、传动装置、驱动装置、锁紧装置组成。

4．简述屏蔽门系统的操作特点。

答：屏蔽门系统的操作由受过正规培训的维修人员或站务人员进行，操作时必须严格按照相关规程执行。操作人员必须使用屏蔽门专用钥匙对设备进行操作，操作完毕后应将钥匙交给车站控制室保管，不得留在开关上。专用钥匙除操作人员、维修人员及相关责任人授权人员外，不得借出。

模块 3

一、填空题

1．进站检票机　　出站检票机

2．三杆式检票机　　扇门式检票机

3．付费区

4．自动售检票

二、单项选择题

1．A　　2．B　　3．C　　4．C

三、多项选择题

1．ABCD　　2．ABCD　　3．ABCD　　4．ABC

四、判断题

1．√　　2．√　　3．√　　4．×

五、简答题

1．什么是自动售检票系统？

答：自动售检票系统是以磁卡（纸制磁卡和 PET 磁卡）或智能卡为车票介质，利用自动售票机、半自动售票机、自动检票机、自动查询机、便携式验票机等终端设备，并通过计算机网络实现轨道交通运营中的自动售票、自动检票、自动计费、自动扣费、自动统计、自动清分结算和运营管理等全过程的封闭式票务管理自动化系统。

2．自动售检票系统的特点有哪些？

答：自动售检票系统使用简单、便捷，并且其准确性大大优于传统的纸票售票方式，它可以克服人工售检票模式中固有的速度慢、财务漏洞多、出错率高、劳动强度大等缺点，具有防止假票、杜绝人情票、防止工作人员作弊、提高管理水平、减轻劳动强度等作用。

使用自动售检票系统不仅是地铁和交通系统发展的一个趋势，还是城市信息化建设的一个重要体现。自动售检票系统具有如下优点。

1）网络结构清晰，数据及时上传与清算。

2）集中监控，统一的票务管理模式。

3）各线路设备独立运营，各线路之间能实现无障碍换乘，互联互通。

4）各线路系统兼容，预留系统扩展条件。

5）在紧急情况下能实现乘客快速通行疏散。

3. 自动售检票系统由哪些部分组成？

答：自动售检票系统主要由车站级票务设备和中央级票务设备组成。车站级票务设备主要有车站计算机、自动售票机、半自动售票机、自动检票机、自动查询机、便携式验票机等。

模块 4

一、填空题

1. 温度 湿度 2. 屏蔽门系统 3. 事故运行 4. 区间隧道通风系统

二、单项选择题

1. A 2. A

三、多项选择题

1. ABCD 2. ABC 3. ABCD

四、判断题

1. √ 2. √ 3. √ 4. √

五、简答题

1. 简述车站暖通空调系统的主要功能。

答：①列车正常运行时，调节车站站厅、站台、区间隧道、设备及管理用房的空气环境，包括空气的温度、湿度和质量，对新、回风中的粉尘和有害物质及人员呼出的二氧化碳进行过滤和处理。②若列车阻塞在区间隧道内，则当列车采用空调时应向阻塞区间提供一定的送排风量，以保证列车空调的运行，从而维持列车内乘客能接受的热环境条件。③列车在区间隧道或车站内发生火灾时，应提供有效的排烟，并向乘客和消防人员提供必要的新风量，形成一定的迎面风速，诱导乘客安全撤离。④分别按工艺和功能要求对车站内各种设备及管理用房提供空调或通风换气，公共区排风系统兼容排烟。

2. 简述区间隧道通风系统的三种运行模式。

答：①正常运行，指当列车正常运行时，利用列车在区间隧道内高速运动产生的活塞效应从车站一端风井引入新风，经过区间隧道由下一站风井排风。列车停靠车站时列车下部的制动发热量和顶部的空调冷凝发热量由站台排热通风系统进行排放。②堵塞运行，指当列车因故滞留在区间隧道时，为保证列车空调能正常运转，关闭列车后方站事故机房内的旁通风门，事故风机向区间隧道送入新风，前方站事故风机将区间隧道内的空气排至地面。区间隧道内的气流方向应与列车的行进方向保持一致。③事故通风，指当列车在区间隧道内发生火灾时，区间隧道一端的事故风机向火灾区间送风，另一端的事故风机将烟雾经风井排至地面。中央控制室确认火灾后，根据事故列车在区间隧道内的位置、列车内事故的位置和火灾源距安全通道的距离等决定通风方向，以利于乘客的安全疏散。乘客的疏散方向必须与气流的方向相反，使疏散区处于新风区。

模块 5

一、填空题

1. 动力照明系统   2. 配电   3. 功能单元

二、单项选择题

1. D   2. C   3. C   4. A

三、多项选择题

1. ABCD   2. ABCD   3. ABC

四、判断题

1. √   2. ×   3. √   4. √   5. √

五、简答题

1. 简述城市轨道交通供电系统的组成。

答：城市轨道交通供电系统作为城市电网的一个重要用户，主要有外部供电系统、牵引供电系统和动力照明系统三大组成部分。

2. 简述低压配电系统负荷的分类。

答：低压配电系统负荷按用途分为动力负荷和照明负荷；按供电重要程度分为一级负荷、二级负荷和三级负荷。

3. 谈谈你对低压配电系统的看法。

答：低压配电系统中保护电器的选择及应用对电器设备的使用安全性有直接影响，在正确合理地对保护电器进行选择的基础上，对保护电器的应用要点进行有效的掌握，是保障低压配电系统中保护电器应用合理性及安全性的重要基础。

模块 6

一、填空题

1. 预防为主　　2. 冷却法　　3. 开式　　4. 自动报警　　5. 车站

二、单项选择题

1. C　　2. A　　3. D　　4. A　　5. C

三、多项选择题

1. ABD　　2. ABCD　　3. ABCD　　4. ABCD

四、判断题

1. √　　2. √　　3. √　　4. √　　5. ×

五、简答题

1. 地铁火灾具有哪几个方面的特征？

答：①高温、高热全面燃烧。②排烟困难、散热慢。③安全疏散困难。④扑救困难、危害大。

2. 操作二氧化碳灭火器时需要注意什么？

答：①二氧化碳灭火器在喷射过程中应保持直立状态，切不可平放或颠倒使用。②当不戴防护手套时，一定不要用手直接握住喷筒或金属筒，以防被冻伤。③在室外使用时应选择在上风方向喷射，在灭火时要保持一定的安全距离。④在狭小室内，灭火后应迅速撤离，以防窒息。⑤扑救室内火灾后应打开门窗进行通风。

模块 7

一、填空题

1. 中心子系统　　2. 引导　　3. 危险区域　　4. 疏散

二、单项选择题

1. C　　2. D

三、多项选择题

1. ABC　　2. ABCD　　3. BC　　4. AB　　5. ABD

四、判断题

1. √　　2. √　　3. √　　4. √　　5. √

五、简答题

1. 简述乘客资讯系统的结构。

答：乘客资讯系统主要由中心子系统、车站子系统、乘客资讯系统的接口三个部分组成。从控制结构上看，乘客资讯系统又可以分为四个控制层级，即线网级、线路中心级、车站级、终端设备级。

2. 乘客资讯系统的功能有哪些？

答：实时信息显示功能、紧急灾难告警功能、广告发布功能、信息查询功能、时钟显示功能、设备兼容功能、全数字传输功能、人机界面友好功能、网管功能。

模块 8

一、填空题

1. 网络节点　　2. 程控数字交换机　　3. 屏幕显示键　　4. 突发事件

二、单项选择题

1. D　　2. D

三、多项选择题

1. ABC　　2. ABCD　　3. ACD　　4. ABCD

四、判断题

1. √　　2. √　　3. √　　4. √

五、简答题

1. 绘制星形网络结构。

答：星形网络结构如下图所示。

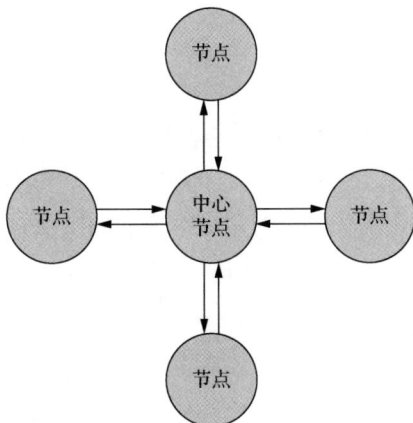

2．简述枪机摄像机和球机摄像机的区别。

答：枪机摄像机固定位置后镜头不能转动，只能监控特定区域范围；球机摄像机固定位置后可以对监视区域进行调整。

模块9

一、填空题

1．排水　　2．处理达标　　3．预防为主

二、单项选择题

1．C　　2．D　　3．A　　4．C

三、多项选择题

1．ABCD　　2．AB　　3．AB　　4．ABCD

四、判断题

1．√　　2．√　　3．√　　4．√

五、简答题

1．简述车站排水系统的设置要求。

答：1）排水量标准。地铁车站工作人员生活排水量按生活用水量的90%计，地铁消防废水量与消防用水量相同。冲洗排水量为每次$3L/m^2$，结构渗漏水量为每天$1L/m^2$。

2）排水点设置。地铁车站属于地下建筑，污水、废水通常不能自流排出，只有用水泵提升后才能排出，因此排水点在设计时要考虑周到。除各排水点要汇流集中到污水泵房、废水泵房，用污废水泵提升后排入城市排水系统外，还需要考虑出入口处的电梯基坑排水和站台底板下的结构渗漏水。为了排出站台底板下的结构渗漏水，需要在站台层端部设置

集水坑,集水坑内设置潜污泵将集水定期提升后排至地铁线路排水沟内,集水由该沟流至废水泵房的集水池内。在地铁折返线车辆检修坑端部、出入口和局部自流排水有困难的场合均须设置局部排水泵房。

3)排水泵房与雨水泵站设置。当地铁车站露天出入口的雨水不能自流排除时,应该单独设置排水泵房。地下隧道洞口雨水应该采用自流排水,当不能自流排水时必须在洞口设置雨水泵站。如果雨水涌进地铁车站,则会影响地铁安全运营,甚至造成严重事故。为保证地铁安全运营,地下雨水泵站暴雨重现期取30年。

4)排水地漏、排水横截沟设置。车站站厅、站台层地面和设备用房应根据需要设置排水地漏,出入口通道与站厅接合处需要设置排水横截沟。排水地漏和排水横截沟的排水立管应接至道床排水沟。

5)废水泵房、污水泵房设置。在废水泵房、污水泵房内应设置通气管道,与环控系统空气管道连通,避免臭气污染到其他房间。

6)排水泵设置。地铁内的排水泵应设计成自灌式,采用水位自动控制、就地控制和远距离控制三种控制方式,并在车站控制室显示排水泵的工作状态和水位信号。

7)确定集水池的有效容积。在确定集水池的有效容积时,既要防止有效容积过大而增加工程造价,又要防止有效容积过小而频繁开启水泵。废水泵房集水池有效容积可按不小于10min的渗水量与消防废水量之和来确定,但不得小于30m³。污水泵房集水池有效容积不应小于最大一台泵5min的流量,但不得大于6h的污水量,防止污水停留时间过长而沉淀、腐化。

2. 简述车站废水排放系统的组成及功能。

答:车站废水排放系统主要由集水井、压力井等部分组成。该系统可通过排水管道将车站内的生产废水、消防废水、结构渗漏水汇集到集水井,经潜水泵提升、压力井消能后,排入城市排水系统。

3. 给排水系统的维护管理应遵循什么原则?

答:给排水系统的维护管理应遵循"坚持预防为主,实行全面养护,重点整治病害,逐步改善条件,确保使用安全"的基本原则,并根据给排水系统专业管理的标准和要求,按规程进行操作、维修和保养。

模块 10

一、填空题

1. 车站级网络   2. 管理   3. 输出模块   4. 门禁控制器   5. 开启

二、单项选择题

1. A   2. A   3. A

三、多项选择题

1．ABCD   2．ABC

四、判断题

1．√   2．√   3．√

五、简答题

1．简述门禁系统的功能。

答：①保证授权人员在受控情况下方便地进入设备及管理区域；②防止非授权人员进入限制区域；③通过对进出人员信息的采集实现考勤、巡更、人员定位等管理；④可与自动售检票系统、公交卡系统、监控系统、火灾报警系统等联动，实现智能化管理与防护。

2．简述城市轨道交通门禁系统现场设备运作模式。

答：1）在线模式。在线模式指全线各车站处于正常的运行状态，门禁系统的所有设备都处于正常的工作状态。门禁控制器将信息上传到车站级设备，收到车站级设备的指令。

2）离线模式。离线模式指根据所保存的安全参数进行分析判断，使门的正常开启不受影响。在与车站级设备通信中断的情况下，设备自动转为离线模式工作；离线后重新在线时，离线的信息可以重新上传到车站级设备。

3）灾害模式。当发生火灾时，设备自动转为灾害模式，此时须保证所有设备房电锁处于开门状态，与此同时，自动售检票系统的闸机门也处于打开状态。

参 考 文 献

陈昌进，2016. 城市轨道交通通风空调、给排水、低压配电检修工[M]. 北京：人民交通出版社股份有限公司.

陈舒萍，万学春，2021. 城市轨道交通自动售检票系统使用与维护（智媒体版）[M]. 成都：西南交通大学出版社.

李红莲，2017. 城市轨道交通车站机电设备[M]. 北京：机械工业出版社.

李怡，2018. 城市轨道交通车站设备[M]. 成都：西南交通大学出版社.

齐群，史陆星，贺文锦，2019. 城轨交通车站机电设备运行与维护[M]. 成都：电子科技大学出版社.

仇海兵，2012. 城市轨道交通车站设备[M]. 2版. 北京：人民交通出版社.

上海申通地铁集团有限公司轨道交通培训中心，2013. 城市轨道交通车站机电设备[M]. 北京：中国铁道出版社.

孙景芝，2010. 建筑电气消防工程[M]. 北京：电子工业出版社.

徐亚辉，2020. 城市轨道交通供变电技术[M]. 2版. 北京：机械工业出版社.

杨卫红，2018. 城市轨道交通供配电系统运行维护：一次系统[M]. 北京：北京交通大学出版社.

钟艺，余振，2015. 城市轨道交通车站设备[M]. 成都：西南交通大学出版社.

周静，2019. 城市轨道交通车站设备应用[M]. 北京：高等教育出版社.

朱济龙，唐春林，2016. 城市轨道交通车站机电设备[M]. 2版. 北京：机械工业出版社.